# 人工智能技术对
# 传媒业的影响研究

>>>>>> 陈 果 李园地 著

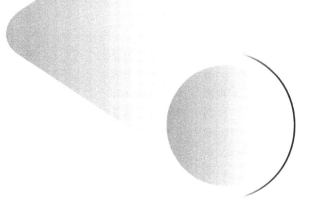

郑州大学出版社

**图书在版编目(CIP)数据**

人工智能技术对传媒业的影响研究／陈果，李园地
著. -- 郑州：郑州大学出版社，2025.4. -- ISBN 978-
7-5773-0728-2

Ⅰ. G206.2-39
中国国家版本馆 CIP 数据核字第 2024JG1920 号

人工智能技术对传媒业的影响研究
RENGONG ZHINENG JISHU DUI CHUANMEIYE DE YINGXIANG YANJIU

| | | | | |
|---|---|---|---|---|
| 策划编辑 | 张　帆 | 封面设计 | 苏永生 |
| 责任编辑 | 吴　静 | 版式设计 | 苏永生 |
| 责任校对 | 张若冰 | 责任监制 | 朱亚君 |

| | | | | |
|---|---|---|---|---|
| 出版发行 | 郑州大学出版社 | 地　址 | 河南省郑州市高新技术开发区 |
| 经　销 | 全国新华书店 | | 长椿路 11 号(450001) |
| 发行电话 | 0371-66966070 | 网　址 | http://www.zzup.cn |
| 印　刷 | 郑州宁昌印务有限公司 | | |
| 开　本 | 710 mm×1 010 mm　1／16 | | |
| 印　张 | 20.5 | 字　数 | 327 千字 |
| 版　次 | 2025 年 4 月第 1 版 | 印　次 | 2025 年 4 月第 1 次印刷 |

| | | | | |
|---|---|---|---|---|
| 书　号 | ISBN 978-7-5773-0728-2 | 定　价 | 49.00 元 |

本书如有印装质量问题,请与本社联系调换。

# 作者简介

　　陈果,女,汉族,1986年12月生,河南南阳人,硕士,现为南阳师范学院新闻与传播学院讲师。长期从事广播电视艺术教学,主要研究方向为广播电视艺术、新媒体研究。

　　李园地,男,汉族,1983年7月生,河南南阳人,硕士,现为南阳职业学院助教。长期从事经济管理领域的教学与研究工作,拥有丰富的理论知识和实践经验。主要研究方向为大数据分析与智能财税。

# 前　言

　　在 21 世纪的科技变革中,人工智能无疑是最引人注目的技术之一。它不仅仅是一种工具,还深刻地改变着人类社会的各个方面,包括我们获取信息的方式、娱乐方式以及与世界互动的方式。特别是在传媒行业,人工智能的迅猛发展正引发一场前所未有的变革,重新定义了新闻生产、内容创作、广告投放和出版流程等核心领域。这场变革不仅提升了效率和精准度,还在全球范围内塑造了全新的媒体格局与商业模式。

　　传媒行业的传统模式长期依赖于人工编辑、人工审核以及人工分发,虽然在过去取得了显著的成功,但在如今这个信息爆炸和数字化飞速发展的时代,这种模式正面临巨大的挑战。人工智能的崛起为应对这些挑战提供了全新的解决方案,同时也带来了深远的影响。例如,在新闻行业,人工智能通过自动化新闻撰写、数据挖掘和个性化推荐等手段,大幅提升了新闻生产的效率和质量;在虚拟主播领域,人工智能技术实现了全天候的虚拟主持,这不仅改变了信息传播的方式,也引发了对传统媒体形态的重新审视;在影视产业,人工智能在剧本创作、特效制作和受众分析等方面的应用,显著提高了创作效率和市场响应能力;广告业借助智能化技术,实现了更加精准的广告投放,提升了广告的转化率和投资回报率;出版业则在内容创作、编辑流程和读者体验等方面经历了数字化转型带来的深刻变革。

　　在这些变革背后,人工智能不仅推动了技术的进步,还对传媒行业的核心理念和运营模式提出了新的挑战。如何平衡技术创新与伦理考量? 如何在保持内容质量的同时利用技术提升效率? 如何应对数据隐私与版权保护的问题? 这些都是行业必须面对的关键议题。

本书系统探讨了人工智能在传媒行业中的广泛应用及其引发的深度变革。从人工智能的基本概念与技术应用入手,逐步深入分析其对新闻业、虚拟主播、影视产业、广告业和出版业的影响。通过对这些领域的详细研究,不仅为读者提供了人工智能如何重塑传媒行业的全面视角,还为相关从业者、学者和政策制定者提供了宝贵的理论支持与实践参考,帮助他们全面理解和应对人工智能技术对传媒业带来的挑战与机遇。

　　人工智能时代已经到来,传媒行业必须做好充分准备,在不断创新与变革中抓住机遇,迎接智能化新时代的到来。

著　者<br/>2024 年 6 月

# 目 录

# 第一章
# 人工智能技术概述

　　人工智能是一门横跨计算机科学、认知心理学和哲学等多个领域的交叉学科,其定义与发展历程在过去几十年间经历了显著的变化和进步。通过机器学习、深度学习和数据分析等技术手段,人工智能能够模拟和增强人类的认知能力,在推理、问题解决和决策等方面展现出强大的潜力。目前,人工智能已在智能交通、医疗诊断、金融风险分析以及传媒等诸多领域产生了深远的影响。

　　人工智能不仅仅是一项技术,更引发了一场科技革命。神经网络、深度学习和大数据处理等核心技术的不断进步,推动了人工智能在现代社会的广泛应用与普及。尤其是在传媒行业,人工智能大大促进了内容创作、个性化推荐和信息过滤等创新,显著改变了媒体的运营模式,提升了用户的整体体验。然而,伴随技术的迅猛发展,人工智能也带来了伦理、隐私和安全等方面的新挑战。面对这些挑战,社会和法律制度必须不断探索,以确保技术进步与社会利益之间的平衡。随着人工智能的进一步演进,理解其基本原理、发展历程及具体应用,并采取相应的规范措施,已成为我们需要共同面对的重要任务和挑战。

# 第一节 人工智能技术的发展

## 一、人工智能的定义与分类

### (一)人工智能的定义

人工智能(artificial intelligence, AI)的定义涵盖了多个学术和技术领域,体现了人们对计算机系统模拟和实现人类智能的多种视角与解释。早期的人工智能定义主要集中在模仿人类的推理能力和解决问题的过程上。例如,约翰·麦卡锡(John McCarthy)在1956年的达特茅斯会议上首次提出了"人工智能"这一术语,并将其定义为"研究如何使计算机完成过去只有人类才能完成的任务的科学"。

随着技术的发展和应用领域的不断拓展,人工智能的定义变得更加丰富。从技术角度来看,人工智能涵盖了多个子领域,如机器学习、深度学习、自然语言处理、计算机视觉等。这些领域通过不同的算法和技术手段,使计算机系统能够从大量数据中学习、推理和解决问题,从而展现出类似人类智能的能力。如今,人工智能的定义不仅局限于技术层面,还逐步扩展到社会、经济和伦理等方面。随着人工智能技术在自动驾驶、医疗诊断、电子商务等领域的广泛应用,关于其定义和范围的讨论也愈加深入。美国斯坦福大学人工智能研究中心尼尔斯·尼尔逊(Nils Nilsson)教授这样定义人工智能:"人工智能是关于知识的学科——怎样表示知识以及怎样获得知识并使用知识的学科。"而美国麻省理工学院帕特里克·温斯顿(Patrick Winston)教授认为:"人工智能就是研究如何使计算机去做过去只有人才能做的智能的工作。"还有学者认为:"人工智能本质而言就是研究如何制造出人造的智能机器或智能系统,来模拟人类的智能活动,以延伸人们智能的科学。"[①]具

---

① 孙力帆.人工智能前沿理论与应用[M].北京:原子能出版社,2020:2.

体来说,人工智能可以被定义为使计算机系统具备模仿人类智能的能力的一门科学和技术。总之,人工智能的定义是一个动态和多维的概念,随着科技进步和理论探索的不断深入,其定义和界定也在不断演变和扩展,以适应新的技术挑战和社会需求。

### (二)人工智能的分类

国际社会普遍认为人工智能分为三类:弱人工智能、强人工智能和超人工智能。[①] 每一类都代表着不同层次和能力的人工智能系统,各有其独特的定义、应用和潜在影响。

### 1. 弱人工智能

弱人工智能也称为狭义人工智能或应用人工智能,指的是专门设计用来执行特定任务或解决特定问题的人工智能系统。这类系统的能力通常局限于执行特定的预定功能,而无法超越其设计的范畴。它们依赖于预设的算法和数据,通过模拟人类的某种智能行为来达成目标。弱人工智能包括语音识别系统(如智能助理)、图像识别系统(如人脸识别)、推荐系统(如电商平台的推荐算法)和自动驾驶汽车中的某些功能。这些系统在特定任务上可能表现出色,但其智能范围有限,不能实现真正的自主学习或理解。弱人工智能的发展主要依赖于现有的机器学习和深度学习技术,通过大量数据的训练和优化来提高准确性和效率。尽管其在特定领域内的应用已经广泛,但弱人工智能的局限性在于缺乏通用智能的能力,即跨领域、全面理解和学习新事物的能力。

"深蓝"是 IBM 开发的一款国际象棋计算机程序,名字来源于国际象棋中的一种棋子颜色。它在 1996 年和 1997 年两次与世界象棋冠军加里·卡斯帕罗夫(Garry Kasparov)进行了高水平比赛,并赢得了 1997 年比赛的胜利。这一成就标志着"深蓝"成为首个在标准国际象棋中击败世界冠军的计算机程序。"深蓝"利用了大量的国际象棋规则、启发式搜索和评估函数等技术,而非复制人类思维的每个步骤或决策过程。其算法通过搜索可能的

---

① 魏沛玲.人工智能对传统主流媒体新闻生产的影响研究[D].哈尔滨:黑龙江大学,2022:9.

棋局走向,基于启发式评估函数来评估每个走步的优劣。这种方法相比人类大师的思维方式有所不同,后者可能依赖更多的直觉、经验和战术计算。"深蓝"的胜利不仅展示了计算机在处理复杂智力任务方面的潜力,也推动了人工智能领域的发展和普及,引发了对机器智能与人类智能的深刻讨论和研究。

### 2. 强人工智能

强人工智能指的是使机器能够产生思维意识,并具有与人类相当甚至超过人类的智能。[①] 它能够像人类一样理解和解决广泛的问题,具备推理、学习、规划、理解语言等高级智能能力。强人工智能的理论目标是创造一种能够像人类一样思考、感知和解决复杂问题的机器。实现强人工智能的挑战在于模拟和理解人类大脑的复杂结构和功能,以及如何实现意识、情感和自主决策等高级认知能力。目前的研究主要集中在认知科学、神经科学、计算理论和哲学等多个领域,旨在探索人类智能的本质并转化为算法和模型。

城市大脑是阿里巴巴开发的智慧城市管理平台,利用大数据和人工智能技术实时收集、处理城市各类数据,并通过深度学习算法进行分析和优化,以提升城市运行效率和公共服务水平。其主要应用包括智能交通管理、环境监测、城市安全和应急响应等领域,通过优化交通信号灯配时、提升空气质量监测和改善城市规划等手段,为城市发展提供智能化决策支持,目前已在杭州、成都等多个城市得到应用。然而,强人工智能的实现可能会引发深远的社会和伦理问题,例如人工智能对人类劳动力市场的影响、机器人道德、隐私保护和智能系统的透明性等。因此,尽管其潜力巨大,但实现强人工智能需要深思熟虑和全球社会的共同努力。

### 3. 超人工智能

超人工智能是指高于人类智能水平的人工智能系统,其能力远远超过人类,并在各个领域表现出无与伦比的智能和创造力。超人工智能不仅具备强人工智能的全部能力,还能够在短时间内学习和掌握新的知识、技能和领域,甚至对自身进行改进和优化。其特征包括对复杂问题的高效解决能

---

① 邢晓男.人工智能技术的风险问题及对策研究[D].锦州:渤海大学,2019:8.

力、自我学习和自我改进的能力,以及可能的意识和情感表达能力。超人工智能的概念常常与科幻作品和未来主义思想联系在一起,可能会面临巨大的技术、伦理和社会挑战。当前,超人工智能仍处于理论和实验阶段,对其实际实现的时间表和影响仍存在广泛的争议和讨论。许多学者和科技领袖对超人工智能的到来表示担忧,因为它可能对人类社会、经济和文化产生深远影响,甚至可能引发人类生存的问题。超人工智能代表了人类技术进步的极限,其发展可能深刻影响未来社会和人类文明的演变方向,需要全球社会共同思考和应对。

总体而言,人工智能的不同类别展示了其从简单任务执行到复杂智能表现的多样性和发展轨迹。弱人工智能在改善生产效率和用户体验方面具有显著作用,而强人工智能和超人工智能则代表了人类探索和实现智能的更高级别目标和挑战。

## 二、人工智能技术的发展历程

人工智能技术的发展历程可以分为三个重要阶段,每个阶段都伴随着关键技术的突破和应用场景的拓展。

### (一)早期探索与基础阶段

人工智能的探索始于 20 世纪 50 年代初期,当时的研究主要集中于模拟和理解人类的推理与问题解决能力。1956 年的达特茅斯会议标志着人工智能作为学术领域的正式诞生,会议旨在探讨如何利用计算机来模拟人类智能。在此期间,约翰·麦卡锡等学者首次提出了"人工智能"的概念,并开始探索如何通过逻辑推理和符号系统来构建智能程序。这一时期的早期成果包括逻辑理论家开发的推理程序,以及马文·明斯基(Marvin Minsky)的视觉处理模型,这些研究通过符号推理试图解决各种复杂问题。尽管取得了一定的初步成功,但这些系统在面对现实世界的复杂情况时遇到了挑战,尤其是在处理不确定性和大规模数据时的效率问题。这一阶段的研究为后来的技术进步奠定了重要的理论和技术基础。

### (二)知识表示与专家系统阶段

20 世纪 60 年代后期至 80 年代初期,人工智能研究的重点逐渐转向知识表示和专家系统的开发与应用。在知识表示方面,研究者们探索了多种知识表示技术,包括语义网络、框架和产生式规则等,旨在使计算机能够理解并处理抽象概念及其关系。与此同时,专家系统的开发成为这一时期的标志性成果。这些系统通过预先定义的知识库和推理规则,模拟人类专家在特定领域中的决策过程,如医学诊断和化学分析。其设计目标是将领域专家的知识形式化并自动化。专家系统的开发不仅推动了人工智能技术在学术界和工业界的应用,还引发了对知识工程及人工智能解决现实世界问题潜力的广泛讨论。然而,随着技术瓶颈和性能限制的逐渐暴露,这一阶段也见证了人工智能进入"寒冬期",投资和研究活动大幅减少,学术界和工业界对人工智能的兴趣和投入也随之下降。

### (三)机器学习的复兴与深度学习的崛起

从 20 世纪 90 年代中期至今,人工智能技术进入了机器学习与深度学习的新时代。机器学习通过统计方法和数据驱动的方式,重新定义了人工智能的发展方向,支持向量机、决策树等方法被广泛应用于各个领域。随着深度学习的兴起,人工智能在图像识别、语音识别和自然语言处理等领域取得了突破性进展。深度学习通过多层次的神经网络结构来学习和理解复杂的数据模式,其核心技术是反向传播算法与大规模并行计算的结合。当代人工智能已经深度融入社会的各个层面,成为智能手机、自动驾驶汽车和智能家居系统等技术的核心驱动力,极大地影响了经济和社会结构。这三个阶段共同构建了人工智能技术发展的脉络,从理论探索到实际应用的转变,展示了人工智能从最初的概念阶段到现代智能系统的全面发展与应用。

## 三、人工智能的关键技术

机器学习、深度学习、自然语言处理和计算机视觉作为人工智能的关键技术,在模式识别、智能决策和自然语言理解等领域取得了重大进展,并在推动人工智能应用的广泛发展中发挥着核心作用。

### (一)机器学习

机器学习(machine learning,ML)是人工智能的核心技术之一,它致力于让计算机系统通过经验数据学习并改善性能,而非通过显式编程来完成任务。机器学习的主要方法包括监督学习、无监督学习、半监督学习和强化学习。[①] 在监督学习中,算法通过从标记的数据集中学习,利用输入数据与对应输出标签之间的关系进行预测。这种方法广泛应用于分类和回归问题,如垃圾邮件过滤、图像识别和股票预测等。常见的监督学习算法包括决策树、支持向量机(SVM)和神经网络等。无监督学习则从未标记的数据中学习,旨在发现数据中的模式和结构。例如,聚类分析能够将数据分成具有相似特征的组,而关联规则学习可以揭示数据之间的隐含关系。半监督学习结合了监督学习和无监督学习的特点,利用少量标记数据和大量未标记数据来提高学习效果,特别适用于数据标记成本高昂或获取标记数据困难的场景。强化学习则通过试错的方式进行学习。智能体通过与环境的交互,学习最佳的行动策略,以最大化预期的累积奖励。这种方法在游戏、自动驾驶和机器人控制等复杂的决策和规划问题中得到了广泛应用。

## (二)深度学习

深度学习(deep learning,DL)是机器学习的一个重要分支,其核心是建立多层次的神经网络模型,以模拟人脑神经元的连接和活动。深度学习的关键技术包括神经网络的设计、激活函数、优化算法和大规模并行计算等。深度学习在图像识别、语音识别、自然语言处理和推荐系统等领域取得了显著成就。例如,卷积神经网络(CNN)被广泛应用于图像识别任务,递归神经网络(RNN)被用于处理序列数据,如语音识别和自然语言生成。神经网络通过前向传播和反向传播算法进行训练,不断调整网络参数以最小化预测误差。随着计算能力和大数据的增长,深度学习模型的复杂度和性能不断增强,例如 Transformer 模型(谷歌公司 2017 年推出的自然语言处理经典模型)在自然语言处理中的应用展现了极其强大的效果。然而,深度学习也面临着数据需求量大、模型解释性差和计算资源消耗高等挑战。研究人员正在探索更加高效的神经网络架构、迁移学习、自动化机器学习、联邦学习等技术,以进一步推动深度学习的应用和发展。

---

① 韩力群.机器智能与智能机器人[M].北京:国防工业出版社,2022:177.

## （三）自然语言处理

自然语言处理（natural language processing，NLP）是人工智能领域的一个重要分支，旨在使计算机能够理解、处理和生成自然语言文本。NLP 的应用涵盖了文本分类、情感分析、机器翻译、问答系统和语音识别等多个方面。为了准确理解和处理人类语言的复杂性，NLP 技术需要处理语言的语法、语义和上下文信息。

传统的基于规则的方法逐渐被基于统计学习和机器学习的方法所取代，而近年来深度学习技术的发展更是为 NLP 带来了革命性的进步。深度学习在 NLP 中的应用包括基于循环神经网络（RNN）和长短时记忆网络（LSTM）的语言模型、序列到序列（Seq2Seq）模型和注意力机制（attention mechanism）。这些技术使得机器能够更好地理解和生成语言。例如，谷歌的 BERT 模型和 OpenAI 的 GPT 模型在自然语言理解和生成任务中展现了前所未有的性能水平。尽管 NLP 技术取得了显著进展，但在处理语言歧义、文化差异和多语种问题上仍然存在挑战。这些问题需要进一步的研究和技术创新，以提升 NLP 系统的准确性和适用性。

## （四）计算机视觉

计算机视觉（computer vision，CV）致力于使计算机系统能够理解和解释视觉输入，如图像和视频。其核心任务包括图像分类、目标检测、语义分割和实例分割等。图像分类的目标是将图像分配给预定义的类别，例如识别猫和狗的图像。目标检测不仅识别图像中的对象，还能定位它们在图像中的具体位置。语义分割则为图像的每个像素分配语义类别，例如标记为人、车辆或背景。实例分割在语义分割的基础上，进一步区分同一类别中的不同实例，即识别出同类的不同个体。计算机视觉技术依赖于图像处理、模式识别和机器学习等领域的技术。传统方法包括特征提取（如 SIFT、HOG）和分类器（如支持向量机 SVM、随机森林）的组合。然而，近年来深度学习的突破为计算机视觉带来了革命性的进展。卷积神经网络（CNN）通过多层次的卷积和池化操作学习图像特征，并通过全连接层进行分类或检测，特别适用于处理图像数据。

计算机视觉在多个领域展现出广泛的应用。在自动驾驶领域，计算机视觉帮助车辆识别道路标志、行人和其他车辆,实现智能导航和安全驾驶。医疗影像分析中,它用于诊断和病变检测,如解读 X 线图像和 MRI 扫描。在军事和安防领域,它能够分析监控视频,自动检测异常行为或危险物体。零售业则利用计算机视觉进行商品识别和库存管理,例如无人店铺和智能货架技术。此外,计算机视觉还在文化遗产保护和农业技术中发挥着重要作用,例如对文物进行数字化保护和通过无人机监测农作物生长。

# 第二节　人工智能技术的应用

## 一、人工智能技术的应用领域

人工智能作为一门跨学科的前沿技术,自其概念诞生以来,经历了几次重要的发展阶段。从 20 世纪 50 年代的初步探索,到 21 世纪初的深度学习和大数据驱动的突破,人工智能技术已经逐渐成熟,并广泛应用于各个行业。今天,人工智能不仅在科技领域扮演重要角色,还深刻影响着自动驾驶和交通、医疗保健、金融、教育、传媒与娱乐等多个领域。在这些领域中,人工智能技术通过提高效率、降低成本、优化流程和增强用户体验等多种方式,实现了跨越式变革和创新。

### (一)自动驾驶和交通领域

自动驾驶和交通领域是人工智能技术最引人注目的应用之一,其革命性潜力正逐步改变人们对交通和运输的理解及实践。这一技术依赖于计算机视觉、传感器融合和机器学习等多个关键技术的整合。计算机视觉使车辆能够感知周围环境,包括识别道路标志、检测行人和其他车辆,以及理解交通信号和道路几何结构。通过摄像头、激光雷达和雷达等传感器,车辆能够实时获取并处理大量视觉和空间数据,从而形成对环境的精确感知。传感器融合技术是实现高度自动化驾驶的关键。不同类型的传感器,如激光雷达、雷达、摄像头和 GPS,通过互补和融合各自的数据,提供更全面和可靠的环境感知能力。这种多传感器融合技术不仅提高了系统的稳定性,还增强了其应对复杂交通状况的能力。机器学习在自动驾驶系统中也扮演着至关重要的角色。通过训练深度学习模型,车辆能够从大量数据中学习并优化行为策略,如安全变道和应对突发状况。机器学习算法的不断进步使得车辆在复杂和多变的道路环境中能够做出更加智能的决策。

自动驾驶技术不仅在个人汽车领域取得了显著进展,还在公共交通和物流领域展现出巨大的应用潜力。无人驾驶公交车和自动驾驶卡车有望成为提升城市交通流动性和减少运输成本的重要解决方案。这些应用不仅提高了运输效率,还减少了交通事故的风险,并有望进一步推动城市智能化和可持续发展。自动驾驶和交通领域的人工智能应用不仅在技术上带来了创新,也在社会和经济层面产生了深远的影响。

### (二)医疗保健领域

人工智能在医疗保健领域的应用正深刻影响着疾病诊断、个性化治疗、健康管理和药物研发等多个方面。这些技术不仅提高了医疗服务的效率和准确性,还为个性化医疗和全面健康管理开辟了新的可能性。

计算机视觉和深度学习技术在医学影像分析中的作用尤为显著。传统上,医生依赖 X 线、CT 扫描和 MRI 等影像进行疾病诊断和治疗评估,这些影像通常需要由经验丰富的专家解读。然而,深度学习算法的发展使得计算机视觉能够自动识别影像中的关键特征,如肿瘤、血管和组织结构,帮助医生更快、更准确地进行诊断。机器学习的进步使个性化医疗成为现实。通过分析大规模的患者数据,机器学习模型能够预测疾病风险和治疗反应,从而制定个性化的治疗方案。例如,通过结合基因组学数据和临床病历,模型可以预测某种疾病的患病风险,或优化药物的选择和剂量,以适应个体的基因型和表型特征。自然语言处理技术在医疗保健中的应用也日益增加。电子健康记录系统生成了大量非结构化文本数据,包括诊断报告、手术记录和患者反馈。自然语言处理技术能够将这些文本数据转化为结构化信息,用于临床决策支持、病历管理和医疗研究。

此外,人工智能在药物研发和生物信息学领域展现了巨大的潜力。传统药物研发过程漫长且复杂,而现代机器学习和数据挖掘技术可以快速分析大规模的化合物数据库和生物数据,从而发现新的药物靶点或优化现有药物的结构。基因组学数据和生物标志物分析也为疾病机制的理解和个性化治疗的发展提供了新的视角。

总的来说,人工智能在医疗保健领域的应用不仅加快了诊断和治疗过程,还为健康管理和疾病预防提供了便利的工具和方法。

## (三)金融领域

在金融领域,人工智能技术已经成为风险管理、投资决策和客户服务的重要工具。通过分析大量金融数据,人工智能能够揭示隐藏的模式和趋势,从而提高投资组合的收益率和风险管理的精度。其应用范围涵盖了从风险管理到客户服务、交易分析以及市场预测等多个关键领域,不仅提升了服务效率和精准度,还推动了金融行业的创新与发展。

首先,机器学习技术在风险管理中发挥了重要作用。传统的风险管理方法依赖历史数据和统计分析来评估信用风险、市场风险和操作风险。而现代机器学习算法能够实时处理大量数据,识别潜在的风险模式和趋势,从而实现早期预警和降低金融机构面临的风险。其次,人工智能在交易和投资分析中展现了显著的优势。通过对海量市场数据和各种资产类别的交易模式进行分析,机器学习算法能够发现市场中的交易机会和价格波动模式,提升投资组合的收益率和风险管理能力。智能交易系统不仅能够执行高频交易策略,还能够在瞬息万变的市场环境中做出快速反应。在客户服务方面,人工智能技术也发挥了关键作用。智能客服系统利用自然语言处理和机器学习技术,自动处理客户的查询、投诉和服务请求,从而提高了客户服务的效率和响应速度。智能虚拟助理还能为客户提供个性化的理财建议和服务推荐,增强了客户满意度和忠诚度。最后,人工智能在市场预测和产品推荐方面同样展示了强大的应用潜力。通过分析消费者行为数据和市场趋势,机器学习算法能够预测市场走向和产品需求,帮助金融机构调整营销策略和产品组合,从而更好地满足客户需求并提升市场竞争力。

## (四)零售和电子商务领域

在当今快速发展的零售和电子商务领域,人工智能的广泛应用已成为提升竞争力和改善消费者体验的关键策略。人工智能通过深度学习、自然语言处理和数据分析等技术,为企业带来了前所未有的智能化和效率提升,覆盖了从商品推荐到供应链管理等多个方面。

　　智能推荐系统是电子商务平台的重要组成部分。这些系统利用机器学习算法,分析大量消费者行为数据和产品信息,从而精确预测用户的偏好和兴趣。例如,当用户浏览商品或进行购买时,系统可以基于用户的历史购买记录、点击行为和搜索习惯,智能推荐相关或相似的产品。这种推荐机制不仅提高了销售转化率,还增加了订单价值。人工智能在定价策略优化方面同样发挥了重要作用。传统定价策略依赖市场调研和竞争分析,而现代智能定价系统能够实时分析市场数据和消费者反馈,动态调整产品定价以优化销售和利润。机器学习算法使企业能够精准制定定价策略,根据需求变化进行调整,从而实现收益最大化并提高市场竞争力。

　　在供应链管理方面,人工智能的应用使得供应链更加智能化和高效。通过数据分析和预测模型,企业能够实现对供应链的实时监控和优化,减少库存成本,提高库存周转率,并更及时地满足消费者需求。智能供应链系统还能识别潜在的风险和瓶颈,帮助企业迅速做出反应和决策。消费者行为分析是零售和电子商务企业了解和服务消费者的关键手段。利用人工智能技术,企业可以深入挖掘消费者的行为模式、购买偏好和生命周期价值,进而精确制定市场营销策略,优化用户体验,提升客户忠诚度。实时数据分析和预测模型帮助企业预测市场趋势、调整营销活动,并与消费者进行个性化互动,从而增强市场竞争力和品牌影响力。人工智能在零售和电子商务领域的应用不仅提升了企业的运营效率和盈利能力,还为消费者带来了更加智能化和个性化的购物体验。

### (五)教育领域

　　当今数字化时代,教育领域正逐步融入人工智能技术,这些技术不仅为学生和教育者提供了新的工具和资源,还在教学效果和学习过程的个性化方面展现了巨大的潜力。个性化教育是人工智能在教育领域的一个重要应用。传统的一体化教学方法可能无法满足每个学生的不同需求和学习速度。通过分析学生的学习数据和行为模式,机器学习算法能够为每位学生量身定制学习路径和课程内容,从而帮助他们更有效地掌握知识和技能。

智能辅导系统的引入丰富了教学方式。这些系统结合了人工智能和自然语言处理技术，能够为学生提供即时反馈和个性化指导。虚拟助教或智能教学助手使学生能够在课堂内外获得个性化的学习建议和疑难解答，从而增强学习效果和自学能力。

学习分析技术为教育决策提供了数据支持。通过分析学生的学习表现、行为模式和社交互动等大数据，学校和教育机构能够深入了解学生的学习趋势和挑战，进而调整课程设置和教学策略，以最大化学生的学习成效和参与度。人工智能还在内容生成和教学资源开发方面发挥着重要作用。自然语言处理和机器学习技术使教育内容的生成和优化更加高效和智能化。教育者可以利用这些技术快速创建教学材料、设计在线课程，甚至开发个性化学习应用程序，以满足学生在不同时间和地点的学习需求。

综上所述，人工智能技术正在深刻改变教育的面貌，不仅提升了教学质量和效率，还为学生提供了更加个性化和多样化的学习体验。

### （六）农业和农村发展领域

在农业和农村发展领域，人工智能技术正在迅速发展，为提升农业生产效率和改善农村生活条件提供了创新的解决方案。精准农业是人工智能在这一领域的重要应用。通过利用传感器、卫星图像和无人机等先进技术，农民可以获取大量关于土壤成分、湿度、温度和植被状况的数据。机器学习算法可以分析这些数据，提供精确的农业管理建议，优化种植方案，减少水和农药的使用量，从而提高作物的产量和质量。

智能农业机械的应用同样在改变传统农业生产方式。配备人工智能技术的农机，如自动驾驶拖拉机和无人收割机，可以自主操作并做出智能决策。这些设备不仅提高了作业效率，还减少了农民的体力劳动和劳动成本，特别是在大规模农场和种植园中尤为显著。水资源管理在农业的可持续发展中至关重要。人工智能通过实时监测和预测水资源的使用情况，帮助农民优化灌溉计划和水资源配置。这不仅有助于减少水资源浪费，还能缓解因气候变化和环境因素引发的水资源不足问题。人工智能技术也积极影响了农村社区的发展。智能城市技术在农村地区的应用，如智能能源管理、垃圾处理和基础设施监控，提升了居民的生活质量和社区运行效率。这些技术的引入不仅提高了农村地区的吸引力,还促进了经济活力和社会发展。因此,人工智能在农业和农村发展中的应用正在不断深化,将为农民和农村社区带来诸多益处和机会。

### (七)工业制造和物联网领域

人工智能技术在工业制造和物联网领域的应用正在逐步改变传统生产模式,提高生产效率和质量控制,并推动智能制造的发展。通过结合大数据分析、机器学习和自动化技术,企业能够实现生产线的智能化管理和优化调度。智能制造系统能够实时监控生产过程中的各种参数和环境条件,并依据实时数据做出智能决策,从而最大限度地提升生产效率、降低能耗和减少废品率。物联网技术的普及进一步推动了工业制造中的设备和工具互联互通。通过将传感器和设备连接到互联网,并结合人工智能的实时数据分析能力,企业可以实现设备的远程监控和管理。这种实时监控不仅有助于预测设备故障和生产中断,还能够优化设备的运行效率和维护安排,从而提高设备利用率和生产线的稳定性。

预测性维护是人工智能在工业制造中的另一个重要应用。通过利用机器学习算法分析设备传感器数据和历史维护记录,企业可以预测设备可能出现的故障和损坏,并提前进行维护和修复。这种方法不仅降低了突发故障带来的生产损失,还延长了设备的使用寿命,节约了维修成本和时间。此外,人工智能还在推动工业制造向智能化和自动化迈进。智能工厂通过整合数据驱动的决策系统、自动化生产设备和智能物流系统,实现了生产过程的自动化和智能化管理。这种智能工厂不仅提高了生产效率和灵活性,还增强了企业对市场需求快速变化和个性化定制的响应能力。总体而言,人工智能在工业制造和物联网领域的广泛应用正在深刻改变传统制造业,推动生产方式和工艺的深度优化和创新。

### (八)传媒与娱乐领域

媒体与娱乐领域正经历着迅猛的变化,人工智能技术在其中发挥着越来越关键的作用,推动了内容创作、分发和消费体验的创新。

首先,人工智能在内容创作和生产方面展现了显著的潜力。利用自然语言处理和生成模型,人工智能能够分析大量数据和文本,自动生成新闻文章、电影剧本乃至音乐作品。这种自动化的创作不仅节省了时间,还能为创作者提供丰富的创意灵感和多样化的内容。例如,基于历史数据和趋势,人工智能可以生成符合观众口味的影视剧本或音乐曲目,从而拓展了娱乐内容的创作范围。

其次,人工智能在内容推荐和个性化推送方面发挥了重要作用。媒体和流媒体平台通过机器学习算法分析用户的浏览历史、点击行为和偏好,从而精准推荐相关内容。这不仅提升了用户的观看体验,还增加了内容提供者的用户黏性和收视率。智能推荐系统可以根据不同观众群体的需求定制推送内容,从而提高内容的传播效果和市场竞争力。此外,人工智能技术在内容分发和版权管理中也发挥了重要作用。智能算法可以监控和管理数字内容的使用,帮助媒体公司和版权所有者有效保护知识产权,并有效应对盗版和非法分享。这种自动化的版权管理系统不仅增强了内容创作者和版权持有者的收益保障,还促进了合法内容的传播和消费。

最后,虚拟现实(VR)和增强现实(AR)技术的结合,也为媒体与娱乐领域带来了全新的互动体验。通过整合人工智能与虚拟现实技术,用户可以沉浸式地体验电影、游戏及其他娱乐内容,从而创造出更加生动和逼真的视听体验。这种交互式娱乐形式提升了用户的参与感和沉浸感,同时扩展了娱乐内容的表现形式和市场吸引力。

## 二、人工智能技术在传媒业中的具体应用

人工智能技术在传媒业中的应用涉及多个关键领域,包括内容生产、内容分发和管理、市场营销、内容版权管理、情感分析和用户反馈。这些技术创新不仅提升了工作效率,还深刻地改变了用户体验和行业竞争力。

### (一)内容生产

内容生产是人工智能在传媒业中的核心应用领域,其在提升创作效率和内容质量方面具有显著作用。以往,内容的创作和编辑主要依赖人工,这限制了产出速度和内容多样性。然而,随着自然语言处理(NLP)和生成模型(如 GPT 系列)的迅猛发展,人工智能已能够以前所未有的方式参与到内容生产中。

人工智能可以分析海量的数据和信息,自动撰写新闻报道、文章和评论。这些生成的内容不仅在语法和结构上符合专业标准,还能够根据不同需求和受众偏好进行定制。例如,人工智能可以根据实时数据和社交媒体趋势调整内容的重点和风格,从而提高内容的时效性和吸引力。此外,人工智能的应用不仅限于文字创作,还涵盖了多媒体和跨平台内容的生成。利用图像识别和视频生成技术,人工智能能够自动生成图表、图像和视频,丰富内容的表现形式和传达效果。这种自动化生产方式不仅节省了人力资源,还为传媒公司提供了多样化和创新的内容策略选择。在内容编辑和校对过程中,人工智能同样发挥了重要作用。它不仅能够识别并纠正文本中的拼写和语法错误,还可以分析内容的情感倾向和语义表达,确保信息传递准确,并帮助受众更好地理解内容,从而提高文档的质量和专业性。

### (二)内容分发和管理

内容分发和管理在现代传媒业中至关重要,而人工智能技术的应用正在深刻改变这一领域的运作方式和效果。通过数据分析、机器学习算法和智能系统的应用,人工智能不仅优化了内容推荐和传播效率,还显著提升了用户体验和平台竞争力。

人工智能在内容推荐系统中的潜力和影响力尤为显著。传统的内容获取主要依赖于手动搜索或固定推荐列表,这常常导致信息过载和用户体验不佳。随着大数据时代的到来,传媒平台积累了大量用户数据,包括浏览历史、点击行为、偏好和社交互动。人工智能利用这些数据,通过复杂的数据挖掘和分析算法,深入理解用户兴趣和行为模式,从而精准地为用户提供个性化的内容。基于机器学习算法,如协同过滤、内容分析和深度学习模型,智能推荐系统能够不断优化推荐策略。例如,系统可以根据用户历史行为和偏好,预测用户感兴趣的内容类型、主题和格式,从而调整推荐内容的排序和展示方式。这种个性化推荐不仅增强了用户的黏性和忠诚度,还提高了用户停留时间和内容点击率,从而推动了平台流量和内容消费的增长。

除了推荐系统,人工智能在内容分发和管理中还发挥了重要作用,包括智能化生产和定制化传播。传媒公司和数字平台利用人工智能技术实现内容的自动生成、编辑和优化,以满足不同平台和受众的需求。例如,人工智能可以根据特定平台的用户特征和行为习惯,自动生成适合该平台的内容版本,从而提升内容传播效果、增强与用户的互动。人工智能技术在内容版权管理和反盗版方面也发挥了关键作用。面对内容盗版和侵权的挑战,人工智能通过图像识别、音频水印和数据分析,监测和追踪非法复制及未授权传播行为,及时采取措施保护知识产权,确保内容合法传播和商业价值。此外,智能化的内容分发和管理系统还能实现多终端和多渠道的内容同步发布,进一步提升内容的传播效果和市场覆盖率。人工智能技术通过实时数据分析,调整内容的发布时机和展示方式,以最大化内容曝光和传播效果。例如,基于社交媒体平台的实时热点和趋势,人工智能系统可以快速调整内容推送策略,确保内容在最佳时机和最相关的话题下得到展示,吸引更多用户参与。由此可见,人工智能技术在传媒业的内容分发和管理中发挥着越来越重要的作用,通过优化推荐系统、智能化内容生产和精准传播管理,显著提升了用户体验和平台竞争力。

### (三)市场营销

市场营销是人工智能在传媒业中的重点应用领域,依靠其强大的数据分析能力和智能化系统,正在深刻改变广告投放和消费者互动的方式。人工智能不仅帮助传媒公司和广告商更精确地理解和预测消费者行为,还优化了广告投放策略,提升了广告效果和市场竞争力。人工智能在市场营销中的一项重要应用是精准定位目标受众。传统广告投放通常依赖于基本的人口统计数据和观众分析,但这种方法往往难以准确捕捉消费者的真实兴趣和行为偏好。人工智能通过分析大数据和用户行为模式,能够更细致地划分和理解不同消费者群体。例如,人工智能可以根据用户的浏览历史、社交媒体互动、购买记录等数据,精确识别潜在目标受众群体,从而帮助广告主推出更具针对性和个性化的广告服务。

智能广告投放系统是人工智能在市场营销中的另一大突破。这些系统结合了机器学习算法和实时数据分析能力,能够在合适的时间、地点和平台向目标用户推送个性化广告。人工智能可以根据用户的实时行为和位置信息,动态调整广告投放策略,确保广告内容在用户最活跃的时段精准呈现。例如,当用户在社交媒体上搜索特定产品或服务时,人工智能系统可以即时调整广告内容和投放频率,增加用户对广告的关注度和点击率。此外,人工智能在广告创意和内容优化方面也发挥了重要作用。传统广告创意往往由设计师和市场专家完成,但随着生成对抗网络(GAN)和深度学习算法的进步,人工智能可以自动生成符合品牌形象和目标受众喜好的广告创意。这不仅节省了人力和时间成本,还能快速优化广告内容,通过实验找到最有效的广告形式和呈现方式。

人工智能在广告效果评估和投资回报率(ROI)分析方面也提供了强有力的支持。通过数据驱动的方法,人工智能能够实时监测和分析广告活动的表现,如点击率、转化率、用户互动和销售数据。这些分析帮助广告主和传媒公司更准确地评估广告效果,并及时进行调整和优化。人工智能还可以分析市场数据和竞争对手的行为,预测未来市场趋势和消费者需求变化,为企业的产品开发、品牌推广和市场扩展提供战略建议。

### (四)内容版权管理

在当今数字化和全球化的传媒环境中,内容版权管理和反盗版问题日益凸显,急需有效的解决方案。人工智能技术的应用为传媒公司和版权持有者提供了强有力的工具,能够有效监测、管理和保护数字内容的使用,维护合法权益,促进内容的合法传播和商业化运营。

人工智能在内容版权管理中的主要作用体现在其先进的图像识别和音频分析技术上。传统的盗版行为通常通过复制和传播数字内容实现,给版权持有者带来了严重的经济损失和法律风险。人工智能技术通过高级算法和模型,能够快速、精准地识别和比对数字内容,确认其是否存在盗版行为。例如,图像识别技术可以分析图片的独特特征或水印,帮助识别未经授权使用的图像内容。类似地音频分析技术可以检测和识别未经许可的音乐和音频剪辑,确保版权持有者获得应有的权益保护。此外,人工智能能够自动监测和记录数字内容的传播路径和使用情况,包括在互联网、社交媒体平台和其他数字媒体上的发布和分享。这些数据可以帮助版权持有者追踪和识别盗版源头,及时采取必要的法律行动和技术措施,保护其作品免受未授权使用的侵害。

人工智能技术在版权管理中的另一个关键应用是智能化的内容监测和

筛选。传统的盗版检测工作往往依赖人工审核和比对,效率低下且容易出现遗漏。人工智能通过自动化和机器学习算法,实现大规模内容的监测和筛选,能够及时发现和拦截潜在的盗版行为。例如,人工智能可以建立基于数据模型的自动化筛选系统,实时检测并分析上传到平台的内容,识别其中的盗版迹象并进行处理,从而有效防止盗版行为的扩散。此外,智能版权管理系统还支持合法内容的数字化管理和授权分发。人工智能技术能够为版权持有者提供数字化版权管理平台,实现对内容的全面管理和控制。通过智能化的授权和许可机制,版权持有者可以合法授权特定的使用方式和市场渠道,确保内容的合法传播和商业化运营,同时有效管理和保护知识产权。

人工智能在内容版权管理领域的应用不仅限于盗版检测和管理,还延伸到法律合规和政策制定的支持。人工智能技术通过数据分析和预测模型,为法律和政策制定者提供市场信息和趋势分析,帮助完善和调整相关版权法律框架和政策措施,以应对快速变化的数字版权环境和技术挑战。因此,人工智能技术在内容版权管理和反盗版方面的应用,为传媒业和版权持有者提供了高效、精准、自动化的解决方案。不仅有助于预防和打击盗版行为,还能促进合法内容的传播和商业化运营,推动数字传媒环境的健康发展和创新进步。

### (五)情感分析和用户反馈

人工智能在传媒业中的应用不仅限于内容生产和版权管理,还广泛涉及情感分析和用户反馈处理。这些技术在优化产品设计、改善用户体验以及提升企业运营效率方面起到了重要作用。通过自然语言处理(NLP)和情感识别技术,人工智能能够深入分析用户在社交媒体平台上的言论、评论和情绪反馈,从而帮助企业更精准地了解用户对内容和服务的态度、情感以及行为意图。

情感分析是人工智能在传媒业中的关键应用之一。传统上,企业通过市场调研和问卷调查获取用户反馈和情感信息,但这些方法通常受限于样本数量和分析速度。人工智能的情感分析技术能够自动处理海量用户数据,快速准确地识别并分类文本中的情感倾向,如积极、消极或中性。通过深度学习模型和自然语言理解技术,人工智能不仅能理解语言背后的情感色彩和语境,还能识别用户对内容、产品或服务的喜好和不满之处。情感分析还能够对用户情绪的变化和长期趋势进行追踪与分析。例如,人工智能可以监测用户在不同时间点的言论和情感变化,帮助企业发现用户的热点问题、关注点和偏好演变,从而为企业提供更精准的市场洞察和决策支持。这种能力不仅有助于优化内容推荐策略和广告定位,还可以指导企业在产品创新和市场营销策略上的长期规划。

人工智能在处理用户反馈和客户服务方面也展现出了显著优势。传媒公司和数字平台经常面临大量的用户评论、投诉和建议,传统的人工处理方式效率低下,且容易忽略重要信息。通过智能化的文本分析和自动化回复系统,人工智能能够快速识别并处理用户的关键问题和情绪反馈。例如,人工智能可以分析用户的投诉内容,自动分类并优先处理高风险或紧急情况,同时为用户提供即时的个性化反馈和解决方案,从而有效提升客户服务的效率和用户满意度。此外,情感分析技术在舆情监测和品牌声誉管理中也发挥着重要作用。人工智能能够实时跟踪和分析社交媒体上关于品牌或特定内容的讨论和评价,识别出负面情绪或危机事件的迹象,并及时采取预警和公关措施。通过快速响应和积极管理,企业可以有效减少负面影响,并改善公众对品牌的整体认知和评价。情感分析和用户反馈处理的进步不仅服务于传媒企业,还推动了整个行业的发展与创新。人工智能技术的广泛应用促进了传媒内容的个性化和定制化,通过深入理解用户需求和喜好,传媒公司能够优化内容创作和推荐策略,提升用户参与度和内容消费体验。

综上所述,人工智能技术在传媒业的应用已全面渗透至内容生成、分发、管理、市场营销、版权保护及用户反馈等多个环节,显著推动了传媒业的智能化转型与效率提升。在内容生成方面,人工智能通过自然语言生成、计算机视觉和语音合成等技术,实现了新闻报道、视频剪辑、图像生成等领域的自动化生产,不仅降低了人力成本,还提高了内容创作的多样性和创新性。在内容分发环节,基于协同过滤、深度学习等算法的个性化推荐系统,能够精准分析用户行为数据,推送符合用户兴趣的内容,从而提升用户参与度和平台留存率。在内容管理领域,人工智能通过自然语言处理和图像识别技术,实现了内容的智能分类、标签化及审核,有效过滤虚假新闻和违规信息,确保了内容的安全性与合规性。在市场营销方面,人工智能技术通过分析用户画像和行为数据,优化广告投放策略,实现精准营销。在版权保护方面,人工智能结合数字指纹和区块链技术,能够追踪和识别未经授权的内容使用,保护原创者的合法权益。在用户反馈环节,情感分析技术通过挖掘用户评论和社交媒体数据,帮助媒体机构了解用户对内容的态度和情感倾向,为内容优化和品牌声誉管理提供数据支持。然而,尽管人工智能技术为传媒业带来了诸多创新与效率提升,其应用也面临数据隐私、算法偏见、技术依赖等伦理与社会挑战。因此,需要在技术发展与伦理规范之间寻求平衡,同时加强行业监管与用户教育,推动传媒业在智能化转型中的可持续发展。

# 第二章

# 人工智能与新闻业

## 第一节　人工智能新闻生产形态和应用

### 一、人工智能新闻生产形态

#### （一）数据新闻

数据新闻是指利用大数据技术和数据分析方法,将大量数据转化为具有新闻价值的报道形式。它不仅是简单地呈现数据,而是通过深度分析和可视化手段,将数据转化为可以理解和引发公众兴趣的新闻内容。在传统新闻生产模式中,记者通常依赖于采访和文献调查来收集信息,而数据新闻则通过算法和数据分析工具,将海量数据转化为易于理解和视觉化的报道。

数据新闻的生产主要体现在数据的收集和处理上。传统新闻报道通常依赖少数关键消息源或现场采访,而数据新闻则利用网络爬虫、API 接口和开放数据集等技术,从互联网和各种数据源中收集大规模数据。这些数据可以是文本、数字、图片或视频,涵盖了从经济指标到社会趋势的各个方面。例如,通过政府公开数据或社交媒体平台的用户生成内容,数据新闻可以迅速获取到大量关于公共事件和社会问题的详细信息。数据新闻的核心在于数据的分析和解释。利用数据可视化工具和统计分析软件,数据新闻将复杂的数据转化为图表、图像和交互式界面,使读者能够直观地理解和探索数据的背后意义。例如,经济数据可以通过折线图或热力图展示趋势变化,社会调查结果可以通过地图和条形图显示地域差异和变化趋势。这种视觉化不仅提升了报道的可读性和吸引力,还帮助读者更深入地理解数据背后的复杂关系和影响。

数据新闻还包括数据驱动的故事编排和内容创作。与传统新闻由记者撰写文章不同,数据新闻需要记者具备数据分析和可视化能力,能够从数据中发现故事,并以数据为基础进行创作。这种方式不仅提高了报道的客观性和准确性,还能够引发公众更深入的讨论和理解。例如,基于数据的新闻报道可以更客观地分析政策影响或社会趋势,避免了传统报道中的主观偏见和误解。因此,数据新闻通过数据收集、分析和呈现的特点,丰富了新闻报道的内容和形式,同时提升了报道的深度和影响力。

### (二)机器人新闻

机器人新闻是人工智能在新闻生产中的一种新兴应用,它利用自然语言生成(NLG)和机器学习技术自动化地生成新闻内容,从而显著提高了新闻生产的效率和规模。与传统新闻生产模式相比,机器人新闻能够快速、准确地生成大量标准化的新闻稿件,特别适用于财经报道、体育报道和灾难报道等新闻领域。机器人新闻的生产流程依赖于数据输入和算法处理。系统首先从数据库、实时监控系统或其他数据源获取结构化数据,例如股票市场的实时行情、体育比赛的即时比分或自然灾害的监测信息。通过预先设计的算法和模板,机器人新闻系统将这些数据转化为连贯的文本报道。例如,在财报发布后,机器人新闻系统能够即时生成详细的财务分析报告,包括收入、利润和市场反应等关键信息,无需人工干预。

机器人新闻的主要优势在于其生产速度和规模。传统新闻生产需要记者进行调查、采访和写作,整个过程耗时长且劳动强度大。而机器人新闻可以在数据发布的瞬间生成报道,满足了现代社会人们对即时信息的需求,并使新闻机构在竞争激烈的媒体环境中占据先机。机器人新闻能够同时处理和发布大量内容,覆盖广泛的领域和主题,从而大大扩展了新闻的覆盖面和影响力。同时,机器人新闻提升了新闻报道的客观性和一致性。由于新闻生成过程由算法控制,减少了人为主观偏见和情感因素的干扰。例如,在体育赛事报道中,机器人新闻能够基于比赛数据和历史记录,生成客观、公正的分析和结果总结,而不受记者个人立场的影响。此外,标准化的写作模板确保了报道风格的一致性,提高了新闻的专业性和可信度。机器人新闻通过其高效、客观和大规模的特点,极大地改变了传统新闻生产的方式和模式。

## (三)传感器新闻

传感器新闻作为人工智能新闻生产的一种新兴形态,利用各种传感器设备实时采集数据,为新闻报道提供即时且准确的素材。通过将物联网技术与新闻采编相结合,传感器新闻显著提高了信息的时效性和真实性,尤其在突发事件、环境监测和数据密集型报道中展现出显著优势。传感器新闻的核心在于数据采集的实时性和广泛性。各种传感器设备,如环境传感器、气象站、交通监控系统和个人移动设备,能够实时捕捉并上传大量数据。这些设备不仅覆盖范围广泛,还能在极短的时间内获取精确的数据。例如,在自然灾害发生时,地震传感器、气象传感器和无人机上的摄像头可以迅速提供灾害的实时情况,为新闻报道提供第一手的现场数据。这种即时数据采集能力,使新闻报道能够更加及时和准确地反映事件的进展和影响。

传感器新闻的生产过程依赖于强大的数据处理和分析能力。采集到的原始数据需要经过数据清洗、分类和分析,以转化为有意义的信息。机器学习和数据挖掘技术在这一过程中发挥了重要作用。通过对海量数据的分析,系统能够识别异常事件和趋势变化,并自动生成新闻线索。例如,在环境监测领域,通过分析空气质量传感器的数据变化,系统可以及时预警空气污染事件,并生成相关报道。这些数据分析技术不仅提高了新闻报道的精准度,还使媒体能够预见和预测事件的发展,提升新闻报道的前瞻性。传感器新闻还显著提高了新闻报道的客观性和透明度。由于传感器数据直接来源于客观环境,减少了人为干预和主观偏见的可能性。例如,交通传感器数据能够准确反映道路拥堵状况和交通事故信息,不受个人观点影响。这种数据驱动的报道方式,不仅增强了新闻内容的可信度,还增加了报道的深度和细节。通过公开传感器数据的来源及其处理过程,新闻机构能够提升报道的透明度,从而增强受众的信任。总之,传感器新闻作为人工智能新闻生产的一部分,通过其实时、精准和客观的数据采集与分析,极大地改变了传统新闻的生产方式。

### (四)短视频新闻

短视频新闻作为人工智能新闻生产形态中的一种,通过结合视觉技术、自然语言处理和机器学习,实现了新闻内容的高效生产和广泛传播。这种形式不仅满足了现代受众对快速、简洁信息的需求,还在新闻呈现和传播方式上带来了创新与变革。

短视频新闻的制作过程高度依赖人工智能技术。借助视频剪辑和自动生成字幕等技术,人工智能显著提高了新闻制作的效率。传统的视频新闻制作需要大量人力和时间,包括拍摄、剪辑和后期制作,每个环节都需专业人员参与。而在人工智能的辅助下,系统能够自动从长视频中提取关键片段,进行智能剪辑,生成连贯且准确的短视频新闻。例如,通过图像识别技术,系统可以自动识别新闻事件的核心片段,再结合语音识别技术生成字幕和配音。这种自动化流程不仅节省了大量人力和时间,还保证了视频内容的质量和一致性。

短视频新闻在传播途径上也展现出显著优势。随着移动互联网和社交媒体的普及,短视频新闻得以通过各种数字平台迅速传播。人工智能算法能够根据用户的兴趣和行为数据,个性化推荐短视频新闻,提高新闻的曝光率和点击率。例如,社交媒体平台上的推荐算法能够根据用户的浏览历史和互动行为,向用户推送可能感兴趣的新闻视频,从而实现精准推荐和有效传播。这种基于用户数据的智能推荐,不仅增加了新闻的传播广度和深度,还提高了用户的参与度和满意度。此外,短视频新闻通过动态画面和声音增强了新闻报道的生动性和现场感。相比传统的文字新闻和长视频报道,短视频新闻能够更直观和生动地传达新闻信息,通过视觉和听觉的双重刺激更有效地吸引观众的注意力,提高新闻的传播效果。

### (五)沉浸式新闻

沉浸式新闻作为人工智能新闻生产的前沿形态,利用虚拟现实(VR)、增强现实(AR)和混合现实(MR)等技术,为受众提供了身临其境的新闻体验。这种新闻形式不仅改变了传统新闻的呈现方式,还极大地增强了新闻的互动性和参与感。通过虚拟现实技术,沉浸式新闻能够创建一个完全虚拟的环境,让受众以第一人称视角体验新闻事件。这种方式突破了传统二维新闻的限制,通过三维空间和互动元素为受众提供了更为立体和真实的感受。例如,在报道自然灾害、战争或大型体育赛事时,观众可以使用 VR 头戴设备置身于新闻现场,感受现场的氛围。这种沉浸体验不仅增强了新闻的真实感和冲击力,还能更好地传递情感和细节,使观众产生更深的共鸣和理解。

增强现实技术在沉浸式新闻中的应用,进一步提升了新闻的互动性和信息丰富度。AR 技术能够将虚拟信息叠加在现实世界的场景中,观众通过移动设备或 AR 眼镜,可以在现实环境中看到叠加的新闻内容。例如,在城市建设的报道中,AR 可以展示建筑的三维模型和规划蓝图,观众通过移动设备扫描建筑现场,即可查看虚拟模型和相关信息。这种增强现实的方式不仅增加了新闻的趣味性和互动性,还提供了丰富的背景信息和数据支持,使新闻报道更加直观和易懂。

混合现实技术的应用,将虚拟世界与现实世界无缝融合,为沉浸式新闻带来了更高的自由度和灵活性。MR 技术可以在现实环境中创建虚拟对象,并与现实物体进行交互。观众通过 MR 设备,可以在现实空间中操作和查看虚拟新闻内容。例如,在科学报道中,MR 可以展示复杂的科学实验过程和结果,受众可以在现实环境中操作虚拟实验设备,深入了解科学原理和实验细节。这种紧密互动和参与感强的新闻体验,使受众不仅成为被动的接受者,还成为新闻内容的探索者和参与者。

## 二、人工智能技术在新闻生产中的应用

人工智能技术在新闻生产中的应用正在不断扩大,其革新性和效率提升正在引领新闻业的转型。从自动化的新闻写作到智能化的内容推荐,人工智能为新闻编辑和生产团队提供了全新的工具和方法,以应对快速变化的信息环境和读者需求。

### (一)信息采集

首先,人工智能在信息采集阶段的应用已经明显改变了传统新闻采集

模式。自然语言处理(NLP)技术和计算机视觉技术的结合,使得新闻机构能够自动化采集和处理海量信息,从而大幅提升信息获取的速度和效率。NLP技术在信息采集中的应用尤为关键。新闻机构利用NLP技术开发的网络爬虫和内容抓取工具,可以从互联网和社交媒体平台实时获取新闻线索和用户生成内容。这些工具能够自动扫描数百万网页,提取出相关的新闻素材。例如,NLP技术可以识别和提取文章中的关键人物、事件和地点,从而帮助记者迅速锁定有新闻价值的信息。这种自动化的信息采集方式,不仅大大减少了记者在海量信息中筛选的时间,还确保了信息获取的全面性和及时性。同时,通过对社交媒体上的帖子、评论和用户行为进行分析,新闻机构可以捕捉到最新的公众舆论动态和热点话题,实时跟进报道。

其次,计算机视觉技术在信息采集中的应用也不可忽视。传统新闻信息采集往往依赖记者手动筛选大量的图片和视频素材,这不仅费时费力,还容易遗漏关键细节。计算机视觉技术的引入,使得图像和视频的自动识别和分类成为可能。例如,通过图像识别技术,系统能够自动从大量照片中提取出包含特定人物或事件的图片,为新闻报道提供支持。计算机视觉技术还可以用于视频分析,自动识别和标注视频中的关键帧和重要片段,使记者能够迅速找到所需的素材。这种技术的应用不仅提高了信息采集的效率,还确保了新闻报道的精准性和及时性。

最后,传感器网络和物联网设备的应用也为新闻信息采集提供了新的途径。各种传感器能够实时监测和记录环境数据,如温度、湿度、气压等,以及交通状况和天气变化等信息,这些数据通过物联网设备传输到新闻机构,成为新闻报道的重要素材。例如,在自然灾害发生时,传感器网络可以实时传回受灾区域的各种环境数据,为记者提供第一手资料,帮助其迅速做出报道决策。再者,社交媒体监控系统在信息采集中的作用也日益突出。通过对社交媒体平台上的用户动态进行监控和分析,新闻机构可以及时捕捉公众的关注点和热点事件。社交媒体监控系统能够追踪热门话题的传播路径,分析用户的讨论热度和情感倾向,从而为新闻报道提供数据支持。例如,当某个事件在社交媒体上迅速传播时,新闻机构可以通过监控系统及时获取相关信息,第一时间进行报道,抢占新闻传播的先机。人工智能技术在信息采集阶段的应用,通过 NLP 技术、计算机视觉技术、传感器网络和社交媒体监控系统等手段,实现了信息采集的自动化和智能化,显著提升了新闻信息获取的速度与效率,使新闻报道更加及时且多元化。

## (二)内容生成

内容生成是人工智能技术在新闻生产中的核心应用之一,显著提升了新闻生产的效率和质量。利用自然语言生成(NLG)技术,人工智能系统能够从结构化数据中自动生成新闻稿件,使内容创作过程变得更加自动化和智能化。NLG 技术在数据驱动型新闻报道中的应用尤为显著,例如公司财报新闻、体育报道和天气预报等,通常涉及大量的数字和固定格式的数据。传统的新闻写作需要记者手动整理和分析这些数据,再进行文字撰写,这不仅耗时费力,还容易出错。而人工智能系统通过 NLG 技术,能够快速将结构化数据转化为简洁明了的新闻报道。例如,在公司财报发布后,NLG 系统能够自动提取收入、利润、成本等关键指标,生成详细的财报新闻。这种自动化生产不仅节省了记者的时间和精力,还确保了数据的准确性和报道的及时性。

人工智能系统在生成新闻内容时,不仅限于简单的数据转换,还能够模仿人类的写作风格,生成更加生动和富有个性的新闻内容。例如,今日头条开发的"张小明"机器人,能够自动撰写体育新闻。在 2016 年里约奥运会期间,"张小明"实时撰写了大量关于比赛结果和赛事分析的新闻报道。这些报道不仅内容翔实,而且写作风格非常接近专业记者,展示了其在数据转换和写作风格模仿方面的能力。这种技术的应用显著提升了新闻报道的效率,使媒体能够在短时间内生产大量高质量的内容,以满足读者的需求。此外,人工智能系统还能够根据读者的兴趣和偏好,生成个性化的新闻内容。通过分析用户的阅读历史和行为数据,系统可以预测用户感兴趣的主题和风格,自动生成定制化的新闻报道。例如,体育迷可能更关注详细的比赛数据和球员表现,而财经爱好者则可能对市场趋势和投资分析更感兴趣。人工智能系统能够根据这些偏好,生成符合不同用户需求的个性化内容,增强用户的阅读体验和满意度。

## (三)数据分析

人工智能在数据分析领域的应用,极大地提升了新闻报道的深度和准确性。通过机器学习和大数据分析技术,新闻机构能够从海量数据中挖掘出有价值的信息和趋势,为新闻报道提供坚实的基础和丰富的内容。例如,在调查报道中,数据分析工具可以帮助记者分析政府数据库、金融记录和社交媒体数据,揭示潜在的新闻故事和社会问题。这种数据驱动的应用不仅扩展了新闻报道的广度和深度,还增强了报道的可靠性和事实依据。

首先,人工智能的数据分析技术使新闻机构能够快速处理和解读大量复杂数据。在传统的新闻调查中,记者需要花费大量时间和精力来收集和整理数据,这不仅效率低下,还容易遗漏关键信息。现在,利用人工智能技术,记者可以快速从各种数据源中提取相关信息。例如,在调查政府腐败案件时,数据分析工具可以迅速筛选和交叉比对大量的财务记录和合同数据,帮助记者发现异常交易和利益冲突,从而揭示潜在的腐败行为。

其次,人工智能的数据分析技术在新闻报道中提供了更加全面和多样的视角。通过分析社交媒体数据和公众舆论,新闻机构可以了解不同群体对事件的看法和情绪反应,从而在报道中加入更多的背景信息和多元视角。例如,在报道一项新政策时,情感分析技术可以识别和分析公众对政策的支持、反对或中立态度,帮助记者更全面地展示政策对社会的影响。这种多视角的报道不仅增强了新闻的客观性和公正性,还提高了读者的信任度和参与感。

最后,人工智能的数据分析技术还可以预测新闻事件的发展趋势,帮助新闻机构更好地规划和应对未来的报道需求。通过对历史数据和当前趋势的分析,机器学习算法可以预测特定事件的发展方向和可能的影响。例如,在报道自然灾害时,数据分析工具可以结合气象数据和历史灾害记录,预测灾害的可能影响范围和严重程度,为新闻报道提供前瞻性的内容和指导。这种预测性分析不仅提升了新闻报道的前瞻性和准确性,还使新闻机构能够更加有效地组织和调度报道资源。

情感分析技术在新闻报道中的应用也十分重要。通过对社交媒体和评论区的文本进行情感分析,人工智能可以识别公众对特定事件的情绪反应,如愤怒、喜悦、悲伤等。这些情绪反应为新闻报道提供了更加生动和直观的背景信息。例如,在报道一项争议性政策时,情感分析技术可以揭示不同群体的情绪反应和背后原因,帮助记者更好地把握报道方向和重点。同时,这些情感数据还可以作为反馈信息,帮助新闻机构了解读者的关注点和兴趣,从而优化报道内容和形式。

总的来说,人工智能在数据分析领域的应用,为新闻报道带来了前所未有的深度和准确性。通过机器学习和大数据分析技术,新闻机构不仅能够高效地处理和解读海量数据,还能够提供更加全面和多样的视角,预测事件的发展趋势,为新闻报道提供坚实的数据支持和丰富的内容。

### (四)个性化推荐

个性化推荐是人工智能在新闻传播中的一项重要应用,它通过分析用户的阅读历史、兴趣偏好和行为数据,为用户推荐定制化的新闻内容。推荐系统利用协同过滤、内容过滤和深度学习等技术,创建独特的新闻推送体验。这种技术不仅提升了用户的阅读体验,还增强了新闻平台的用户黏性和流量。

首先,协同过滤是一种广泛使用的个性化推荐技术。协同过滤分为基于用户的协同过滤和基于项目的协同过滤两种方法。基于用户的协同过滤通过分析相似用户的历史行为进行推荐。例如,如果用户 A 和用户 B 的阅读历史相似,那么用户 A 喜欢的新闻很可能也会被推荐给用户 B。基于项目的协同过滤则通过分析新闻内容的相似性进行推荐,即如果用户 A 喜欢某篇新闻,系统会推荐与这篇新闻内容相似的其他新闻。这种方法在新闻推荐中应用广泛,如新闻客户端今日头条通过分析用户的阅读类型和偏好,利用协同过滤技术推荐相似类型的新闻,从而提升了用户的阅读满意度。

其次,内容过滤是另一种常用的个性化推荐技术。内容过滤通过分析新闻内容的特征和用户的兴趣偏好进行精准推荐。例如,利用自然语言处理技术,系统可以分析新闻文章的主题、关键词和情感倾向,并结合用户的兴趣标签(如政治、科技、体育等),推荐符合用户偏好的新闻内容。这种方法能够显著提高推荐的准确性和用户满意度。例如,网易新闻通过分析新闻内容和用户兴趣标签,推荐个性化的新闻内容,大幅提升了用户的阅读体验。

最后,深度学习技术的应用进一步增强了个性化推荐的效果。深度学习能够处理复杂的非线性关系,并挖掘用户行为数据中的潜在模式,从而进行更精准的推荐。例如,卷积神经网络(CNN)和循环神经网络(RNN)等深度学习模型可以分析用户的点击、浏览、分享等行为数据,预测用户的阅读兴趣,并实时推荐相关新闻内容。今日头条、抖音等 App 广泛应用了深度学习技术,它们能够根据用户的阅读习惯和兴趣偏好,动态调整推荐内容,显著提高了用户的参与度和满意度。今日头条作为中国领先的新闻资讯平台,其推荐算法综合了用户的浏览历史、点赞、分享等行为数据,并结合地理位置、兴趣标签等信息,为用户定制个性化的新闻内容。其算法不仅利用了机器学习技术,还结合了自然语言处理和情感分析等技术,精准推荐用户感兴趣的新闻和视频,提升了用户的活跃度和留存率。类似地,抖音通过分析用户的观看历史、点赞、评论等行为数据,推荐相关视频和新闻内容。这些个性化推荐技术不仅增强了用户的观看体验,还大幅提升了平台的用户活跃度和广告收入。

总之,个性化推荐通过人工智能技术的应用,极大提升了新闻传播的效率和效果。协同过滤、内容过滤和深度学习技术的结合,使得新闻推荐更加精准、实时和个性化,为用户提供了更为丰富和满意的新闻体验。

### (五)虚假新闻检测

在应对虚假新闻的挑战中,人工智能技术发挥了至关重要的作用。由于虚假信息传播迅速且影响深远,新闻机构和平台依赖自然语言处理(NLP)、机器学习和图像识别等技术,开发了多种工具和算法以识别和应对虚假新闻。NLP 技术在虚假新闻检测中具有核心作用。NLP 技术通过分析新闻文本的语言特征、句法结构和语义内容,能够识别潜在的虚假信息。例如,系统可以检测文章中的逻辑矛盾、不一致性以及带有偏见的语气,从而揭示可能的虚假新闻。NLP 技术还能够分析文本中的关键词和情感倾向,帮助判断信息的真实性和可信度。随着机器学习算法的训练和优化,这些系统不断提升虚假新闻检测的准确率和效率,能够迅速识别和处理虚假内容。

机器学习在虚假新闻检测中扮演着重要角色。通过大量标记数据的训练,机器学习模型能够学习识别虚假新闻的模式和特征。例如,系统可以基于历史数据和新闻源的信誉评级,建立评估新闻可信度的模型。利用监督学习的方法,这些系统可以自动将新闻分类为真实或虚假,从而为编辑和审核人员提供参考。这种方法不仅提高了虚假新闻检测的效率,还减少了人工审核的工作量,使新闻机构能够更迅速地应对虚假信息的传播。此外,图像识别技术也在虚假新闻检测中发挥了重要作用。随着虚假图片和视频在社交媒体和新闻平台上的传播,人工智能系统能够分析图像的像素、元数据和视觉特征,以识别编辑或篡改过的媒体内容。例如,系统可以检测图像中的数字痕迹、颜色梯度和合成图层,从而判断图像的真实性和完整性。通过图像识别技术,新闻机构能够及时发现并移除虚假图片,从而保护公众免受误导和虚假信息的影响。新闻机构利用这些智能化的检测工具,能够快速识别和处理虚假信息,从而维护信息传播的健康环境和社会秩序。

# 第二节　人工智能对新闻生产模式的重构

人工智能技术的迅猛发展重构了传统新闻生产模式。从新闻素材的收集、整理到编辑和发布,人工智能不仅提升了效率,还引发了新闻内容生产方式的根本性变革。通过大数据分析和自然语言处理,人工智能能够实时捕捉和分析海量信息,自动生成新闻稿件,甚至进行个性化推送。在这种背景下,传统新闻业面临前所未有的机遇和挑战,如何适应并利用这一新兴技术,已成为行业急需思考和应对的重要课题。

## 一、新模式:人工智能丰富新闻源的获取

在信息爆炸的时代,人工智能技术正日益成为丰富新闻源的重要手段。新模式通过机器学习和自然语言处理技术,自动搜集、整理和分析来自社交媒体、新闻网站、博客等多种平台的新闻信息。这一模式显著提高了新闻获取的速度和覆盖范围,能够实时捕捉和筛选大量数据,并根据用户的兴趣和阅读习惯进行个性化推荐。与传统新闻记者依靠人力调查、采访和信息筛

选的方式相比,人工智能不仅减少了时间和人力成本,还能避免人为偏见,提供更客观、多元的新闻内容。此外,人工智能可以 24 小时不间断地工作,确保新闻的时效性和连贯性,填补了传统新闻采集中的时间空隙,提高了新闻生产的效率。

（一）开拓新闻线索:传感器提高采集效率

传感器技术的广泛应用正深刻改变着新闻生产的方式与效率。从基本的天气传感器到复杂的社交媒体监测系统,传感器不仅是感知物理世界的工具,更是新闻界获取信息的重要渠道。天气传感器这一传统应用领域,不仅提供天气预报和自然灾害信息,还在新闻报道中扮演着关键角色。例如,在灾难报道中,天气传感器可以实时监测风暴、地震等自然灾害,为记者提供迅速而准确的信息源,帮助新闻机构及时报道灾情和救援进展。这种实时数据的使用显著提升了新闻报道的时效性和可信度,使公众能够更快速地了解和应对重要事件。

社交媒体监测系统已成为新闻采集的宝贵工具,为新闻报道开拓了新的数据来源和视角。在庞大的社交媒体用户群体中,每时每刻都有大量的信息和观点在流动。随着人们日益依赖社交媒体分享和获取信息,这些平台成为公众表达意见、分享见闻的主要场所。通过将传感器技术与自然语言处理和数据挖掘算法相结合,新闻机构能够实时监测和分析社交媒体上的热点话题、舆情动向以及公众情绪变化。社交媒体监测系统通过分析用户的发帖、评论和分享行为,提取关于各种事件的实时反馈和见解,为新闻报道提供了多维度的观点和深度分析的素材。例如,在重大新闻事件发生后,社交媒体监测系统能够迅速捕捉到公众的反应和评论,揭示社会各界对事件的态度和影响。新闻编辑部门可以根据这些数据调整报道的角度和重点,使其更加贴近读者的关注点,从而提升报道的针对性和吸引力。传感器技术的应用不仅限于天气和社交媒体监测,还广泛覆盖了其他领域的数据收集和分析。例如,交通传感器可以帮助报道交通事故和城市拥堵状况,医疗传感器则能提供健康数据和疾病暴发的预警信息。通过实时监测和数据分析,这些传感器为新闻报道提供了更全面、深入的基础信息,使记者能够第一时间获取事件发生的实时动态,并进行深度分析和报道。

## （二）用户数据再利用：社会化媒体提供信源

社会化媒体作为新闻报道的重要信息源和交流平台，在当今数字化时代扮演着越来越关键的角色，它不仅为新闻机构提供了丰富的内容素材，还通过用户数据的再利用，来提高新闻的广度和深度。社会化媒体的兴起和普及使得个人和组织能够即时分享和传播信息，从而形成了一个庞大的信息池。用户在社交媒体上发布的文字、图片和视频不仅包含了个人的见解和经历，还反映了社会上各种事件和趋势的真实状态。例如，突发事件发生时，人们往往会通过社交媒体第一时间发布现场照片和目击描述，这些内容不仅丰富了新闻报道的实时性，还为记者提供了多角度的信息来源。

社会化媒体平台通过用户数据的再利用，为新闻报道的深度分析和多维度呈现提供了重要支持。通过分析社交媒体上的话题热度和舆论趋势，新闻机构可以更准确地把握公众关注的焦点和热点问题，进而调整报道的重点和角度。观点分析则可以帮助新闻编辑了解不同群体和个体的立场和看法，从而为报道提供更全面和客观的视角。这种基于数据分析的深度报道不仅丰富了新闻内容的多样性，还有效提升了报道的公信力和影响力。此外，社会媒体的信息多样性和实时性也为新闻编辑提供了更大的报道空间和创新机会。传统媒体往往受限于资源和时间，难以实现即时报道和多角度分析。而通过社交媒体，新闻编辑能够及时跟踪和收集来自不同来源的信息，利用算法和数据挖掘技术，快速筛选和分析相关内容，从而迅速响应事件的发展，并深入探讨其背后的复杂性。这种利用社交媒体数据的方式，不仅提高了新闻报道的效率，还为受众呈现更加全面和立体的信息画面。通过充分利用社交媒体提供的丰富内容素材和用户数据，新闻机构能够更加全面和多样地报道新闻事件，提升报道的深度和广度，满足公众对多元化信息和即时反馈的需求，推动传统新闻生产模式向智能化和用户化的方向迈进。

## （三）预测新闻价值：算法评估辅助判断

人工智能算法的广泛应用正在深刻改变新闻行业的运作方式，尤其是在预测新闻价值方面的作用日益显著。通过自然语言处理和机器学习技术，人工智能能够快速、准确地分析大量文本数据，帮助新闻记者更客观、精准地评估新闻事件的价值,从而优化新闻报道的选择和策划。

人工智能在新闻价值评估中的应用,使编辑部门能够更迅速地捕捉和理解大量数据中的关键信息。传统上,编辑们需要耗费大量时间和精力阅读和分析各种新闻稿件,以判断其报道价值。而现在,基于自然语言处理技术的算法可以自动处理和理解文本内容,识别关键词、主题和情感倾向,帮助编辑快速筛选出具有潜在新闻价值的报道对象。这种自动化处理不仅提高了效率,还减少了人为错误和主观偏差,使评估过程更加客观和科学。

机器学习技术在新闻价值评估中的应用,使得算法能够不断学习和优化评估模型。通过利用历史数据进行模式识别和预测,编辑部门能够更精准地预测哪些事件可能成为重要新闻,哪些信息可能引发公众关注或产生重大影响。例如,算法可以通过分析历史报道中的关键特征和影响因素,帮助编辑识别潜在的热点话题和趋势,及时调整报道策略和资源分配,以最大化新闻报道的影响力和时效性。此外,人工智能算法在新闻价值评估中的进一步应用还体现在多维度数据分析和跨平台信息整合上。随着信息来源的多样化和分散化,编辑面临的挑战不仅是评估单一事件的重要性,还包括如何整合和分析不同平台和渠道上的信息,形成全面而准确的报道视角。算法可以有效处理大规模、多源的数据流,帮助编辑从复杂的信息网络中提取关键信息,发现新的报道线索和趋势,从而提升报道的深度和广度。

## 二、新方式:人工智能辅助新闻采编

### (一)语音识别技术辅助记录

语音识别技术正在逐步革新新闻报道和采访的传统方式。过去,记者在采访时需要手动记录讲话内容,然后回到编辑室进行整理和转录。这一过程不仅耗时费力,还常常因为记者的注意力分散或信息记录不完整而导致报道存在遗漏或误解。这样的手工操作不仅影响了报道的准确性,也拖延了新闻发布的速度,降低了新闻的时效性。

如今,随着语音识别技术的不断成熟,记者可以通过智能手机、录音设备等工具直接录入采访内容,系统能够自动将语音转换为文本。这个过程大大提高了新闻采集的效率和精准度,使得记者能够在现场迅速捕捉和整理信息。这种技术不仅简化了原本烦琐的记录和转录流程,还缩短了新闻报道的制作周期,让记者能够更快地将新闻内容传递给公众,增强了报道的时效性和竞争力。更为重要的是,语音识别技术通过其强大的语音解析能力,能够在各种环境中准确识别多种语言和口音,即使在嘈杂的现场也能保持高效运作。这种技术有效地减少了信息记录中的人为错误,确保了新闻内容的完整性和真实性,使报道更为可靠。借助这一技术,记者可以将更多精力集中在新闻采访和内容的挖掘上,而不必担心后续的文字整理工作。这不仅节省了时间和精力,也提高了报道的专业性和可信度,为新闻行业带来了显著的进步和革新。

### (二)机器新闻写作辅助生产

机器新闻写作作为人工智能在新闻生产中的新兴应用,正在迅速发展并深刻影响着新闻编辑部门的工作方式和效率。基于自然语言生成技术的机器新闻写作系统,能够从结构化数据中快速生成标准化的新闻稿件,为新闻报道的生产提供了强大的辅助工具。机器新闻写作系统通过机器学习算法,能够从多个数据源中提取出关键信息和统计数据。这些数据可以包括政府发布的经济数据、企业公布的财报、科学研究的成果等各种结构化数据。机器学习算法能够在瞬间从海量数据中提取出关键信息和统计数据,然后将这些数据自动转化为规范化的新闻文本。这种自动化的过程不仅节省了大量的人力成本和时间,还减少了人为因素可能带来的错误和偏差,从而确保了报道的准确性和一致性。

机器新闻写作系统的应用还能够显著降低人力成本。在传统的新闻生产流程中,编辑们需要花费大量的时间在日常报道的撰写和编辑工作上,这些工作虽然重要,但往往占据了他们大量的时间和精力。通过引入机器新闻写作系统,编辑团队可以将重复性和标准化的报道任务交由机器完成,从而释放出更多的人力资源用于深度分析、策略制定以及更加复杂和具有挑战性的报道工作。这种分工不仅提高了编辑团队的工作效率,还能够提升报道的质量和独特性,使得编辑团队能够更专注于提升报道的深度和影响力。此外,机器新闻写作系统的应用也推动了新闻报道形式的创新和多样化。随着机器学习算法的不断进步和自然语言生成技术的发展,这些系统不仅可以生成传统的新闻报道,还能够根据不同的受众需求和平台特点生成适应性更强的内容。例如,它们可以自动化地生成适合社交媒体分享的短文本报道或是结构化简洁的数据图表,从而增强报道的互动性和可视化效果,吸引更多读者。

## 三、新渠道:智能测算实现信息的精准分发

### (一)人机交互提高新闻精准推荐和分发

人机交互技术在智能新闻推荐和分发中的作用日益显著,特别是在提升新闻个性化推荐和精准分发方面。传统的编辑决策依赖专业经验和判断,往往难以全面满足每个用户的个性化需求。相比之下,人机交互技术通过对用户偏好、兴趣和行为数据的深入分析,为新闻平台提供了更为精准的推荐和分发支持。智能算法和机器学习模型能够实时收集并处理用户的浏览历史、点击行为、社交媒体活动、搜索记录等多维度信息,从而精确识别用户的喜好和行为模式。这种技术不仅使新闻推荐更加智能化和个性化,还显著提升了用户体验、信息精准度和平台的竞争力。

智能算法的应用使得新闻平台能够即时调整和优化推荐内容。与传统的静态推荐系统不同,基于人机交互技术的新闻分发更加灵活、迅速。算法可以在用户行为发生变化或突发新闻事件时,迅速调整推荐策略,确保用户接收到最相关和最新的报道。例如,当用户阅读一篇关于高考话题的新闻后,系统能够立即推荐与高考相关的深度报道或延伸文章,帮助用户更全面地了解这一主题。智能算法和自动化工具还能够承担信息筛选、编辑和排版等烦琐任务,使编辑团队可以将更多精力集中在新闻事件的深度分析、背景调查和战略制定上。这不仅提高了编辑团队的工作效率,还显著降低了新闻生产的成本,使新闻机构能够更为灵活地应对快速变化的新闻环境和激烈的市场竞争。

### (二)混合型平台扩展新闻信息覆盖范围

混合型平台的兴起标志着新闻信息传播模式的深刻变革,这种变革不仅扩展了新闻信息的覆盖范围,还促进了新闻内容在不同社交媒体和数字化平台上的广泛传播与影响力扩展。传统上,新闻机构主要依赖于纸媒、广

播和电视这些传统媒体,这些媒体虽然在一定程度上具有影响力,但其受众群体面临日益缩减和分散化的趋势。随着互联网的迅速发展和普及,新兴平台逐渐成了人们获取新闻信息的重要途径,对于传统的新闻媒体造成巨大的冲击和挑战。

首先,混合型平台的兴起使得新闻机构能够更为广泛地接触不同的受众群体。传统媒体往往受限于地域和传输方式,而社交媒体平台和数字化应用则具有全球化和即时性的优势。例如,通过在微信、微博等社交媒体平台上发布新闻内容,新闻机构可以迅速吸引大量粉丝和关注者,实现信息的快速传播和扩散。这种多平台的发布策略不仅增加了新闻报道的曝光度,还能够有效吸引年轻受众群体,进而扩大新闻传播的影响力。

其次,混合型平台的应用促使新闻机构在信息发布和内容管理方面变得更加灵活和多样化。传统媒体的工作流程往往比较固定和单一,而在混合型平台下,新闻编辑可以根据不同平台的特点和受众需求,调整内容的呈现方式和发布策略。例如,在抖音或快手等视频分享平台上,新闻机构可以采用短视频形式来传达新闻事件的重要信息,以迎合受众短时间内获取信息的需求。这种形式的新闻报道不仅更富有趣味性和视觉冲击力,还能够更好地吸引年轻一代的受众,增加新闻内容的流行度和传播效果。

最后,混合型平台的兴起也带来了新闻信息传播效果和影响力的新挑战。虽然新兴平台具有快速传播和广泛覆盖的优势,但也伴随着信息真实性和可信度的问题。信息的快速传播往往会导致虚假信息和谣言的传播,影响公众的信息判断和信任度。新闻机构需要在多平台发布新闻内容的同时,加强对信息质量和真实性的把控,通过专业的编辑团队和严格的审核把关机制,确保新闻信息的准确性。

综上所述,混合型平台的兴起不仅扩展了新闻信息的覆盖范围和传播渠道,还为新闻机构带来了更多的传播机会和挑战。通过在传统媒体和新兴平台上的整合发布,新闻机构能够更有效地满足不同受众群体的信息需求,提升新闻报道的影响力和社会价值。

# 第三节 人工智能对新闻生产理念的变革

## 一、竞争者：新闻媒体与聚合平台的资源争夺

### （一）新闻采集的来源方式众多

新闻采集的方式随着技术的发展变得更加多样化，现代新闻业不再局限于传统的报道方法。

一种主流的新闻采集方式是通过社交媒体平台。社交媒体提供的不仅有文字内容，还包括大量的图片、视频和音频。人工智能技术能够自动提取和分析这些多媒体内容，生成相应的新闻报道。同时，人工智能还可以实时监控平台上的内容，通过分析关键词、话题标签和用户行为，迅速捕捉突发事件和热点新闻，并预测未来可能成为新闻的事件或话题，从而提高报道的时效性和新闻价值。

另一种新闻采集方式是利用开放的数据源和大数据分析。随着政府和企业对数据开放和透明化的重视，新闻机构可以通过大数据分析挖掘各种公共数据，从中提取具有新闻价值的信息。例如，政府统计数据、科研机构的研究报告以及企业财务数据等，都可以为新闻报道提供丰富的背景和细节，揭示社会问题和政策效果。这种数据驱动的采集方式不仅增强了报道的深度和专业性，还提供了更多客观的数据支持，从而提升报道的权威性和可信度。此外，通过图像识别和视频分析技术，新闻机构还可以从用户生成内容（UGC）中筛选出具有新闻价值的图像和视频，进一步丰富新闻的来源和内容。人工智能技术的应用使得新闻采集的来源方式更加多元化和智能化，极大地提升了新闻的覆盖范围和报道质量。

### （二）新闻内容的智能个性化生成

智能系统在新闻内容生成方面，与传统方法相比，具有显著的优势。传统上，新闻标题和导语的编写主要依赖编辑的经验和直觉，往往导致标题单

一。相对而言,人工智能技术通过自然语言处理(NLP)和机器学习,能够精准和个性化地生成新闻内容。

在新闻标题生成方面,智能系统利用 NLP 技术分析大数据中的热门话题、关键词和搜索趋势,实时监测搜索引擎和社交媒体数据,快速识别当前最热门事件。例如,当某个事件在社交媒体上引发广泛讨论时,智能系统能够即时提取相关关键词,并结合时事背景生成具有时效性和吸引力的标题。智能系统在选择关键词组合时,综合考虑关键词流行程度、用户兴趣和搜索行为模式,使标题更具针对性,能够有效吸引目标读者的注意力。在标题制作过程中,智能系统还能够自动调整语言风格和情感色彩。它们根据新闻事件的性质和重要性选择合适的表达方式,增强标题的表现力和感染力。

在新闻导语生成方面,人工智能技术展现了强大的应用潜力。通过 NLP 技术,智能系统深入分析数据中的语义和情感信息,精准捕捉新闻报道的核心要点,并选择合适的表达方式,使导语简洁明了、引人入胜。例如,当处理涉及重要事件的报道时,系统会分析事件背后的情感,如紧张或愤怒,并在导语中巧妙地传达这些情感,从而与读者建立情感联系和共鸣。智能系统还基于大数据分析用户的阅读偏好和行为模式,优化导语内容和形式,不仅能够提高新闻报道的吸引力和可读性,还能够有效促进读者的深入阅读和参与,从而提升新闻传播的效果和影响力。

在新闻主体内容生成方面,智能系统展示了强大的应用能力。通过结合结构化数据和自然语言生成技术,系统能够快速将抽象的数据和事实转化为通俗易懂的文本。例如,当系统从大数据中提取出关键的统计数据和背景信息时,它能够根据不同的读者群体特点和阅读习惯,自动调整语言风格和表达方式,以确保信息的清晰易读。智能生成的过程不仅提高了信息转化的效率,还减少了编辑团队的时间和成本投入。传统上,编辑们可能需要耗费大量时间来整理和编写复杂的数据内容,但智能系统可以在短时间内完成这些任务,并且保证信息的准确性和客观性。这种技术的应用使得新闻报道更加及时和具有吸引力,从而提升了读者的阅读体验和理解度。此外,智能系统在生成新闻主体内容时还能够提升文章的结构性和逻辑性。它能够根据新闻事件的复杂性和重要性,有效组织和展现文章的各个部分,使得读者更容易理解和消化所传达的信息。例如,当涉及多方面数据和细节时,系统可以适当地分段和归纳,以帮助读者更系统地理解新闻背景和实质内容。智能系统在新闻主体内容生成方面的应用不仅提高了信息处理的效率和准确性,还优化了新闻报道的阅读体验和理解度。

### (三)用户行为的双向互动反馈

在新闻生产中,人工智能技术通过用户行为的双向互动反馈,显著地改变了用户与新闻内容互动的方式和体验。这种双向互动反馈包括了从用户到技术的反馈,以及从技术到用户的个性化响应。

首先,人工智能技术通过分析用户的浏览历史、点击行为和兴趣偏好,实现了个性化的新闻推荐。传统上,用户获取新闻信息的途径较为固定,如阅读报纸或观看电视新闻,而缺乏针对个人兴趣的定制化选择。现在,智能系统能够根据用户的阅读习惯和兴趣,推送与其相关度高的新闻内容,从而提升了用户的阅读体验和参与度。其次,人工智能技术通过自然语言处理和情感分析,识别并理解用户在社交媒体上的评论和反馈。这种能力使得新闻机构能够快速掌握用户对特定新闻事件的态度和情感反应,进而调整新闻报道的角度和深度,以更好地满足用户的需求和期待。例如,当某一新闻话题在社交媒体上引发广泛讨论时,智能系统可以分析这些评论并作为反馈,帮助编辑团队调整报道的重点和风格。最后,人工智能技术还通过智能推送和即时互动功能,增强了用户对新闻的参与感和互动体验。例如,一些新闻应用程序或网站通过聊天机器人或智能助手,与用户进行实时交流和互动,回答用户的问题或提供定制化的新闻服务。这种交互式体验不仅增加了用户与新闻内容的亲密度,还提高了用户对新闻来源的信任感和忠诚度。人工智能技术在新闻生产中通过用户行为的双向互动反馈,显著地提升了用户体验和参与度。通过个性化推荐、情感分析和即时互动功能,智能系统使新闻内容更贴近用户的兴趣和需求,进而促进了新闻产业的创新和发展。

## 二、生产主体:角色认知与职业技能的认知转变

### (一)记者职能与机器赋能的角色感知

在传统新闻生产模式中,记者的职责主要包括信息收集、采访、撰写和编辑。然而,随着人工智能技术的进步,这些职责正经历着显著的转变。人工智能在信息收集和处理方面的应用,极大地提高了工作效率和信息的准确性。过去,记者需要花费大量时间和精力进行采访和调查,然后手工整理和分析数据以撰写新闻报道。现在,智能系统能够自动收集和分析大量数据,迅速提取关键信息和统计数据,为记者提供更全面、深入的背景资料,从而节省了大量的时间和劳动成本。

人工智能技术不仅改变了新闻内容的生产方式,还提升了新闻文本的生成质量。传统新闻报道依赖记者的判断力和文采,而智能系统通过自然语言处理和机器学习技术,能够生成清晰、规范的新闻文本。这使得记者可以更加专注于新闻事件的深度分析和报道策略的制定,而不再仅限于基础信息的收集和整理。机器赋能的角色认知使记者的工作重心从单纯的信息收集和传递,转向解释和分析。智能系统通过大数据分析和算法评估,提供对新闻事件背后影响因素的深入理解和预测。记者可以基于这些数据和分析结果,进行更加客观和准确的报道,从而增强新闻的可信度和影响力。相比于传统的新闻生产模式,机器赋能的新闻生产模式突出了技术在提升生产效率和质量方面的重要性。通过智能化的数据处理和分析,弥补了人为因素带来的不足,提高了新闻报道的全面性和专业性。

### (二)思维方式与新闻推送的智能模拟

在新闻生产过程中,人工智能技术的引入正在深刻改变记者和编辑的思维方式及新闻推送的方式。传统的新闻生产模式依赖于人的思维和决策过程,记者和编辑通过自身经验和判断从众多选题中选择报道焦点,并构建新闻故事。然而,随着人工智能技术的发展,这种思维方式正逐渐转向数据驱动和智能化的模式。从思维方式的角度来看,传统模式强调人工分析和解释,判断新闻事件的价值和影响。智能系统通过大数据分析和机器学习算法,能够快速识别和分析潜在的新闻价值,帮助记者和编辑更准确地把握

新闻事件的关键点。这种数据驱动的思维方式不仅提升了报道的客观性和准确性,还使报道更加贴合读者的兴趣和需求。智能系统提供的数据分析支持,使得记者和编辑能够从海量的信息中提取出最具新闻价值的部分,从而提升报道的质量和影响力。

新闻推送的智能模拟在这一转变中发挥了重要作用。传统新闻推送主要依赖编辑的人工干预和排版,现在智能系统的引入使推送过程变得更加自动化和个性化。系统通过分析用户的历史阅读数据、兴趣偏好和行为模式,实现精准的新闻推荐。例如,系统可以基于用户的浏览记录和搜索习惯,推荐与其兴趣相关的新闻内容,从而提高用户的阅读体验和参与度。这种智能推送不仅降低了人工操作的时间和成本,还使新闻机构能够迅速适应新闻环境的变化,提升推送的效率和效果。总体而言,思维方式的转变和新闻推送的智能模拟在角色认知与职业技能的演变中,促使记者和编辑更加依赖数据驱动的决策和个性化服务。

### (三)专业经验与技术支撑的技能需求

随着人工智能技术的广泛应用,记者和编辑的角色不再仅限于传统的信息收集和报道,而是向更加技术化、数据驱动的方向发展。传统的新闻生产模式中,记者和编辑依赖于丰富的专业经验和判断力,这些经验主要来源于多年的实地报道和事件分析。然而,随着信息量的爆炸性增长和新闻传播形式的多样化,单靠人工经验难以应对复杂的新闻环境。因此,新闻从业者需要通过学习和掌握先进的技术工具和数据分析技能,以提升信息处理和报道质量。这种技术支撑的需求不仅包括对人工智能、大数据分析和自然语言处理等技术的理解和应用能力,还需要具备跨学科的知识背景,以便结合技术与新闻原则进行有效的报道和分析。记者和编辑需要熟悉数据分析工具、算法模型以及如何从数据中提取有价值的信息,这些技术能力成为提升新闻质量的关键因素。此外,技术支撑的转变也显著影响了新闻生产中的工作流程和工具使用。传统编辑室主要依赖手工处理和编辑文本,但现在,智能化的编辑工具和平台使得数据分析、内容管理和多媒体制作变得更加高效和精确。记者和编辑不仅要适应这些新工具的使用,还需具备处理和分析数据的能力,以提升新闻报道的深度和准确性。

人工智能技术的进步还要求记者和编辑在面对新闻事件时,不仅要依靠传统的采访和调查技能,还需要理解并利用智能系统提供的大数据分析和预测能力。例如,智能系统可以通过算法分析社交媒体上的舆论趋势或经济数据的变化,为新闻报道提供更全面和深入的视角。这种技术支撑能力使记者和编辑能够更好地解释和分析复杂事件背景,增强新闻报道的权威性和深度。

总体而言,专业经验与技术支撑的融合在现代新闻生产中变得尤为重要。记者和编辑不仅需要积累传统的专业经验,还需要不断提升技术能力,以适应不断变化的新闻环境,并为受众提供更高质量和更具深度的新闻报道。

## 三、用户群体:信息接受与信息需求的方式转变

### (一)互动反馈的传感化

随着人工智能技术的发展,用户在新闻消费中的角色已从被动接受信息转变为主动参与和互动。传统的信息传递模式主要是单向的,新闻机构通过报纸、电视和广播等媒体向用户传达信息,用户的互动和反馈机会有限。然而,互联网和社交媒体的普及,以及人工智能技术的应用,正在使用户的反馈变得更加多样化和实时化。智能系统能够分析用户在社交媒体上的行为、搜索历史和点击模式等数据,从而感知和理解用户的兴趣和偏好,提供个性化的信息推荐和服务。例如,推荐算法能够根据用户的兴趣推送相关的新闻内容,增强用户的阅读体验和参与感。

互动反馈的传感化使信息传递更加精准和高效,同时促进了用户与新闻机构之间的直接沟通。实时收集和分析用户行为以及反馈数据,帮助新闻机构更好地了解用户需求和偏好。例如,今日头条能够根据用户的阅读习惯自动调整首页新闻版面,使用户更容易找到感兴趣的内容。这种个性化的反馈不仅提高了用户的满意度,还帮助新闻机构优化内容策略和推广方式,增强用户黏性和忠诚度。此外,互动反馈的传感化还推动了新闻生产模式的变革。传统的新闻机构主要依赖广告和订阅等收入模式,但随着用户数据的丰富化和分析能力的提升,新闻机构可以通过个性化广告投放和

付费内容推广等方式实现更精准的营销和收入增长。基于互动反馈的商业模式为新闻产业带来了更多商业机会,也提升了信息服务的质量和效率。

### (二)新闻体验的临场化

人工智能技术的应用对用户体验产生了深远影响,这种转变不仅改变了用户获取信息的方式,也增强了用户对新闻内容的沉浸感和参与度。

首先,传统的新闻体验通常是静态的和单向的。随着人工智能技术的发展,新闻体验变得更加临场化和交互式。智能推荐系统能够根据用户的喜好进行个性化推荐,使用户感觉到新闻报道与自己的实际需求更为贴近,从而增加了用户对新闻平台的依赖和使用频率。

其次,新闻体验的临场化也体现在多媒体内容和互动性上。传统的文字报道逐渐向多媒体报道转变,包括视频、音频和互动图表等形式的增加。例如,新闻应用可以通过虚拟现实(VR)或增强现实(AR)技术,让用户身临其境地参与到新闻事件中。这种临场化的体验不仅增强了用户的参与感和沉浸感,还提升了新闻内容的视觉冲击力和吸引力,使用户更愿意花时间深入了解和探索新闻报道的背景和细节。

最后,新闻体验的临场化也促进了用户与新闻内容之间的互动和反馈。通过社交媒体的普及和人工智能技术的支持,用户可以实时分享和评论新闻,与其他用户进行交流和讨论。这种互动性不仅增强了用户对新闻事件的理解和参与度,还促进了新闻平台的社群建设和用户忠诚度的提升。

### (三)信息需求的定制化

信息需求的定制化使用户能够精确获取符合个人兴趣和需求的新闻内容,从而显著提升了用户的满意度和体验。传统的新闻传播模式通常采取"一刀切"的方式,将广泛的信息推送给所有用户,而人工智能技术的应用使新闻内容能够根据个体用户的特定需求和偏好进行量身定制。通过分析用户的浏览历史、搜索行为和社交媒体互动等数据,智能系统能够理解用户的兴趣点,并据此推荐最相关的新闻内容。例如,对体育新闻感兴趣的用户可以收到关于自己喜爱的球队或运动员的最新报道,而不会被无关的新闻内容打扰。

信息需求的定制化不仅涉及内容的个性化推荐,还包括时间和形式上的调整。随着移动设备的普及和互联网的发展,用户希望随时随地获取最新的信息。人工智能技术能够保证新闻内容的及时性和实用性。例如,一些新闻应用根据用户的日常行程和活动安排,智能地调整信息推送的时间,确保用户在最适合的时刻接收到相关新闻,而不会受到过多干扰。此外,信息需求的定制化还推动了新闻生产模式的创新和优化。传统的新闻编辑依赖经验判断和市场研究来确定报道的重点和形式,这种方法往往难以满足用户的个性化需求。人工智能技术通过大数据分析和机器学习算法实现新闻内容的精准定制,从而提升了新闻报道的针对性和用户满意度。

## 四、新闻理念:社交关系与用户连接的思维转变

### (一)以社交关系为算法理念

传统新闻传播模式主要是单向的,而随着社交媒体和智能技术的发展,新闻理念逐渐转变为更加社交化和互动化的过程。以社交关系为算法理念意味着智能系统不仅依赖编辑的主观决策,还通过分析用户的社交关系网络和互动模式,实现新闻内容的个性化推荐和传播。社交关系算法通过解析用户在社交媒体上的好友关系、互动行为和共同兴趣,识别用户可能感兴趣的新闻主题和内容。这种个性化推荐提高了用户对新闻内容的接受度和参与度,同时也增强了信息传播的效果。用户更倾向于信任来自朋友或社交圈子的推荐,这种口碑传播效应使新闻内容能够更广泛地传播和产生影响。

以社交关系为算法理念能够增强新闻内容的社会互动性和参与性。传统新闻报道往往是静态的,用户被动接收信息并缺乏互动机会。然而,通过社交关系算法,新闻内容可以更贴近用户的实际需求和兴趣,促进用户之间的讨论和互动。例如,一些新闻平台通过集成功能,让用户能够在新闻内容上进行评论、分享和互动,形成更加活跃的新闻社区。同时,以社交关系为算法理念也帮助新闻机构更好地理解和把握用户的信息需求和态度变化。通过分析社交网络数据,智能系统可以及时捕捉和反映用户的舆情和情绪波动,为新闻编辑提供准确的信息决策依据,增强了新闻机构与用户之间的互动和信任关系。

### （二）以用户连接为思维方式

传统的新闻理念侧重于信息的广泛传播和内容的客观呈现,未必充分考虑用户个体之间的连接和互动。随着人工智能技术的发展,新闻机构逐渐认识到用户连接的重要性,即用户之间的社交网络如何影响新闻内容的传播和接受。通过分析用户的社交网络、互动行为和兴趣偏好,智能系统能够更精准地理解用户需求,从而进行个性化的新闻推荐。

以用户连接为思维方式,还能优化新闻内容的社会化传播效果。传统新闻机构主要通过传统媒体渠道向大众发布信息,缺乏与用户直接互动和反馈的机制。然而,通过强化用户连接,新闻平台能够建立更为活跃和参与度高的社交新闻生态。例如,用户通过分享、评论和转发新闻内容,不仅扩展了信息的传播范围,还增强了新闻内容的影响力和可信度。此外,以用户连接为思维方式也推动了新闻生产模式的创新和个性化发展。智能算法可以通过分析用户的行为数据和社交互动模式,实现新闻内容的精准定制和个性化推荐。这种个性化推荐提升了用户的阅读体验和满意度,还能有效地吸引和维持用户的长期关注。

### （三）以注意力售卖实现价值增值

传统新闻模式侧重于通过广告收入和发行量获取收益,新闻机构主要依赖大众传媒和广告主。随着社交媒体和数字平台的兴起,注意力成为一种关键资源。新闻内容不再仅仅是信息传递的工具,而是吸引用户注意力的手段。人工智能技术通过分析用户行为和兴趣,帮助新闻平台精准定位用户,并通过个性化推荐和定制化服务来增值用户的注意力。例如,智能算法可以基于用户的兴趣偏好和社交网络,推荐符合用户需求的新闻内容,从而延长用户的阅读时间和提升参与度。这种个性化推荐不仅改善了用户体验,还能显著提高广告投放的点击率和转化率,实现了注意力的有效售卖和价值增值。

以注意力售卖实现价值增值还推动了新闻内容的深度挖掘和专业化发展。传统的新闻报道往往局限于表面信息,难以深入用户的细分兴趣领域。然而,通过社交关系和用户连接分析,智能系统能够识别并挖掘用户的深层需求,提供更为专业和深入的新闻内容。这种模式还推动了新闻行业的商业模式创新和可持续发展。通过精准定位用户需求并增值用户注意力,新闻机构可以吸引更多广告主和合作伙伴,建立稳定的商业关系。同时,通过提供高质量和高价值的新闻内容,新闻平台能够提高用户的付费意愿和订阅率,实现多元化的收益来源。

# 五、信息流动方式:由物理层面转向虚拟层面的映射

## (一)主体:媒体聚集信息转向虚拟层面映射

在信息流动方式从物理层面向虚拟层面转变的过程中,媒体作为信息的聚集和传播主体,经历了技术驱动、数据处理和传播模式等多个方面的深刻变革。

### 1. 技术驱动

在物理层面,媒体依赖于传统的新闻采集和传输技术,例如实地采访、纸质出版和广播电视传播。虚拟层面的转变得益于互联网、云计算、人工智能和大数据等先进技术的广泛应用。新闻采集不再局限于记者亲自到场,而是通过在线监控系统、无人机、传感器等高科技设备,实现信息的实时采集和传输。人工智能技术在虚拟层面的信息聚集中扮演了关键角色。新闻机构使用机器学习算法来自动化处理新闻素材,筛选和分类信息。利用新闻抓取工具可以从全球范围内的网络资源中自动提取有价值的新闻内容,这不仅提高了新闻采集的速度和效率,还减轻了记者和编辑的工作负担。

### 2. 数据处理

虚拟层面的信息流动涉及海量数据的处理。传统媒体面对的是有限的信息量,而虚拟媒体需要处理来自全球的各种数据源,包括社交媒体、政府数据库、公开新闻源等。大数据技术使得媒体能够高效地处理和分析这些海量数据,提取出有价值的信息。通过数据挖掘和分析,媒体可以识别出隐藏在数据背后的趋势和模式。例如,社交媒体的数据分析可以揭示用户关注的热点话题和舆论走向,帮助媒体及时调整报道方向。自然语言处理技术可以分析文本内容的情感和态度,帮助媒体更好地理解和回应用户的需求。数据处理技术还支持个性化推荐系统的构建。基于用户的浏览历史、兴趣爱好和社交网络,媒体可以提供个性化的新闻推荐,提高了用户的阅读

体验和满意度,也增加了新闻内容的触达率和影响力。

### 3. 传播模式

传统的新闻传播模式主要依赖于报纸、广播和电视等单一渠道,而在虚拟层面,信息传播的渠道变得多元化。媒体可以通过网站、移动应用、社交媒体平台、视频分享平台等多种渠道进行新闻分发。这种多渠道传播模式极大地扩展了信息的覆盖范围,确保新闻能够迅速传播到全球各个角落。

虚拟层面的信息传播强调用户的互动和参与。传统媒体的信息传播是单向的,而虚拟媒体的信息传播是双向甚至多向的。用户可以通过评论、点赞、分享和转发等方式参与到新闻传播过程中,形成多次传播效应。直播和实时互动技术的应用,使得用户能够在第一时间参与到新闻事件的报道和讨论中,增强了新闻传播的互动性和参与感。同时,虚拟层面的信息传播具有高度的即时性和时效性。传统媒体的新闻发布需要经过多个环节的审核和制作,而虚拟媒体可以通过网络平台即时发布新闻。突发事件发生后,媒体可以在几分钟内将新闻传递给全球受众。这种即时性不仅提高了新闻报道的速度,也增强了媒体对突发事件的响应能力。媒体作为信息聚集和传播的主体,在从物理层面向虚拟层面的转变过程中,经历了技术驱动、数据处理和传播模式的深刻变革。先进技术的应用使得信息采集和处理更加高效和智能,数据处理技术支持了海量信息的分析和个性化推荐,而多元化、互动性和即时性的传播模式极大地提升了信息的覆盖范围和传播效果。

### (二)连接:实体承载信息转向算法层汇聚

在人工智能技术的推动下,新闻信息的传递方式正在从传统的实体承载向算法层的汇聚发生转变。这种转变不仅在信息的采集和处理方面体现得尤为明显,还在信息的分发和用户互动等环节上深刻地影响了新闻行业的运作方式。以下将从信息采集、信息处理和信息分发三个方面进行分析。

### 1. 信息采集:从实体设备到智能算法

传统的新闻信息采集主要依赖于实体设备和人工操作,例如记者的现场采访、摄影机的拍摄以及设备的录音记录,还有新闻线人提供的信息。这种方式虽然能保障信息的真实性和现场感,但却有明显的局限性。记者和设备的物理限制使得信息采集的范围和速度受到限制,导致采集效率较低,难以应对快速变化的新闻环境。此外,人工采集的信息也容易受到主观偏差和误差的影响,可能导致报道不完全准确。

随着信息流动方式的转变,信息采集逐渐依赖于算法和自动化技术,进入了虚拟层面。社交媒体监控系统、传感器网络和物联网成为新闻信息采集的关键工具,这些技术能够实时捕捉和传输大量环境数据和用户生成内容,为新闻报道提供了丰富的素材。通过监控社交媒体上的关键词和话题趋势,媒体可以及时捕捉公众关注的热点事件,并迅速进行报道。在这一过程中,大数据和机器学习技术发挥了重要作用。大数据技术使得媒体能够处理和分析海量信息,从中提取具有新闻价值的内容。机器学习算法通过学习和优化,提高了信息采集的精准度和效率。例如,基于自然语言处理技术的文本分析工具可以自动识别和分类大量文本数据,过滤噪声信息,保留有价值的新闻素材。情感分析技术则帮助媒体理解新闻事件中的情绪和态度,从而提高报道的针对性和影响力。

这种算法驱动的信息采集方式不仅提升了信息的时效性和覆盖面,还增强了新闻的多样性和丰富性。传统媒体由于采集手段有限,报道内容往往具有同质化特征。而虚拟层面的信息采集能够涵盖更广泛的内容和视角,如社交媒体上的用户生成内容和多元化的传感器数据,为新闻报道带来了更多样化的素材,丰富了新闻的形式和内容。同时,自动化的信息采集工具使得媒体能够更及时地响应突发事件和社会热点,提升了报道的速度和深度。

总体而言,信息流动方式由物理层面向虚拟层面的转变,极大地优化了新闻信息的采集过程。借助技术驱动和算法支持,媒体能够更高效、精准和全面地收集新闻素材,以满足现代新闻报道对速度、广度和深度的需求。

**2.信息处理:从人工编辑到算法分析**

在传统新闻生产模式中,信息处理依赖于人工编辑,涵盖筛选、整理、编辑和审核等多个环节。这种方式虽然能够保证信息处理的准确性和质量,但因依赖人力,处理速度较慢,且受限于编辑的主观判断和工作效率,难以满足现代新闻生产对速度和规模的需求。随着信息流动向虚拟层面的转变,信息处理逐渐依赖算法和自动化技术。这一转变大大提升了处理效率和精度,主要得益于大数据、机器学习和自然语言处理(NLP)等技术的广泛应用。大数据技术使媒体能够处理海量的新闻素材,通过数据挖掘和分析,迅速从中提取具有新闻价值的信息。机器学习算法则通过对大量数据的训练和优化,提高了信息筛选和分类的准确性。例如,经过训练的模型可以自动识别新闻报道中的关键事件、人物和情感倾向,从而实现自动分类和标注,显著提升了信息处理效率。NLP技术在信息处理中的应用尤为广泛。NLP技术能够对新闻文本进行深入的语义分析、情感分析和主题识别。例如,通过语义分析,NLP技术可以自动提取新闻文本的核心内容和关键信息,生成简洁的新闻摘要和标题,提高整理效率。情感分析则能够识别报道中的情感倾向,帮助媒体把握公众对事件的态度,从而调整报道策略。主题识别技术可以对大量新闻文本进行分类,帮助媒体快速找到相关报道,增强信息处理的系统性和条理性。

算法驱动的信息处理过程还依赖数据分析和挖掘技术。通过对新闻数据的深入分析,媒体可以发现潜在的趋势和模式,从而指导新闻报道的选题和策划。例如,通过分析社交媒体数据,媒体能够了解公众关注的热点话题和舆论动态,从而及时调整报道策略。此外,数据挖掘技术能够预测新闻事件的发展趋势,为报道提供前瞻性的指导。这种算法驱动的信息处理方式不仅提升了处理效率和精度,还推动了新闻内容和形式的创新。传统的人工编辑往往导致内容同质化,而算法分析则能够提供更具多样性和个性化的新闻内容。例如,个性化推荐算法能够根据用户的阅读历史和兴趣偏好,推送定制化的新闻内容,提升用户体验。自动化信息处理还支持多媒体内容的生成与整合,如自动生成新闻视频、图表和数据可视化,丰富了新闻报道的表现形式。

总体而言,信息流动方式从物理层面向虚拟层面的转变,极大地优化了信息处理过程。由人工编辑到算法分析的信息处理方式,不仅提高了新闻处理的效率和精度,还推动了新闻内容和形式的创新。技术驱动和算法支持使媒体能够更加高效、精准地处理新闻信息,满足现代新闻生产对速度、广度和深度的需求,同时为新闻行业的发展带来了新的机遇和挑战。

**3. 信息分发:从实体媒介到数字平台**

随着互联网和移动技术的飞速发展,新闻信息的分发方式正在发生深刻的变革,逐渐从实体媒介转向数字平台。在传统新闻传播模式中,信息的分发主要依赖于报纸、广播和电视等实体媒介。这些媒介虽然在传播范围和权威性方面具有优势,但它们的传播速度较慢,互动性差,且无法满足现代社会对新闻信息实时更新的需求。实体媒介的分发模式也较为单一,难以实现个性化的精准推送,导致信息传播效果和效率受限。

数字平台的兴起彻底改变了信息分发的格局。数字平台突破了时间和空间的限制,实现了信息的实时和广泛传播。借助算法技术,信息分发变得更加精准和高效。数字平台通过收集用户的行为数据,如浏览历史、点击记录和搜索习惯,构建详尽的用户画像,并运用个性化推荐算法,将符合用户兴趣和偏好的新闻内容推送给他们。这种精准的个性化推荐不仅提升了用户的阅读体验,还增强了他们的参与感和满意度。例如,新闻网站和应用程序可以通过智能推荐为用户提供定制化的新闻报道,从而提升用户的黏性和忠诚度。在这一过程中,大数据和人工智能技术发挥了关键作用。大数据技术使得平台能够处理和分析大量的用户数据,从中发现行为模式和趋势,优化信息推荐策略。人工智能技术通过不断优化和学习推荐算法,提高了个性化推荐的准确性和效果。例如,机器学习算法能够通过深度学习用户数据,精确预测用户的兴趣变化,并及时调整推荐内容,确保用户接收到最相关的新闻信息。

算法驱动的信息分发还增强了新闻传播的互动性和即时性。数字平台通过推送通知和实时更新功能,可以在新闻事件发生的第一时间将最新的报道推送给用户。用户还可以通过评论、点赞、分享等功能与新闻内容和其他用户进行互动,从而提升信息传播的互动性和社交性。例如,在社交媒体平台上,用户的转发和评论不仅扩大了新闻信息的传播范围,还提升了其影响力。数字平台还推动了新闻内容和形式的创新。传统实体媒介主要以文字和图像为主,而数字平台则支持多媒体内容的整合,包括视频、音频、图表和数据可视化等。这种多样化的表现形式丰富了新闻报道,提高了新闻的可读性和感染力。例如,新闻网站和应用程序可以通过嵌入视频报道、音频采访和互动图表,为用户提供更加生动和直观的新闻体验。可见,从实体媒介到数字平台的信息分发转变,不仅提升了新闻传播的速度和广度,还通过个性化推荐和多媒体整合,实现了信息分发的精准化和多样化。

### (三)终端:受众接收信息转向实体层循环

#### 1.新闻信息的接收:从被动获取到主动参与

新闻信息的接收方式正在经历从被动获取到主动参与的深刻转变,特别是在信息流动方式由物理层面向虚拟层面的转变过程中,呈现出全新的互动模式,显著改变了受众与新闻内容的关系。在传统的新闻生产模式中,受众主要依赖于报纸、广播、电视等实体媒介来获取新闻信息。这种模式中的信息传递是单向的,受众处于信息的接收末端,缺乏参与和互动的机会。新闻内容的制作和分发由媒体机构主导,受众只能被动接受媒体提供的内容,几乎没有机会参与新闻的生产和传播。

随着数字平台和社交媒体的兴起,受众的角色发生了根本性的变化。他们不再只是信息的被动接收者,而是能够主动参与新闻的生产和传播。通过数字平台,受众可以选择个性化的新闻内容,并通过评论、点赞、分享等方式积极参与新闻话题的讨论,甚至成为新闻信息的贡献者。这种双向互动的模式打破了传统的单向信息传递,赋予了受众更多的发言权和参与感。大数据和人工智能技术的应用进一步推动了这种主动参与模式的发展。数字平台通过分析受众的行为数据和兴趣偏好,能够提供个性化的新闻推荐,从而提高信息接收的精准度和相关性。例如,当一个人频繁阅读特定类型的新闻时,推荐系统会优先推送相关内容,并通过推送通知和新闻摘要等功能,激发其阅读兴趣和参与热情。

社交媒体平台的互动功能也显著增强了新闻接收的主动性。受众不仅可以关注新闻机构、记者和意见领袖,实时获取他们发布的新闻和观点,还可以通过评论、转发和点赞等方式参与讨论,表达自己的意见和态度。这种互动性不仅增加了新闻信息的传播深度和广度,还促进了新闻信息的二次传播和多元化解读。例如,在重大新闻事件发生后,受众可以通过社交媒体实时跟踪事件进展,与他人讨论和分享观点,形成一个多维度的新闻传播网络。从被动获取到主动参与的转变,不仅提升了受众的参与度和互动性,还推动了新闻内容和形式的创新。受众的反馈和参与已成为新闻生产的重要参考,媒体机构能够根据受众的需求和偏好调整报道策略和方向。这种基于受众需求的新闻生产模式,不仅提高了报道的针对性和有效性,还增强了受众的忠诚度和信任感。

### 2. 受众反馈的循环机制:从单向反馈到双向互动

信息流动方式从物理层面向虚拟层面的转变,深刻改变了受众反馈机制,特别是在从单向反馈到双向互动的过程中。这种转变不仅提高了信息交流的效率,也推动了新闻生产和传播模式的创新。在传统新闻生产模式中,受众反馈通常依赖于信件、电话等传统方式,这些反馈渠道往往效率低下,且反馈内容和数量有限。新闻机构与受众之间的信息交流大多是单向的,受众的意见和建议难以及时传达给新闻生产者,这导致了新闻生产过程中的互动性和灵活性不足。受众的反馈往往难以在新闻生产中得到有效的回应,使得新闻内容和报道策略难以快速调整以满足受众的需求和期望。

随着数字平台的普及,这种单向反馈机制发生了根本性的变化。现代新闻平台提供了评论、点赞、转发等多种互动功能,使得受众能够即时对新闻内容进行反馈,并与新闻生产者和其他用户进行交流。这种双向互动模式使得他们的声音可以迅速传播和放大,新闻生产者能够及时了解和回应他们的反馈。例如,在新闻网站和社交媒体平台上,他们的评论和反馈能够直接影响新闻报道的方向和内容,促使新闻生产者快速响应热点话题和公众关注的问题。大数据和人工智能技术的应用进一步优化了这一反馈机制。通过实时分析他们的互动数据,新闻机构可以准确把握其兴趣和需求,提供个性化的内容推荐和定制化的新闻服务。人工智能算法不仅能够对他们的评论进行情感分析和主题分类,还能提炼出主要关注点和改进建议。这种数据驱动的反馈机制提高了他们反馈处理的效率和准确性,使新闻生产更加精准和灵活。例如,新闻机构可以根据他们反馈的热点话题,迅速调整新闻报道的选题和视角,满足多样化需求。

社交媒体平台的互动功能进一步加强了受众反馈的双向互动。受众可以通过分享和转发,将自己的观点传递到更开阔的社交网络,促进舆论的多层次传播。新闻生产者则可以通过社交媒体直接与受众互动,了解他们的真实想法和态度。例如,记者和编辑可以在社交媒体上回应受众评论,进行在线问答和互动讨论,增加新闻生产过程的透明度和参与感。受众反馈机制从单向反馈到双向互动的转变,不仅优化了新闻生产过程中的信息交流,还推动了新闻内容和形式的创新。受众的反馈和参与已成为新闻生产的重要参考和动力,媒体机构能够根据受众的需求和意见进行更加精准和个性化的报道。通过大数据和人工智能技术的支持,新闻生产者与受众之间的互动变得更加高效、精准和实时。

**3. 技术与实体环境的融合:从虚拟到现实的闭环**

信息流动方式从虚拟层面向现实环境的闭环转变,标志着技术与实体环境的深度融合。这个过程涵盖了以下几个关键方面。

首先,随着数字技术的迅猛发展,信息已经超越了虚拟空间,与实体环境实现了深度融合。传统新闻传播主要依赖报纸、电视等实体媒介,这种单向的信息传递方式限制了受众的互动和参与。如今,互联网和移动通信技术的普及使得新闻内容能够无缝地进入现实世界。智能手机、可穿戴设备等技术能够实时接收、显示新闻,并通过语音指令等方式获取信息,使信息流动从虚拟空间扩展到现实环境,实现了虚拟到现实的无缝连接。

其次,技术与实体环境的融合促进了信息传播的多样化和个性化。大数据分析和人工智能技术使新闻机构能够精准理解受众的兴趣和需求。通过用户的地理位置、浏览习惯和社交网络行为等数据,新闻内容可以进行个性化推荐和定制化投放。例如,智能推送算法能够根据用户所在地区的实时事件和兴趣偏好,调整新闻内容的优先级和展示方式,提高了信息与用户的互动性和参与感。

最后,技术与实体环境的融合推动了新闻生产与消费的互动闭环。在传统新闻生产模式中,新闻编辑和记者通过实地采访和调查获取新闻素材,然后通过实体媒介发布。现在,通过移动设备和云平台,记者能够随时随地进行新闻报道和实时更新,实现新闻生产与消费的互动闭环。这种模式使新闻报道更具时效性和灵活性,同时也增强了受众的参与感和新闻内容的真实性。此外,技术的进步使得新闻信息在传播过程中变得更加可追溯和可控。例如,通过区块链技术,新闻内容的传播路径和数据流动可以被精确记录和监控,确保信息的安全性和真实性。这种技术手段能够防止假新闻和信息篡改,提升新闻信息的可信度和可持续性。

综上所述,技术与实体环境的融合推动了信息流动方式的闭环转变,从虚拟层面向现实环境的连接极大地丰富了新闻传播的形式和内容,提高了受众参与感和信息获取的效率与便捷性。

## 六、社会镜像:社会秩序与行业圈层的社会变迁

新闻媒体在现代社会不仅是信息传递的工具,更是社会变迁的重要推动力。随着新闻传播技术的进步,尤其是人工智能技术的广泛应用,新闻行业对社会秩序与行业圈层的影响变得更加深远和复杂。

### (一)新闻对社会秩序的重塑

新闻媒体一直以来的主要功能之一是舆论监督。随着人工智能和大数据技术的应用,新闻媒体在舆论监督方面的能力得到了显著提升。这些技术使得新闻机构能够实时分析大量数据,迅速发现和报道潜在的社会问题,从而促使相关部门及时采取行动,维护社会秩序。例如,通过社交媒体和网络平台,新闻媒体可以快速收集和分析公众意见和情绪,识别社会热点问题,并进行深入报道。这种实时的信息监控和传播能力极大增强了新闻媒体对社会问题的发现和干预能力。人工智能技术的应用还使得新闻报道变得更加精准和个性化。这种精准化的新闻传播方式不仅提高了信息的传播效率,也增强了公众对新闻媒体的信任和依赖。例如,个性化推荐系统能够根据用户的兴趣和行为习惯推送量身定制的新闻内容,提升了用户的阅读体验和参与度,从而在一定程度上维护了社会秩序。然而,新闻媒体对社会秩序的影响并非全是积极的。新闻信息的碎片化和即时化使得社会舆论的引导和控制变得更加复杂和困难。虚假新闻和误导性信息的传播速度加快,对社会秩序构成了严重威胁。这要求新闻媒体在技术手段和伦理规范上不断提升,以应对这些挑战。例如,人工智能技术可以用来验证新闻内容的真实性,识别误导信息,并建立完善的新闻信息审核和监管机制,以确保新闻报道的准确性和公正性。

### (二)新闻对行业圈层的分化与重组

新闻媒体在推动社会变迁的过程中,对各个行业的分化与重组产生了深刻的影响。在人工智能和大数据技术的支持下,新闻媒体不仅仅是信息

的传播者,还成了各行业发展的重要参与者和推动者。这一变化打破了传统媒体行业的垄断地位,促使行业圈层发生了深刻的变迁。

首先,新闻媒体的技术变革推动了行业圈层的分化。人工智能和大数据技术的应用显著提高了新闻生产和传播的效率,传统媒体行业面临着巨大的技术压力和市场竞争。例如,智能新闻推荐系统和自动化新闻写作技术使新闻内容的生产和分发变得更加高效和精准,但也导致了传统新闻从业者职业角色和技能需求的重大变化。新闻从业者需要掌握新的技术工具和数据分析能力,以适应这一变革,同时,新闻媒体内部的分工也变得更加细化和专业化。技术研发、数据分析和内容创作等不同岗位形成了新的行业圈层。

其次,新闻行业的商业模式和盈利模式正在不断演变。传统的广告收入和订阅收入模式已经难以满足新媒体时代的需求。因此,新闻机构需要探索新的商业模式,如付费订阅、内容付费和数据服务等,以实现可持续的盈利和发展。例如,一些新闻机构通过建立付费墙和会员制,为用户提供独家和高质量的新闻内容,增强了用户黏性和忠诚度。同时,一些新闻机构还通过与技术公司和数据公司合作,提供数据分析和信息服务,开辟了新的收入来源。

最后,新闻媒体的社群化发展重构了行业圈层的生态。随着社交媒体和自媒体的兴起,新闻媒体不仅是信息传播的平台,还成了社群互动和用户参与的重要场所。通过社群化运营,新闻媒体能够与用户建立更加紧密和互动的关系,提升用户的参与感和忠诚度。例如,新闻媒体通过社交媒体平台、社群活动和用户反馈等方式,与用户进行互动和交流,不仅提升了新闻内容的传播效果,还增强了用户对品牌的认同和参与感。这种社群化的发展趋势使得新闻媒体与用户之间的关系更加紧密,同时也重构了行业圈层的生态。

### (三)新闻媒体自身的变革

新闻媒体在推动社会秩序和行业圈层变迁的同时,也在自身变革中不断调整和进化。技术的进步和用户需求的变化,促使新闻媒体在组织结构、运营模式和价值观念等方面进行深刻的转型。

在组织结构方面,新闻机构正逐步向扁平化和跨职能团队的方向发展。传统的层级化和部门化组织结构已难以适应快速变化的新闻环境。因此,新闻机构需要通过扁平化和跨职能团队的方式,提升组织的灵活性和响应能力。例如,建立跨部门的新闻策划和制作团队,将记者、编辑、技术人员和数据分析师等不同角色整合在一起,共同完成新闻内容的生产和传播。这种组织结构不仅提高了新闻生产的效率和质量,还增强了团队的协作与创新能力。

在运营模式方面,新闻机构正逐渐转向以用户为导向和数据驱动的模式。传统的内容导向和编辑驱动的运营模式已经无法满足用户的多样化和个性化需求。新闻机构需要通过收集和分析用户数据,了解用户的兴趣和行为习惯,提供个性化和定制化的新闻服务。例如,通过数据分析和算法推荐,新闻机构可以提供精准的新闻推送和内容推荐,增强用户的阅读体验和参与度。此外,新闻机构还通过社交媒体和用户互动,收集用户反馈,不断优化新闻内容和服务,从而提高用户的满意度和忠诚度。

在价值观念方面,新闻机构需要在技术伦理和社会责任之间找到平衡。技术的快速发展带来了隐私保护、数据安全、虚假信息和算法偏见等伦理和社会问题。新闻机构应遵循伦理规范和社会责任,确保新闻信息的真实性、准确性和公正性,以维持公众对新闻媒体的信任和依赖。

# 第四节 人工智能在新闻生产中存在的风险

人工智能在新闻传播领域的广泛应用,虽然为新闻行业带来了许多新的机遇,但也伴随着一系列潜在的风险和挑战。这些风险在新闻采集、生产、分发以及核查中都可能出现,严重影响新闻行业的公信力和用户信任。

## 一、在新闻采集方面

### (一)数据隐私风险

在人工智能驱动的新闻采集过程中,数据的广泛收集和分析是必不可少的。为了提供更加精准的新闻内容和个性化推荐,新闻机构和平台通常需要收集大量的用户数据,包括浏览历史、搜索记录、地理位置、社交媒体活动等。这种数据的收集和使用方式往往缺乏透明度,可能侵犯用户的隐私权。用户数据的采集常常是在用户不知情或未充分理解隐私政策的情况下进行的。许多平台的隐私政策条款冗长且复杂,普通用户很难完全理解这些条款所包含的风险,导致用户可能在不知情的情况下,授权平台获取其个人数据。这不仅剥夺了用户对自身信息的控制权,也可能导致个人敏感信息的泄露和滥用。

人工智能系统在新闻采集中依赖大量数据,这些数据通常集中存储在大型数据中心或云端。然而,集中化的数据存储和处理增加了数据泄露的风险。一旦发生数据泄露事故,用户的个人信息可能会被不法分子获取并用于非法行为,如身份盗用、诈骗等,给用户带来严重的安全威胁。此外,随着人工智能技术的复杂化,数据采集和处理过程中的安全漏洞也可能增加。例如,网络攻击者可以通过攻击人工智能系统来窃取或篡改数据,甚至操纵新闻内容,进一步威胁用户隐私和信息安全。因此,新闻机构在使用这些技术时,应当加强对用户数据的保护,确保数据采集和使用的透明度和合法性,以维护用户的隐私权和新闻行业的公信力。

### (二)信息失真与偏见风险

人工智能技术在新闻采集中广泛应用网络爬虫、自然语言处理等工具,从海量信息源中抓取和提取数据,这些信息源的真实性和准确性往往难以完全得到保证。尤其是在社交媒体和其他开放平台上,信息质量参差不齐,虚假信息和误导性内容混杂其中。由于人工智能系统依赖算法自动化处理数据,抓取到的信息可能未经充分验证就被用于新闻报道。这种情况下,虚假信息可能被误认为是真实内容,从而传播到更广泛的受众群体。这种信息失真不仅影响新闻的公信力,还可能对社会舆论造成误导,甚至引发社会恐慌。

人工智能系统在新闻采集中使用的算法通常基于历史数据进行训练,这些数据中可能包含了人为偏见或系统性错误。例如,某些群体或观点在历史数据中可能被低估或过度代表,导致算法在处理新数据时延续或放大这些偏见。这种算法偏见可能导致新闻内容的歪曲,使得某些群体或议题在新闻报道中被忽视或错误地呈现。此外,人工智能算法的设计者和新闻机构可能无意中在算法中嵌入了特定的价值观或偏好,从而影响新闻内容的选择和呈现方式。这不仅可能损害新闻的客观性和公正性,还可能加剧社会分裂和对立,进一步削弱公众对新闻媒体的信任。

## 二、在新闻生产方面

### (一)机器人写作剥夺人的主体地位

首先,记者和编辑的创造性和主体性将被削弱。传统上,新闻记者和编辑通过采访、调查、分析和写作,将复杂事件和信息转化为易于理解的新闻内容。他们的工作不仅依赖于对事实的把握,还依靠他们的创造性、判断力和经验来赋予新闻报道的深度和广度。然而,随着机器人写作技术的广泛应用,机器可以通过自然语言生成算法,自动分析数据并生成新闻稿件。这一过程减少了记者和编辑在新闻生产中的参与度,使得他们的创造性和判断力在新闻生产中的作用被淡化。这种技术的发展可能导致记者和编辑的角色逐渐被边缘化,他们的工作主要转变为监督和编辑机器生成的内容,而不是亲自撰写或创作新闻报道。这一变化削弱了他们在新闻生产中的主体性,使得新闻工作者可能感到自己的价值和职业认同受到威胁。其次,机器人写作技术的普及可能对新闻行业的就业形势产生负面影响。随着机器人写作技术逐渐取代一些传统的新闻工作岗位,如新闻编辑、记者和撰稿人,新闻行业的从业者可能面临失业的风险或需要调整职业方向。这种情况不仅对个体新闻工作者造成压力,还对整个新闻行业的职业生态和人才培养体系提出了挑战。最后,在推动机器人写作技术发展的同时,也应关注其对新闻行业的深远影响,并采取措施保护新闻工作者的主体地位和新闻内容的质量与公信力。

### (二)机械化的写作方式有损新闻美感

虽然机器人写作能够高效生成新闻内容,但其机械化的写作方式往往削弱了新闻的美感和文学性。新闻不仅是信息的传递工具,更是一种文化和艺术的表达形式,承载着独特的美学价值和艺术魅力。然而,机器人写作依赖算法和数据模板,难以达到人类在文字表达和叙事艺术方面的高度,这对新闻的质量和读者体验产生了负面影响。

首先,机械化写作方式导致新闻内容缺乏情感和人文关怀。传统上,记者和编辑通过个人的感知、情感和经验,以细腻的描写和深刻的观察,将复杂的社会事件和个人故事转化为充满情感共鸣和人文关怀的新闻报道。新闻不仅需要准确传递信息,还需要通过生动的语言和感人的叙事打动读者。然而,机器人写作由于缺乏情感和审美能力,难以在文字中注入温度和情感,导致新闻内容显得冷冰冰,难以引发读者的情感共鸣。

其次,新闻事件通常具有多层次、多角度的复杂性,往往需要记者通过深入调查和综合分析,全面呈现事件的真相和背景。优秀的新闻作品常常反映出记者或编辑的独特视角和个人风格,这种个性化的写作使得新闻报道更加生动且富有辨识度。然而,机器生成的新闻内容往往缺乏个性和独特性,过于依赖预设的模板和算法,难以表达出人的经验和情感,生成的内容通常是表面化和简单化的。这不仅降低了新闻的深度和质量,也影响了读者对新闻事件的全面理解和判断。

最后,机械化写作方式可能降低读者的阅读体验和参与感。优秀的新闻报道不仅传递信息,还引发读者的思考和共鸣。记者和编辑通过独特的写作风格和叙事能力,能够深入挖掘事件背后的深层次意义,并以生动的叙事方式吸引读者的注意力。然而,机器生成的新闻由于缺乏情感和个性化的叙事,可能导致读者的阅读体验和参与感下降,难以引发深层次的思考和情感共鸣。

综上所述,虽然机器生成的新闻在提高生产效率和降低成本方面具有优势,但也可能导致新闻内容缺乏情感和人文关怀,削弱其文学性和艺术性,并降低报道的独特性和个性化,从而影响读者的阅读体验和参与感。

### (三)数据失实导致虚假新闻产生

在新闻生产中,数据是至关重要的基础。然而,当数据失实时,人工智能生成的新闻内容可能会误导读者,甚至引发严重的不良后果。数据失实导致虚假新闻产生的风险主要体现在数据来源的可靠性、数据处理的准确性和数据解释的公正性三个方面。

首先,数据来源的可靠性直接影响新闻的真实性。人工智能依赖于大量数据进行训练和生成新闻内容,如果数据来源不可靠或数据本身存在偏差,生成的新闻内容也会失真。当前,网络上充斥着大量未经核实的信息,新闻平台在数据采集过程中难免会受到虚假数据的影响。如果这些数据被用作新闻生产的基础,最终生成的新闻内容必然会误导读者。

其次,数据处理的准确性是确保新闻质量的关键。人工智能在处理数据时,需要进行数据清洗、分类和分析等一系列操作。这些操作的准确性直接影响最终生成的新闻内容。如果在数据处理过程中出现错误或偏差,新闻内容就会失去可信度。例如,在统计数据的处理和分析中,如果算法设计不当或数据模型存在缺陷,可能会导致统计结果失真,从而影响新闻报道的准确性和公正性。

最后,数据解释的公正性也是防止虚假新闻的重要环节。新闻不仅需要客观呈现数据,还需要进行合理的解释和分析。但人工智能在进行数据解释时,可能会受到算法偏见和数据偏差的影响,导致新闻内容存在倾向性和误导性。例如,某些数据模型可能会强化既有的社会偏见和歧视,导致新闻报道中的偏见和不公正现象加剧。对数据的选择性解释、排除反例或忽略数据背后的真实背景,都可能导致新闻报道在表达事实时产生失真。

# 三、在新闻分发方面

## (一)信息过载引起注意力稀缺

在数字平台上,新闻的广泛传播导致了信息过载问题。用户每天接触到大量新闻、信息和广告,往往难以有效筛选和处理,重要新闻可能因此被淹没。这种信息泛滥使得用户的注意力成为稀缺资源,人们更倾向于快速浏览和选择碎片化的内容,忽视了需要深入思考的严肃报道和深度新闻。这不仅削弱了新闻的教育功能,也使得公众对社会问题的理解变得浅薄。

由于注意力资源有限,社交媒体算法倾向于推送能够引起强烈情绪反应的内容,如争议性话题和娱乐新闻,导致严肃新闻被忽略。这不仅影响了新闻的传播效果,还容易造成信息生态系统的扭曲,使用户更容易被误导。信息过载还加剧了"信息回声室"效应,用户更倾向于选择符合自身观点的内容,忽视多样化的信息来源,进一步削弱了社会对复杂问题的全面理解。

### (二)算法偏见造成信息茧房

在新闻分发中,算法偏见是一个常见且严重的伦理问题。由于算法的设计者和开发者带有自身的价值观和偏见,他们设计的算法可能会偏向某些特定的观点、立场或利益,导致用户获取的信息缺乏客观性和广泛性。同时,个性化推荐算法虽然能够根据用户的偏好推送相关内容,但也存在过度过滤和形成"信息茧房"的风险。这些算法倾向于强化用户的现有观点和兴趣,而忽视了多元化和对立观点的展示,导致用户被限制在信息的"舒适区",缺乏接触不同观点的机会,从而陷入一个狭窄的信息世界,难以获取多元和客观的新闻信息。这种现象不仅损害了公众的知情权和思想多样性,还可能削弱社会共识。例如,一些聚合性新闻平台有时依赖算法推荐信息,这种模式可能会导致"信息茧房"的形成,使用户只能接收到符合其偏好的内容,而排斥其他不同观点的内容,导致信息严重同质化。这种情况剥夺了用户的信息选择权,限制了他们的思维和视野,甚至可能加剧社会分化,造成不平衡的社会局面。

### (三)把关不严导致不当新闻传播

在新闻分发中,把关不严导致的不当新闻传播是一个严重的伦理失范问题。一些新闻平台和媒体为了追求流量和点击率,可能放松对新闻内容的审查标准,从而使虚假新闻、误导性信息和未经验证的消息得以传播,进而损害公众对新闻媒体的信任。这种不当新闻传播不仅包括虚假信息,还涵盖了色情、暴力、诈骗等违法内容,对社会和谐稳定产生负面影响。不法分子可能利用新闻平台传播这些不当内容,以谋取不正当利益或满足个人欲望,这严重违背了新闻媒体的职业道德和社会责任。特别是在社交媒体上,由于信息传播速度快,虚假信息和点击驱动的"标题党"现象更加猖獗。这种情况下,新闻的真实性和客观性面临挑战,平台和媒体机构需要采取有效措施来确保信息的可靠性和公信力。

## 四、在新闻核查方面

在新闻核查中存在的风险主要体现在两个方面。首先,新闻数据量庞大,难以逐一核查。随着信息传播速度的加快和大数据时代的到来,新闻数据的规模迅速增长,涵盖文本、图片、视频等多种形式。这些数据需要被核查和验证,以确保报道的准确性和可信度。然而,由于人力资源有限,新闻从业者难以全面核查所有新闻数据,尤其是在信息更新迅速的情况下。这可能导致部分数据被忽视,进而出现不准确或误导性的报道。其次,人工智能在处理复杂新闻形态时也存在一定的局限性。尽管越来越多的新闻机构依赖人工智能进行新闻生产和分发,人工智能在处理涉及复杂政治、社会、经济议题的新闻时,往往难以准确理解其深层次的含义和背景。此时,人工智能容易产生误解或错误判断。人工智能还可能受到算法设计者的偏见影响,导致报道出现偏颇或不公正的情况。因此,尽管人工智能提高了新闻生产效率,但在处理复杂新闻时,仍需要人类记者的专业判断和审核,以确保报道的准确性和公正性。

# 第五节　人工智能影响下新闻生产的优化策略

当前,人工智能在新闻业的应用还处于初级阶段,面临隐私数据安全、信息茧房效应、工具理性与价值理性冲突等诸多问题。人工智能新闻的发展,呼唤政府发挥引导、监管主体职能;科技企业和新闻媒体不断改进、优化新闻算法;新闻生态中的各方坚持人文价值先导,平衡资本与公共利益之间的关系,通过立体化策略确保社会主义核心价值观和马克思主义新闻观得到准确、有效的传播。

## 一、强化数据隐私保护和伦理规范

在人工智能迅猛发展的今天,新闻生产已深度融入智能算法和数据分析。然而,随着数据的广泛应用,数据隐私保护和伦理规范问题日益突出。为了在推动技术进步的同时保障用户权益,新闻机构必须强化数据隐私保护和伦理规范。

## （一）透明的数据使用政策

透明的数据使用政策是保护用户隐私的基石。新闻机构应制定清晰、详尽的数据使用政策，明确告知用户数据的收集、处理及用途。例如，新闻应用软件在用户注册或使用时，应弹出通知，详细说明数据的收集范围和使用目的，并征得用户同意。这不仅保护用户的知情权，还增强了用户对新闻机构的信任感。此外，隐私政策应以通俗易懂的语言撰写，避免使用过于专业或复杂的法律术语，使普通用户能够轻松理解。这种透明、开放的政策有助于消除用户对数据使用的疑虑，并提升用户的信任度。新闻机构还应定期更新和审查隐私政策，以适应技术和法律环境的变化，确保政策与最新的法律法规和行业标准保持一致。通过实施透明的数据使用政策，新闻机构可以树立更加诚信可靠的品牌形象。

## （二）严格的数据安全措施

为了确保用户数据的安全，新闻机构需要采取一系列严格的数据安全措施。首先，新闻机构应在数据传输和存储过程中采用先进的加密技术，如SSL/TLS协议和AES加密，以防止数据在传输和存储过程中被截取或篡改。这些技术措施可以有效保障用户数据的机密性和完整性，防止未经授权的访问和数据泄露。其次，新闻机构应实施严格的数据访问控制机制，确保只有必要的工作人员才能访问敏感数据。多因素身份验证和权限管理系统是实现这一目标的有效手段。此外，新闻机构还应定期进行数据安全审查和风险评估，识别并修复潜在的安全漏洞。通过使用自动化安全监测工具，新闻机构可以实时检测和应对数据泄露或异常访问行为，从而实现数据安全的持续改进。严格的数据安全措施不仅能有效保护用户隐私，还能增强用户对新闻机构的信任。

## （三）遵守法律法规和伦理准则

在数据处理过程中，新闻机构必须严格遵守相关法律法规和伦理准则。首先，为确保合规性，新闻机构应为员工提供关于数据隐私和保护的培训，使其熟知并遵守相关法律法规和内部伦理准则。这些培训应涵盖数据保护法律、隐私政策、数据处理标准等方面，帮助员工在实际工作中有效保护用户数据。其次，新闻机构还应聘请第三方机构定期审查数据处理过程,确保其符合相关法律法规和行业标准。通过第三方合规审核,新闻机构不仅可以发现并纠正潜在的合规问题,还能增强外界对其数据保护措施的信任度。最后,新闻机构应设立内部伦理委员会,监督和审查数据处理过程中的伦理问题。该委员会应由包括法律专家、数据科学家和公众代表在内的多方代表组成,以确保决策的全面性和公正性。通过遵守法律法规和伦理准则,新闻机构不仅能提升自身信誉,还能促进整个行业的健康可持续发展。

总之,新闻机构必须通过透明的数据使用政策、严格的数据安全措施以及遵守法律法规和伦理准则,来强化数据隐私保护和伦理规范,从而在推动技术进步的同时,切实保障用户权益。

## 二、提升数据质量和可信度

在人工智能和大数据时代,新闻生产高度依赖高质量的数据,而数据的准确性、可靠性和可信度直接决定了新闻的真实性和公信力。为此,提升数据质量和可信度成为新闻机构必须正视的关键问题。以下将从多源数据交叉验证、标准化数据处理流程以及数据质量评估和监测体系三个方面进行详细剖析。

### (一)多源数据交叉验证

多源数据交叉验证是提升数据质量和可信度的重要策略。通过整合和比较来自不同渠道的数据来源,新闻机构能够有效识别和修正数据中的错误和偏差,从而确保新闻内容的准确性和全面性。例如,在报道自然灾害事件时,新闻机构可以结合官方统计数据、现场目击者的报告、社交媒体的实时信息以及卫星影像等多种来源进行交叉验证。这种方法可以避免单一数据来源可能带来的误导和偏见,从而提供更加真实和全面的报道。实施多源数据交叉验证不仅需要技术支持,还需要专业团队的协作。新闻机构应建立专门的数据融合团队,负责数据的采集、清洗、整合和分析工作。团队成员应具备数据科学、统计学和新闻学等多学科背景,以确保数据处理的科学性和客观性。此外,新闻机构还可以与第三方数据提供商、研究机构和技术公司合作,利用共享的资源和分析工具,共同提升数据质量和可信度。通过多源数据交叉验证,新闻机构可以及时发现并纠正数据中的不一致之处,从而提高新闻报道的可靠性和准确性。

### (二)标准化数据处理流程

标准化数据处理流程是确保数据质量和可信度的关键环节。数据处理流程的标准化可以减少人为错误和数据偏差,提高数据处理的一致性和准确性。新闻机构应制定详细的数据处理规范,涵盖数据采集、存储、处理和使用的各个环节。例如,数据采集规范应明确数据来源、采集方法、频率和质量要求,确保数据的及时性和准确性。在数据存储环节,新闻机构应采用安全和高效的存储方案,防止数据丢失和损坏。数据处理环节应包括数据清洗、去重、格式转换等步骤,确保数据的一致性和完整性。为了保证数据处理的透明度和可追溯性,新闻机构还应记录每个数据处理步骤的详细信息,形成完整的数据处理日志。此外,新闻机构应加强对数据处理人员的培训,使其掌握标准化数据处理流程和相关技术。例如,可以通过培训课程、在线学习平台和工作坊等形式,提升员工的数据处理能力和规范意识。通过严格执行标准化数据处理流程,新闻机构可以有效提高数据处理的效率和准确性,确保数据的高质量和可信度。

### (三)数据质量评估和监测体系

数据质量评估和监测体系是提升数据质量和可信度的保障。新闻机构应建立健全的数据质量评估和监测机制,对数据的完整性、一致性、准确性等进行全面评估和监测。例如,可以采用自动化的数据质量监控工具,实时监测和分析数据的质量状况,发现并及时解决数据中的问题。数据质量评估和监测体系应包括数据质量指标的制定、数据质量评估方法的选择和数据质量监控工具的应用。新闻机构应根据自身业务需求,制定适合的数据质量指标,如数据的准确率、完整率、一致性等。数据质量评估方法可以采用统计分析、模式识别、机器学习等技术,对数据质量进行全面评估和分析。此外,新闻机构应定期进行数据质量审计和评估,评估数据管理标准的执行情况和效果。例如,可以通过第三方审计机构对数据质量进行独立评估,确保数据质量评估的客观性和公正性。

综上所述,多源数据交叉验证、标准化数据处理流程以及数据质量评估和监测体系是提升数据质量和可信度的有效策略。通过多源数据交叉验证,新闻机构可以提供更为全面和真实的报道;通过标准化数据处理流程,可以确保数据处理的一致性和准确性;通过数据质量评估和监测体系,可以持续监控和提升数据的质量和可信度,从而增强新闻报道的公信力和社会影响力。

# 三、优化新闻生产流程

优化新闻生产流程,不仅可以提升新闻的生产效率和质量,还能满足受众日益多样化的信息需求。下面将从人机协作的编辑模式、自动化新闻生产工具以及多样化的新闻表达形式三个方面分析如何优化新闻生产流程。

## (一)人机协作的编辑模式

人机协作的编辑模式是新闻生产优化的重要方向。通过将人工智能技术与人类编辑的专业知识和判断力相结合,可以大幅提升新闻生产的效率和质量。人工智能可以快速从海量数据中筛选出重要的新闻线索,并进行初步的文本生成,而编辑则负责新闻内容的深度加工、情感把握和伦理审核。因此,新闻机构可以采用"人机协作"的工作流程。人工智能系统负责新闻素材的搜集和整理,包括从社交媒体、新闻网站、传感器数据等多渠道获取新闻线索。然后对这些线索进行初步筛选和加工,如生成新闻概要、整理关键数据等。接着,编辑对人工智能生成的内容进行审核和修改,确保新闻报道的准确性、完整性和深度。人机协作的编辑模式不仅提高了新闻生产的效率,还能弥补人工智能在情感理解和复杂判断方面的不足。通过这种协作模式,新闻机构可以生产出既具备速度优势,又富有深度和情感共鸣的新闻报道,从而更好地满足受众的需求。

## (二)自动化新闻生产工具

自动化新闻生产工具是优化新闻生产流程的另一重要手段。这些工具能够在新闻采集、内容生成、编辑发布等多个环节实现自动化操作,从而显著提高新闻生产的效率和准确性。如新闻机器人可以自动生成体育赛事报道、财务报告等结构化新闻内容;数据挖掘工具可以自动分析大规模数据集,发现新闻线索和趋势。

新闻机构可以部署各种自动化工具来辅助新闻生产。在新闻采集环节,利用爬虫技术自动抓取网络上的新闻素材;在内容生成环节,使用自然语言生成技术自动撰写新闻稿;在编辑发布环节,采用自动化排版和发布工具,实现新闻的快速分发。这些自动化工具不仅可以减轻新闻从业者的工作负担,还能确保新闻生产的时效性和准确性。然而,自动化新闻生产工具的使用也需谨慎。新闻机构应建立严格的审核机制,确保自动生成的新闻内容符合伦理和法律规范,避免出现虚假新闻和偏见报道。同时也应不断优化和更新自动化工具,以适应快速变化的新闻环境和受众需求。

### (三)多样化的新闻表达形式

多样化的新闻表达形式是优化新闻生产流程的重要方向。随着新媒体技术的发展,人们对新闻的需求越来越趋向于多样化、个性化和互动化。新闻机构应积极探索和应用多样化的新闻表达形式,如短视频、互动图表、虚拟现实(VR)、增强现实(AR)等,以满足不同受众的偏好和需求。

短视频新闻是一种极具潜力的新闻表达形式。通过简洁明了、生动直观的短视频,在短时间内传达大量信息,吸引受众的注意力。互动图表也是一种有效的新闻表达形式。通过可视化的数据图表,受众可以更直观地理解复杂的新闻内容,提高新闻的传播效果。虚拟现实和增强现实技术则为新闻报道提供了全新的视角和体验。通过虚拟现实和增强现实技术,新闻机构可以为受众提供沉浸式的新闻体验,使他们仿佛置身于新闻事件现场,从而增强新闻的真实感和感染力。例如,在自然灾害报道中,虚拟现实技术可以让受众身临其境地感受到灾区的状况,从而更深刻地理解和关注新闻事件。因此,人机协作的编辑模式、自动化新闻生产工具和多样化的新闻表达形式是优化新闻生产流程的有效途径。通过这些手段,新闻机构可以提高新闻生产的效率和质量,满足受众日益多样化的信息需求,推动新闻业的创新和发展。

## 四、增强新闻分发的个性化和精准性

在信息爆炸的时代,如何高效、精准地分发新闻内容,是新闻业亟待解决的问题。借助人工智能和大数据技术,新闻分发的个性化和精准性得以显著提升。下面将从精准的个性化推荐、多渠道新闻分发以及增强用户互动和参与三个方面进行分析。

## （一）精准的个性化推荐

个性化推荐是提升新闻分发精准性的核心手段。通过分析用户的浏览历史、点击行为、社交媒体互动等数据，人工智能算法可以构建用户的兴趣模型，从而实现个性化内容推荐。基于协同过滤和内容推荐算法，新闻平台可以为用户推荐与其兴趣匹配的新闻内容，提升用户的阅读体验和满意度。新闻机构可以采用混合推荐系统，将基于内容的推荐与基于协同过滤的推荐相结合。基于内容的推荐系统通过分析新闻内容的特征，如关键词、主题等，来匹配用户的兴趣；基于协同过滤的推荐系统则通过分析相似用户的行为数据，来预测用户可能感兴趣的新闻内容。混合推荐系统可以弥补单一算法的不足，提供更为精准和多样化的新闻推荐。此外，新闻机构应注重对用户隐私的保护，确保在个性化推荐过程中对用户数据的合理使用和保护。通过透明的数据使用政策和严格的安全措施，新闻机构可以增强用户对个性化推荐的信任，提升用户的参与度和忠诚度。

## （二）多渠道新闻分发

多渠道新闻分发是提高新闻覆盖面和传播效果的重要策略。随着互联网和移动设备的普及，用户获取新闻的途径越来越多样化，包括新闻网站、移动应用、社交媒体、电子邮件订阅等。新闻机构应积极布局多渠道分发网络，确保新闻内容能够在不同平台上高效传播，拥有更多的目标用户。

在多渠道分发中，新闻机构可以根据不同渠道的特点，调整新闻内容的呈现方式。在社交媒体平台上，可以通过简洁的标题和生动的图片吸引用户点击；在移动应用中，可以利用推送通知实时更新重要新闻；在电子邮件订阅中，可以定期发送精选内容，保持用户的关注度和黏性。通过针对性地优化内容分发策略，新闻机构可以更好地满足不同渠道用户的需求，提高新闻传播的广度和深度。同时，新闻机构还可以利用跨平台的数据分析，了解不同渠道用户的行为习惯和偏好，进一步优化新闻内容和分发策略。例如，通过分析社交媒体平台的互动数据，可以识别用户对哪些类型的新闻内容更感兴趣，从而在未来的新闻生产和分发中加以重点关注。

### （三）增强用户互动和参与

增强用户互动和参与是提升新闻分发效果的重要手段。通过鼓励用户参与新闻的生产与传播，新闻机构不仅可以丰富内容，还能增强用户的归属感和忠诚度。新闻平台可以设置评论区、投票功能以及用户生成内容平台，鼓励用户发表意见、参与讨论和贡献内容。

新闻机构可以采用多种方式提升用户互动。在新闻报道中嵌入互动元素，如调查问卷、实时投票等，激励用户参与；在社交媒体上开展互动活动，如话题讨论、在线直播等，增强用户的参与感；通过用户生成内容平台，鼓励用户提交新闻线索、原创文章、图片或视频，进一步丰富新闻的多样性与互动性。通过这些方式，新闻机构能够激发用户的参与热情，提升新闻的互动性和影响力。此外，新闻机构还可以借助人工智能技术优化用户的互动体验。例如，通过自然语言处理技术，自动分析用户评论，识别其情感倾向与关注热点，从而对新闻内容和互动设计进行相应调整。通过机器学习算法，分析用户行为数据，识别高价值用户，提供个性化的互动体验，以增强用户黏性和忠诚度。

## 五、加强新闻核查和事实核实

在信息泛滥的时代，新闻的真实性和准确性变得尤为重要。为确保新闻报道的可信度，新闻机构需要在核查和事实核实方面进行多方面的努力。

### （一）引入智能核查工具

引入智能核查工具是提高新闻核查效率和准确性的有效手段。随着人工智能技术的发展，智能核查工具能够通过自然语言处理、机器学习等技术，对新闻内容进行自动化的事实核实。智能核查工具可以快速扫描大量新闻数据，识别其中的潜在错误和虚假信息，从而帮助记者和编辑在短时间内完成核查工作。新闻机构可以采用多种智能核查工具来辅助核查工作。例如，基于自然语言处理技术的文本分析工具可以自动检测新闻报道中的事实性陈述，并与已知的事实数据库进行比对，识别潜在的错误。基于机器学习的模式识别工具可以通过分析新闻报道的语言模式和结构，识别可能存在的虚假信息和误导性内容。通过这些工具，新闻机构可以大幅提高核查效率,减少人工核查的工作量和错误率。此外,智能核查工具还可以帮助新闻机构建立更为完善的核查流程。例如,通过数据挖掘技术,新闻机构可以对新闻报道进行多维度的分析,识别出高风险的新闻内容,并优先进行核查。通过自动化的工作流程,新闻机构可以对新闻报道进行实时监测和核查,及时发现和纠正错误信息。

### (二)建立事实核实机制

建立健全的事实核实机制是确保新闻报道准确性的重要保障。新闻机构需要制定严格的核实标准和流程,确保每一条新闻在发布前都经过充分的核实。事实核实机制应包括多层次的核查流程,从新闻采集到编辑再到发布,每个环节都应有明确的核实责任和操作规范。

首先,新闻机构应建立严格的新闻采集和编辑规范,确保记者在采集新闻时遵循真实性和准确性的原则。在新闻采集过程中,记者应尽可能多地获取第一手资料,采访多方意见,避免单一信息源的偏见和误导。在编辑过程中,编辑应对新闻稿件进行详细的审查和核实,确保新闻内容的真实性和准确性。其次,新闻机构还应建立多层次的核查机制,对新闻内容进行多重验证和交叉验证。在新闻发布前,新闻稿件应经过多名编辑的审查和核实,确保每一条新闻都经过充分的核实。新闻机构还可以引入第三方核查机构,对重要新闻进行独立核实,确保新闻报道的公正性和可信度。此外,新闻机构应建立完善的纠错机制,对已发布的新闻进行持续监测和核查,及时发现和纠正错误信息。新闻机构应公开错误信息的更正和澄清声明,增强新闻报道的透明度和公信力。通过这些措施,新闻机构可以建立健全的事实核实机制,确保新闻报道的准确性和可信度。

### (三)提升核查人员的素质

提升核查人员的素质是确保新闻核查质量的关键。新闻核查是一项专业性强、责任重大的工作,核查人员不仅需要具备丰富的新闻知识和专业技能,还需要具备高度的职业道德和责任感。新闻机构应通过培训和激励机制,不断提升核查人员的素质,确保他们能够胜任核查工作。

新闻机构应为核查人员提供系统的培训和学习机会,提升他们的专业知识和技能。培训内容应包括新闻采集和编辑的基本原则和方法、新闻核查的技术和工具、新闻伦理和职业道德等。通过系统的培训,核查人员可以掌握最新的新闻核查技术和方法,提高核查工作的效率和准确性。新闻机构应建立完善的激励机制,激发核查人员的工作积极性和责任感。新闻机构可以通过绩效考核、奖励机制等手段,对表现优秀的核查人员给予表彰和奖励,激励他们不断提升工作质量和效率。同时,新闻机构还应营造良好的工作氛围,鼓励核查人员勇于揭露错误信息和虚假新闻,维护新闻报道的真实性和公正性。新闻机构应注重核查团队的建设,提升核查工作的整体水平。新闻机构可组建专业的核查团队,确保团队成员具备多元化的知识和技能背景,能够胜任不同类型新闻的核查工作。通过团队合作和交流,核查人员可以相互学习和借鉴,提升核查工作的整体水平和质量。可见,引入智能核查工具、建立事实核实机制以及提升核查人员的素质是加强新闻核查和事实核实的重要策略。

　　总之,人工智能对新闻行业的影响是一个持续发展和探索的过程。未来,随着技术的不断进步和社会对新闻品质的要求不断提升,人工智能将继续在新闻生产、传播和消费的各个环节发挥重要作用。因此,新闻从业者和学术界需要在理论探索和实践创新中不断深化对人工智能技术的应用和影响的理解,以推动新闻行业的可持续发展和社会进步。

# 第三章

# 人工智能与虚拟主播

## 第一节 人工智能虚拟主播的诞生与发展

### 一、人工智能虚拟主播的诞生背景

人工智能虚拟主播的诞生背景可以追溯到多个方面,有技术的进步,也有社会需求的变化。20世纪50年代末60年代初,语音合成技术开始萌芽,研究人员开始探索如何使用计算机生成人类可听的语音。1968年,美国斯坦福研究院的研究人员发明了第一个基于合成的语音系统,标志着语音合成技术的初步成功。语音识别和语音合成技术的突破,使得机器能够模拟人类声音并进行自然流畅的语言交流,进一步推动了人工智能在播音主持领域的应用。语音合成技术的发展为人工智能虚拟主播的实现奠定了基础,使得计算机可以生成逼真的语音。

自然语言处理技术的进步,使得机器不仅能够理解和生成语言,还能根据上下文进行内容创作和情感表达,为人工智能虚拟主播与用户进行语言交互提供了支持。21世纪初,深度学习技术开始崭露头角,特别是深度神经网络的兴起推动了自然语言处理和语音合成技术的发展。2012年,Google Brain的团队利用深度学习技术实现了语音识别的重大突破,大幅提升了语音合成的准确性和流畅度。随着深度学习技术的突破,特别是生成对抗网络（GAN）的出现,虚拟人物的外观和表现形式变得更加逼真和生动,为人工智能虚拟主播的形成提供了技术保障。人工智能虚拟主播被定义为利用深度学习和生成对抗网络等技术生成的虚拟主播,通过对大量的文本和语音数据进行训练,从而使其具备理解和生成自然语言的能力,能够根据指令或预设内容自动进行语音合成和表情生成,实现自动化播报、节目主持和互动等。

播音主持行业的需求变化显著推动了人工智能虚拟主播的发展。随着信息传播速度的加快、内容的多样化以及观众需求的不断变化,传统媒体面临着前所未有的挑战。观众期望获得实时、个性化的信息和娱乐内容,而传统的新闻和娱乐节目制作模式已难以满足这些需求。在这种背景下,人工智能虚拟主播凭借其24小时不间断工作、海量数据处理和个性化内容推荐的能力,迅速成为解决这些问题的有效手段。在新闻行业,尤其是面对突发事件和重大新闻时,迫切需要能够快速反应的播报系统。人工智能虚拟主播的即时数据处理和播报能力,能够迅速提供准确的新闻信息,从而应对信息传播的时效性挑战。与此同时,在娱乐行业,观众对节目的丰富性和互动体验有着更高的期望。人工智能虚拟主播能够根据观众的反馈和偏好,动态调整节目内容,增强观众的参与感和满意度。新闻和娱乐行业的需求变化不仅为人工智能虚拟主播提供了广阔的应用场景,也驱动了其技术的不断创新和进步。

综上所述,人工智能虚拟主播的诞生背景包括语音合成技术、自然语言处理技术、深度学习技术、生成对抗网络技术等多个方面的发展,同时也受到新闻和娱乐行业的需求变化和人机交互技术进步的影响。在这些背景因素的共同作用下,人工智能虚拟主播应运而生,为播音主持行业带来了新的机遇和变革。

## 二、人工智能虚拟主播的发展历程

人工智能经过了大约70年的发展,其技术逐渐分化出多个分支,其中人工智能虚拟主播便是一个重要的应用领域。人工智能虚拟主播的出现对传统播音主持行业产生了深远影响,也让观众对主播有了全新的认知。然而,人工智能虚拟主播的发展历程并非一帆风顺,它经历了无数次的实验和改进,才逐渐走向成功。尽管取得了显著进展,但当前的人工智能虚拟主播仍存在诸多不足,未来仍需不断更新和迭代,以实现更高的技术水平和应用效果。

## (一)国外人工智能虚拟主播的发展历程

### 1.起步阶段(20世纪50年代至90年代)

人工智能虚拟主播的发展可以追溯到20世纪50年代至90年代,这一时期是人工智能技术的萌芽和初步发展阶段。1956年,达特茅斯会议的召开标志着人工智能作为一个研究领域的正式诞生。此后,研究人员开始探索语音合成技术,这项技术被认为是实现人工智能虚拟主播的关键基础。1968年,美国斯坦福研究院的研究人员开发了第一个基于合成的语音系统——VODER。虽然该系统在语音合成的质量和流畅度上存在诸多不足,但它为未来的技术进步奠定了基础。

进入20世纪80年代,随着计算机技术和算法研究的逐步成熟,语音合成技术取得了显著进展。国际商业机器公司(IBM)和美国电话电报公司(AT&T)等企业在语音识别和合成领域加大投入力度,开发出了更为先进的语音合成系统。例如,IBM在1984年推出了第一个商业化的语音识别系统,能够理解并生成基本的语音命令。尽管这些系统的应用范围有限,语音生成的自然度和情感表达也有待提升,但它们为后续人工智能虚拟主播技术的发展奠定了重要的基础。

### 2.探索阶段(21世纪初至2010年代中期)

进入21世纪初,人工智能技术迅猛发展,尤其是深度学习的崛起为人工智能虚拟主播的进步注入了新的动力。2000年初,自然语言处理和语音识别技术取得了显著突破,使计算机能够更好地理解和处理人类语言。谷歌、微软、IBM等科技巨头开始将深度学习应用于语音合成和识别,大幅提升了系统的性能和准确性。2007年,苹果公司推出的Siri语音助手更是标志着语音交互技术进入了大众视野,为人工智能虚拟主播的发展奠定了坚实基础。

### 3.发展阶段(2010 年代中期至今)

2010 年代中期至今,人工智能虚拟主播的发展进入了快速发展的阶段。2012 年,Google Brain 的团队通过深度学习技术在语音识别领域实现了重大突破,大大提高了语音合成的自然度和流畅度。随后,2016 年,英国公司 DeepMind 推出的 WaveNet 模型进一步提升了语音合成的质量,使得人工合成的声音更加接近人类语音。这些技术进步为人工智能虚拟主播从概念验证到实际应用提供了坚实的技术保障。

在 AI 技术的支持下,日本在人工智能虚拟主播的形象设置和功能研究方面取得了显著进展。2017 年 11 月,人工智能虚拟主播 Kizuna AI 在 YouTube 上迅速走红,她以其可爱的外表和活泼的性格吸引了大量粉丝的关注。紧接着,2018 年 4 月,日本广播协会(NHK)推出了 AI 主播 Yomiko,用于新闻播报。Yomiko 通过学习大量的新闻稿音频数据,能够精准分解音素,并记忆日本各地的地名和专有名词,从而实现更为自然准确的新闻播报。她每周在 NHK 的节目 *NEWS CHECK* 11 中进行约 5 分钟的新闻播报,凭借 CG 技术制作的虚拟形象,Yomiko 的播报显得更加流畅自然。

日本在人工智能虚拟主播研究中的进展,推动了其他国家在广播电视行业中应用类似技术。2018 年,韩国电视台 MBC 推出了基于真实主播形象的 AI 主播 Kim Ju-ha,实现了实时新闻播报。此外,人工智能虚拟主播的应用已逐步扩展至服务业和智能家庭领域,这一趋势显示了人工智能虚拟主播在媒体及其他行业中的广泛应用前景。这一阶段的人工智能虚拟主播,从基础研究逐渐迈向实际应用,展示了 AI 在播音主持行业中的巨大潜力。深度学习和生成对抗网络的进步则推动了人工智能虚拟主播的成熟应用,为这一领域的未来发展开辟了新的方向。

### (二)国内人工智能虚拟主播的发展历程

### 1.起步阶段(20 世纪 90 年代至 2000 年代末)

我国的人工智能技术起步相对较晚,但发展速度迅猛。20 世纪 90 年代,我国的科研机构和大学,如北京大学、清华大学和中国科学院,开始对人工智能进行初步研究,重点在语音识别和自然语言处理技术上。清华大学语音实验室在 20 世纪 90 年代中期开发了一系列语音识别系统,这些系统为日后人工智能虚拟主播技术的探索奠定了重要基础。尽管当时的技术较为初级,应用场景有限,但这些早期的研究为我国在语音合成领域的崛起积累了宝贵的经验和技术储备。

进入 21 世纪初,随着计算机技术和互联网的普及,我国的人工智能研究迎来了新的发展机遇。学术界与产业界的合作逐渐加强,国内科技公司如百度、腾讯、阿里巴巴等也开始大力投资人工智能领域,推动了相关技术的快速进步。语音合成技术逐渐应用于商业领域,如自动电话客服系统和导航系统等。2005 年,科大讯飞推出了首个商用语音合成引擎"讯飞语音",这是我国语音合成技术的重要突破。"讯飞语音"能够生成接近人类语音的合成声音,并在商业应用中表现优异。这一时期,我国在语音技术领域的研究逐渐从学术走向产业,为人工智能虚拟主播的未来发展奠定了坚实的技术和应用基础。

**2. 探索阶段(2010 年代初至 2019 年)**

进入 2010 年代,深度学习技术的飞速发展为我国人工智能领域注入了强大动力。随着大数据和计算能力的提升,深度学习算法在语音合成和自然语言处理领域取得了显著进展。2012 年,百度研究院成立了人工智能实验室,专注于深度学习技术的研发和应用。百度在语音识别和合成技术上的创新,使得 AI 系统的准确性和流畅度达到了新的高度。2015 年,百度推出了基于深度学习的语音识别引擎,大幅提升了语音识别的准确率,为人工智能虚拟主播的实际应用奠定了坚实基础。与此同时,2016 年,腾讯的 AI Lab 也在语音识别和合成技术方面取得了重要突破。

2018 年被视为我国人工智能虚拟主播发展的关键节点。这一年,新华社推出了全球首个人工智能合成主播"新小浩"(见图 3-1),它以新华社主播邱浩为原型,能够 24 小时不间断播报新闻,并在不同场合同步传递各类资讯,极大地提升了新闻播报的效率和覆盖范围。同年,中央电视台(CCTV)也推出了自己的 AI 主播。这些人工智能虚拟主播不仅提高了新闻播报的效率和时效性,还降低了人力成本,成为媒体行业的重要创新,标志着国内人工智能技术在播音主持行业的成功应用。2019 年,阿里巴巴达摩院发布了新一代语音合成技术,能够生成更加逼真和自然的语音,被广泛应用于天猫精灵等智能设备中。同年,科大讯飞推出了人工智能虚拟主播"晓曼",这位人工智能虚拟主播不仅能够进行新闻播报,还可以与观众进行互动,展现出更高的智能水平。这一时期的技术进步,不仅巩固了我国在人工智能领域的领先地位,也推动了人工智能虚拟主播在多领域的广泛应用。

图3-1　新华社推出的全球首个人工智能合成主播"新小浩"

### 3. 全面应用和创新阶段(2020年至今)

从2020年起,我国的人工智能虚拟主播进入了全面应用和不断创新的阶段。随着人工智能技术与5G、大数据、云计算等新兴技术的融合,人工智能虚拟主播开始在更多场景中得到应用,各大媒体平台、网络视频平台和新媒体企业纷纷推出了自己的AI主播,用于新闻播报、娱乐节目、教育培训等多个领域。例如,百度的"小度"、腾讯的"小微"以及阿里巴巴的"天猫精灵"等虚拟助手,已经在各种节目和服务中扮演了重要角色。

2020年,腾讯推出了人工智能虚拟主播"小微",并将其应用于腾讯新闻的自动化新闻播报和视频制作中。这一创新不仅提高了新闻制作的效率,还使内容发布更加及时。在教育领域,科大讯飞开发的虚拟教师已经开始应用于远程教育和在线课堂,为学生提供个性化的教学内容和互动体验,显著改善了在线教育的质量与效果。在商业领域,虚拟客服和导购功能逐渐普及,阿里巴巴、京东等电商平台利用人工智能虚拟主播提供24小时不间断的客服服务,这不仅提高了用户满意度,还显著提升了平台的运营效率。2021年,搜狗推出了基于3D技术的全息人工智能虚拟主播,这种技术使虚拟人物更加逼真,显著增强了用户的沉浸感和互动体验。同时,AI主播的形象设计、情感表达以及互动能力也在不断提升,逐步向更加智能和人性化的方向发展。随着这些技术的成熟和应用场景的扩展,人工智能虚拟主播正在改变传统媒体和服务行业的面貌,成为信息传播和用户交互的新趋势。

## 三、人工智能虚拟主播快速发展的原因

### (一)科技的进步给人工智能虚拟主播提供技术支持

科技的进步为人工智能虚拟主播提供了强大的技术支持。随着计算机技术和人工智能技术的不断进步,特别是在语音合成、自然语言处理和深度学习领域的突破,使得人工智能虚拟主播能够更好地理解、处理和生成人类语言。这些技术革新不仅为人工智能虚拟主播的诞生奠定了基础,也推动了其在播音主持行业中的广泛应用和快速发展,为智媒融合和数字化传播注入了新的活力。

#### 1. 自然语言处理技术的进步

自然语言处理(NLP)技术的进步对人工智能虚拟主播的发展起到了至关重要的促进作用。NLP技术使计算机能够理解、解释和生成自然语言,这使得人工智能虚拟主播能够更加自然地与观众互动。早期的NLP技术主要集中在基础的文本处理和简单的语义分析,而随着深度学习和生成对抗网络(GAN)等技术的引入,NLP能力得到了显著提升。现代的NLP技术能够更好地捕捉语言中的细微差别和语义关系,进行复杂的语义理解和上下文分析,使得人工智能虚拟主播可以处理多样化的语言任务,如新闻播报、问答系统、情感分析等。通过对海量语料库的训练,人工智能虚拟主播能够掌握丰富的语言表达方式和专业术语,在播报新闻时不仅能实现高质量的语言生成,还能根据不同的语境调整语气和风格,使播报更加生动和贴近人类表达。此外,NLP技术的发展也使得人工智能虚拟主播具备了实时语言翻译的能力,可以进行多语言播报,这对于全球化信息传播具有重要意义。

NLP 技术的进步,不仅提升了人工智能虚拟主播的技术水平,也扩大了其应用范围,为其在媒体行业的广泛应用提供了坚实的技术基础。

**2. 语音合成技术的提升**

语音合成技术的提升推动了人工智能虚拟主播的快速发展。语音合成技术使得文本信息能够被转换成自然流畅的语音。早期的语音合成技术存在发音生硬、语调单一等问题,难以模拟人类的自然语音。然而,随着深度学习和生成对抗网络(GAN)等先进技术的引入,语音合成技术取得了突破性进展,极大地提升了语音合成的自然度和流畅性。现代语音合成技术能够生成高度逼真的人类语音,准确地模仿语调、语速、音高等多种语音特征,使得人工智能虚拟主播在播报新闻、主持节目时,能够与人类主播无异。先进的语音合成模型,如谷歌的 WaveNet,通过分析和学习海量语音数据,生成的语音不仅自然且富有情感,使得听众体验大大提升。情感语音合成技术的进步使得人工智能虚拟主播能够模拟不同情绪状态下的人类语音,如快乐、悲伤和愤怒等,从而灵活调整语音的情感表达,增强了与观众之间的互动和共鸣。这种能力极大地提升了节目的吸引力和感染力。此外,这些技术还支持多语言合成,使得人工智能虚拟主播能够快速学习并生成多种语言的语音,无缝切换不同语言,适应全球化的信息传播需求,服务于全球不同语言和文化背景的观众。这对国际新闻、跨国企业宣传以及多语言教育等领域具有重要意义。语音合成技术的提升不仅提高了人工智能虚拟主播的音质和表现力,还拓宽了其应用场景。无论是在新闻播报、教育培训,还是在智能客服、语音助手等领域,人工智能虚拟主播都展现出强大的竞争力和应用前景。

**3. 语音识别技术的发展**

语音识别技术的发展是推动人工智能虚拟主播进步的重要因素之一。随着技术的不断创新,机器理解和转录人类语音的能力显著增强,从而提升了人机交互的效率和体验。最早的语音识别技术主要依赖于统计学模型,如隐马尔科夫模型(HMM)等,这些模型在面对复杂的语音信号或噪声环境时,准确率相对较低。然而,随着深度学习和大数据的快速发展,语音识别技术获得了质的飞跃。现代语音识别系统利用卷积神经网络(CNN)和长短期记忆网络(LSTM)等先进算法,可以高效处理复杂的语音信号。CNN 擅长提取语音信号中的空间特征,而 LSTM 则在处理语音信号的时间依赖性方面表现出色。这种技术结合使语音识别的准确率大幅提升,特别是在嘈杂的环境中,机器仍能准确识别并转录语音。此外,语音识别技术的进步不仅局限于其算法优化,还体现在训练数据的丰富性和多样性。通过对海量语音数据的训练,系统能够识别更多口音、方言以及不同的语音特征,大大扩展了其应用范围。随着语音识别技术的不断进步,人工智能虚拟主播将在更多应用场景中展现其潜力,为媒体和娱乐行业带来更多创新和变革。

### 4.智能算法优化

大数据技术的发展为智能算法的优化提供了坚实的数据基础。通过分析和挖掘海量数据,自适应算法能够根据环境变化和用户反馈动态调整自身参数和策略。具体到人工智能虚拟主播领域,自适应算法可以实时分析用户行为、反馈和偏好,调整播报内容和语音合成参数,从而生成更加个性化和自然的播报效果。例如,在新闻播报中,自适应算法可以根据实时数据流,自动筛选并整合最新的新闻资讯,并通过语音合成技术进行即时播报。这种基于大数据和自适应算法的智能优化,不仅提升了人工智能虚拟主播的准确性和及时性,也增强了与观众的互动性和用户体验。

强化学习是一种通过与环境交互来学习最优策略的方法。在人工智能虚拟主播系统中,强化学习技术能够优化主播的表现和策略,进而提升用户体验。通过与用户的不断交互,强化学习算法能够实时调整主播的行为,使其更好地适应用户的需求和偏好。例如,当主播接收到用户的反馈或指令时,强化学习算法可以根据这些反馈信息对主播的回应进行优化,以达到更好的互动效果。在应对突发新闻或实时事件时,强化学习算法能够帮助人工智能虚拟主播迅速调整播报策略,提供更准确、及时的信息服务。此外,迁移学习是一种将某一任务上学到的知识迁移到另一个相关任务的方法。在人工智能虚拟主播系统中,迁移学习可以帮助主播利用已有的数据和经验,快速适应不同的场景和需求。具体来说,迁移学习通过在相关领域中训练好的模型或经验来初始化主播的模型参数,从而加速主播系统的学习过程。迁移学习还可以通过在不同任务之间共享模型的部分参数或特征表示,提升主播系统的泛化能力和性能稳定性。例如,如果某个领域中已有一个训练良好的语音识别模型,那么可以将其部分参数迁移到主播系统中,从而帮助主播更快地适应语音识别任务,提升系统的性能和效率。

总的来说,强化学习和迁移学习作为智能算法优化的两种重要手段,对人工智能虚拟主播系统的发展具有重要意义。强化学习通过与用户的互动学习最优策略,使主播更好地满足用户需求,提升互动体验。迁移学习则通过利用已有的数据和经验,加速了主播系统的学习过程,使其能够迅速适应新的任务和场景。智能算法优化为人工智能虚拟主播系统的性能提升和适应性增强提供了有效的技术支持,推动了该领域的快速发展。

### (二)成本效益和效率的优势

人工智能的虚拟主播相较传统的人类主播,具有显著的成本效益和效率优势。人工智能虚拟主播能够实现无间断的 24 小时播报,无须休息或额外的人力资源投入,从而极大地降低了运营成本。这一优势在需要实时更新的领域中尤为突出,如新闻报道和天气预报等。传统主播需要轮班制度以确保持续的播报,但人工智能虚拟主播则通过自动化技术,实现全天候服务,无论是凌晨还是节假日,都能够持续工作。这种自动化带来的效率提升,不仅节省了人力成本,还显著缩短了信息传递的时间。

人工智能虚拟主播能够即时响应新的信息输入,并迅速将其转化为语音播报,从而极大地提升了信息传播的实时性和准确性。与传统播报方式相比,人工智能虚拟主播可以在瞬间整合最新的数据并生成新的内容,使观众能够迅速获得最新信息。这种能力不仅缩短了信息传递的时间,也增强了信息的时效性,确保观众能在最短时间内获取到最新、最相关的新闻。此外,在信息爆炸和即时新闻需求日益增加的背景下,人工智能虚拟主播的快速响应特性显得尤为重要。无论是自然灾害、政治变动还是经济动态,人工智能虚拟主播都能迅速分析和报告新闻事件,满足用户对实时信息的迫切需求。这种高效的处理和播报能力,不仅提升了信息服务的效率,还确保了信息的可靠性,使人工智能虚拟主播在新闻传播和媒体行业中具有了重要的应用价值。

因此,人工智能虚拟主播不仅在成本管理上具备明显优势,还通过其高效率和24小时不间断的播报能力,在现代信息传播中扮演着越来越重要的角色,越来越被推广和重视。

## (三)用户对个性化和定制化服务需求的增加

用户需求增加是推动人工智能虚拟主播快速发展的重要原因之一,其背后涵盖了多方面的因素。首先,随着数字化时代的到来,人们对于各类信息和娱乐内容的需求日益增加。互联网和移动设备的普及使得用户可以随时随地获取信息和娱乐内容,因此,传统媒体和新兴媒体都需要更多的内容来满足用户的需求。其次,受众对内容的多样化和个性化需求也在不断增加。随着人们对个性化和定制化服务的追求,内容消费者不再满足于传统的通用化内容,而是希望获取与自身兴趣和需求更加匹配的内容。这就需要媒体和内容生产者不断创新,提供更加多样化和个性化的内容,以吸引和留住用户。另外,新兴媒体形式的崛起也带来了内容需求的增加。随着社交媒体、短视频平台等新兴媒体的兴起,用户对于新颖、有趣内容的需求不断增加。这些新兴媒体平台的快速发展,为内容创作者提供了更多的展示和传播渠道,同时也为用户提供了更多获取内容的途径,进一步推动了内容需求的增加。此外,内容的生产成本不断降低也促进了内容需求的增加。随着数字化技术和人工智能技术的不断发展,内容的生产和传播成本逐渐降低,使得更多的媒体和内容生产者能够承担起内容生产的责任。这进一步促进了内容的多样化,满足了用户对于更多、更好内容的需求。

在特定领域需求的填补方面,人工智能虚拟主播可以发挥其专业知识和技能,提供更加个性化、专业化的内容和服务。例如,在语言教学领域,主播可以根据用户的学习需求和水平,提供定制化的语言学习课程和练习。在医疗咨询领域,主播可以根据用户的健康问题和需求,提供个性化的医疗建议和指导。通过填补这些特定领域的内容供给空缺,人工智能虚拟主播可以扩大其服务范围,吸引更多用户的关注和参与。此外,用户体验是人工智能虚拟主播快速发展的关键。通过满足用户的个性化需求和提供高质量的内容,人工智能虚拟主播可以提升用户的满意度和参与度,增强平台的用户黏性和价值。随着用户对个性化内容的需求不断增加,人工智能虚拟主播可以借助技术创新和专业服务,不断提升用户体验,巩固其在市场中的地位,推动行业的快速发展。

综上所述,受众对内容需求的增加是人工智能虚拟主播快速发展的重要推动力量。其背后反映了用户对于多样化、个性化和优质内容的不断追求,也为人工智能虚拟主播提供了更广阔的发展空间和机遇。

# 第二节　人工智能虚拟主播与传统主播对比分析

人工智能虚拟主播的迅速崛起,正在改变播音主持行业的传统面貌。为了深入理解这一变革,本节将从多个角度对比人工智能虚拟主播与传统主播的不同之处。通过分析二者在技术能力、内容生成和艺术审美三个方面的差异,以期更全面地了解两者各自的优劣势,以及未来的发展趋势。

## 一、技术能力方面的差异

### (一)数据处理与分析能力

随着信息技术的飞速发展,媒体行业每天都要面对海量的数据信息,这些数据往往庞杂且结构复杂,传统主播难以在短时间内处理如此庞大的信息流,并且在信息筛选、整合和播报过程中,容易出现信息遗漏或误报的情况。而人工智能虚拟主播借助人工智能和大数据技术,能够快速、准确地处理和整合这些信息,生成高质量的播音内容。

人工智能虚拟主播在大数据处理中的优势首先体现在其强大的数据分析能力上。通过先进的算法和模型,人工智能虚拟主播能够在短时间内从海量数据中提取出关键的信息,并将其整合成逻辑清晰、结构严谨的播报内容。如在面对一场突如其来的灾难性事件时,人工智能虚拟主播可以迅速分析相关的新闻报道、官方声明、社交媒体动态等多种数据来源,快速生成全面且详细的事件播报内容,确保观众在第一时间获取到全面、准确的事件信息。除了数据分析能力外,人工智能虚拟主播还能够对实时数据进行动态更新,确保播报内容的时效性和准确性。在现代信息社会中,数据的更新频率非常高,尤其是在突发事件、金融市场、体育赛事等领域,信息的时效性至关重要。人工智能虚拟主播能够实时接入各类数据源,并在数据发生变化时,迅速更新播报内容,确保观众获取到的始终是最新、最准确的信息。例如,在地震发生时,人工智能虚拟主播可以迅速响应,实时播报地震的相关信息,包括震中位置、震级、受灾区域的情况,以及政府和救援机构发布的紧急通知。不论地震何时发生,观众都能第一时间通过人工智能虚拟主播获得最新的灾害信息和安全指导。这种全天候的服务能力不仅大大增强了媒体的新闻报道能力,还有效提升了信息传播的效率和及时性,确保信息能够在最短的时间内到达受众手中。

人工智能虚拟主播的精确数据处理能力不仅体现在速度和准确性上,还体现在信息的深度整合和多维度分析上。传统的新闻报道往往只能覆盖某一事件的表面信息,而人工智能虚拟主播则可以通过大数据技术,深入挖掘事件背后的关联信息和背景数据,提供更为全面的新闻解读。例如,在报道一项复杂的经济政策时,人工智能虚拟主播可以结合历史数据、专家评论、国际对比等多种数据维度,生成具有深度分析的播报内容,为观众提供更为丰富的信息背景和多角度的分析视角。这种深度整合和分析能力,使得人工智能虚拟主播能够超越传统新闻播报的局限,提供更加深入、全面的信息服务。此外,人工智能虚拟主播在大数据处理中的另一重要优势是其信息定制化能力。借助大数据分析,人工智能虚拟主播能够根据观众的兴趣、偏好和需求,定制化地调整播报内容和方式。例如,对于特定的观众群体,人工智能虚拟主播可以重点播报他们感兴趣的新闻类型,并通过分析他们的收听习惯,优化播报的语调、节奏和语言风格,从而提高观众的参与感和满意度。这种信息定制化能力,使得人工智能虚拟主播在信息传播中更加贴近受众需求,提升了信息传播的效果和影响力。通过快速、准确的数据分析和实时更新,人工智能虚拟主播能够有效应对现代媒体行业中的海量信息挑战,提供深度整合和多维度分析的高质量播报内容,并通过信息定制化能力,提高受众的参与感和满意度。

相比之下,传统主播在数据处理与分析方面则主要依赖人力。传统主播需要花费大量时间和精力来手动收集、整理和分析数据,这一过程相对缓慢且容易受到人为因素的影响。此外,传统主播的分析能力受到个人经验和知识的限制,无法像人工智能虚拟主播那样快速处理大量信息并得出结论。在热点话题的识别和内容生成方面,传统主播也显得相对滞后,需要通过人工搜集资料和撰写文稿,难以实现即时的内容更新。新华社自主研发的 AI 写作程序"快笔小新"可以实时监控 100 多个数据源,并在短时间内完成大量数据的处理和新闻稿的撰写,而传统的新闻编辑团队则需要更多时间和人力来完成同样的工作。这样的效率差距使得人工智能虚拟主播在新闻播报的准确性和时效性上具有明显的优势。总体而言,人工智能虚拟主播凭借其强大的数据处理与分析能力,不仅提升了内容生产的效率和质量,还增强了受众的互动体验和满意度,而传统主播在这一方面则显得力不从心。

(二)学习与适应能力

学习与适应能力是评估人工智能虚拟主播与传统主播差异的重要指标之一。人工智能虚拟主播通过先进的机器学习算法和大数据分析技术,具备了快速学习和适应的能力。这些人工智能系统能够从海量数据中提取模式、分析趋势,并自动调整其行为和内容输出,以适应不断变化的受众需求和市场趋势。例如,人工智能虚拟主播可以根据受众的历史行为数据和实时反馈,自动调整内容的风格、节奏和语调,使其更贴近受众需求和时事发展,从而提升观众的参与感和满意度。此外,人工智能迭代速度远超人类。通过大规模数据训练和算法优化,人工智能虚拟主播可以在短时间内实现性能的显著提升,并迅速适应不同的节目类型和播报需求。

相反,传统主播的学习与适应能力主要依赖于个人的经验积累和专业技能。传统主播通过长期的从业经验和深入的领域知识,积累了丰富的主持和表达能力,能够凭借自身的理解和分析能力在现场即兴应对各种情况。然而,传统主播的学习过程相对缓慢,通常需要时间来适应新的节目形式或主题内容,并可能受到主观意识和个人风格的限制。在面对新的受众偏好或市场趋势变化时,传统主播的适应能力相对较弱,需要更多的时间和资源来调整和改进。例如,当需要迅速调整节目内容以适应突发事件或新的热点话题时,人工智能虚拟主播可以立即从数据中学习和分析,迅速生成相关内容并进行播报。相比之下,传统主播可能需要更多的准备时间和人工干预,才能做出相应的调整。因此,人工智能虚拟主播在学习与适应能力上的优势不仅提升了节目制作的效率,还增强了内容的时效性和观众的互动体验,而传统主播则需要更多地依赖个人的经验和灵活性来应对不同的挑战和变化。

### (三)多任务处理能力

人工智能虚拟主播借助先进的计算机算法和并行处理能力,能够同时处理多个任务和信息源,如实时数据分析、内容生成、语音合成等,有效地管理和分配资源,提高节目制作的效率和质量。这种多任务处理能力使人工智能虚拟主播能够在高强度的播音环境中保持稳定的表现,并根据需要自动调整节目内容和播报形式,以适应受众的需求和市场的变化。传统主播通常需要在紧张的节目制作环境中同时处理多个任务,如接收实时信息、调整演播稿件、与嘉宾互动等,往往依赖个人认知和心理调节能力。他们通过长期的工作经验和训练,培养多任务协调能力,确保在高压下能保持冷静并有效地执行各项任务。而传统主播在处理多任务时,通常受限于个人的注意力和认知负荷,将注意力集中在某一任务上,以确保任务的质量和准确性,这种方式不仅可能导致其他任务的处理效率降低,也可能会面临信息处理不及时或遗漏的风险。可见,人工智能虚拟主播在多任务处理能力上的优势主要体现在其能够快速、高效地处理多个信息源和任务,而传统主播则更依赖于个人的感知和心理调节能力,面对多任务时可能表现出不同程度的效率和效果。

### (四)技术依赖与故障处理

人工智能虚拟主播的技术依赖性使其在高效处理信息和多任务时具备显著优势,但也带来了较高的技术故障风险。一旦发生故障,例如网络中断、服务器故障或软件错误,可能导致人工智能虚拟主播无法正常工作。此外,人工智能系统虽然能够迅速处理大量数据,但在面对意外情况或技术故障时,往往需要专业技术团队干预和技术支持才能恢复正常,修复时间可能较长,影响节目质量和连续性。

　　传统主播的工作虽然也依赖一定的技术支持,如摄像设备、音响系统和通信设备,但其核心工作能力更多依靠个人技能和经验。传统主播虽然在信息处理效率上不及人工智能虚拟主播,但在面对技术故障时,通常能够凭借自身的应变能力和现场控制力,迅速采取临时措施,如手动调整设备、即兴发挥或调整节目流程,以维持节目正常进行。传统主播在处理技术问题时,能够灵活应对,减少因设备故障带来的影响,从而保证节目连续性和观众体验。这种人性化的应变能力是人工智能系统难以完全替代的。因此,人工智能虚拟主播和传统主播在技术依赖与故障处理方面表现出显著差异。人工智能虚拟主播依赖高科技设备和系统,其故障处理需要专业技术支持,修复过程可能较长。而传统主播更多依赖个人技能和经验,在面对技术问题时,能够迅速应变,确保节目的连续性和观众的良好体验。

　　综上所述,在技术能力方面,人工智能虚拟主播与传统主播各有优势和不足。人工智能虚拟主播凭借强大的数据处理、自动化学习、多任务处理和全天候工作能力,在效率和精准度方面具有明显优势。但人工智能虚拟主播在技术依赖、应急处理、创新能力和个性化表达方面仍存在不足。传统主播则依靠个人的专业素养、经验积累和创造力,展现出灵活的应变能力和创新思维。尽管在数据处理和多任务处理效率上不及人工智能虚拟主播,但传统主播在个性化表达、情感互动和应急处理方面具有独特优势。

## 二、内容生成方面的差异

### (一)内容生产效率和质量

　　在内容生产效率方面,人工智能虚拟主播具有显著的优势。首先,人工智能虚拟主播能够即时生成和播报内容,尤其是在处理突发新闻事件时,表现出显著的速度优势。传统媒体在面对突发事件时,通常需要经过信息采集、编辑、校对、主播录制等多个步骤,才能将内容呈现给观众。这一过程不仅冗长,还可能因人员调度、信息核实等问题而导致播报延迟。而人工智能虚拟主播则能够通过实时数据采集和大数据分析,迅速获取最新信息,并在短时间内生成高质量的播音内容,几乎可以做到即时播报。这种即时性不仅满足了观众对新闻事件的迫切需求,也极大地提高了媒体在信息传播中的时效性和竞争力。其次,人工智能虚拟主播的自动化工作流程减少了对人力资源的依赖,降低了运营成本,使媒体机构能够在提高生产效率的同时,优化资源配置,提升经济效益。传统的播报工作需要依赖大量的人工投入,尤其是在需要频繁更新或长时间持续播报的场景中,人力成本显得尤为高昂。人工智能虚拟主播的引入改变了这一现状,通过自动化技术,媒体机构可以在不增加人力成本的情况下,持续提供高质量的播报服务。这不仅帮助媒体降低了运营成本,还释放了更多的人力资源,使其可以专注于更具创造性的内容生产和深度报道。

在内容生产质量方面,人工智能虚拟主播凭借先进的数据处理和自然语言生成技术,能够快速、高效地生产大量内容,尤其在实时数据更新和结构化信息播报方面表现出色。然而,由于依赖预设算法和数据模型,人工智能虚拟主播播报的内容往往缺乏深度分析和独特视角,难以触及复杂的新闻背景和人文情感。相对而言,传统主播可以根据新闻事件的背景和细节,在内容生产中融入丰富的个人经验和专业判断,进行深入分析和评论,提供更具深度和人文关怀的报道,使得新闻内容更具人性化和情感共鸣。此外,传统主播在面对突发新闻事件时,凭借其现场应变能力和判断力,可以快速调整播报内容,提供即时且具有洞察力的报道。这种灵活性和人性化的表达是人工智能目前难以完全替代的。可见,人工智能虚拟主播在内容生产效率上具有显著优势,能够快速生成和更新大量内容,适应现代媒体的高频次需求。然而,在内容生产质量特别是情感表达和人性化方面,传统主播依然具备独特的优势。

### (二)播音准确性与一致性

传统的人类主播在播报过程中,可能会受到多种因素的影响,如情绪波动、身体疲劳、心理压力等,这些因素可能导致播报过程中的语速不稳、发音不准、信息遗漏或误读等问题,从而影响信息传播的质量和观众的理解。而人工智能虚拟主播则通过先进的语音合成技术,能够生成高度自然且流畅的语音播报,确保播音内容的准确性和一致性。

人工智能虚拟主播的播音准确性首先得益于其基于算法的精确控制能力。通过对播音文本的深度分析,人工智能虚拟主播能够准确把握语调、重音、停顿等语音要素,从而生成与文本内容高度契合的语音播报。这种精确控制使得人工智能虚拟主播在播报复杂的技术性内容或专业术语时,能够准确传达信息,避免了因发音错误或语意模糊而导致的理解偏差。例如,在医学或法律新闻的播报中,人工智能虚拟主播能够确保专业术语的发音准确,避免了因人类主播对专业领域知识的不足而可能出现的播报失误。此外,人工智能虚拟主播的播音一致性也大大提升了信息传递的稳定性和可靠性。人类主播在长时间的播报过程中,难免会出现情绪波动或声音疲劳,这些都会导致播报质量的不一致。而人工智能虚拟主播由于不受生理和心理因素的影响,能够始终如一地提供高质量的播报服务,确保信息传递的连贯性和一致性。这种稳定性不仅增强了观众对信息的理解和记忆,也提升了媒体的公信力和品牌形象。

人工智能虚拟主播的播音准确性和一致性还体现在其对多语言播报的适应能力上。随着全球化的发展,媒体机构越来越需要提供多语言的新闻服务,以满足不同语言背景的观众需求。人类主播在进行多语言播报时,可能因语言能力的限制或对特定语言的不熟悉而出现发音错误或语意偏差。而人工智能虚拟主播则能够通过语音合成技术,精确模仿多种语言的发音和语调,确保多语言播报的准确性和一致性。例如,在国际新闻报道中,人工智能虚拟主播可以无缝切换不同语言进行播报,确保不同国家的人都能够准确获取到新闻信息,而不必担心语言障碍造成的信息误传。传统的人类主播在播报过程中,可能因突发状况或个人原因无法继续播报,而人工智能虚拟主播则可以随时接替,保证播报的连续性和无缝衔接。人工智能虚拟主播还能够根据预先设定的播报规则和风格,确保所有播报内容都符合媒体机构的标准和要求,避免了人为因素可能带来的不确定性。这种可控性和灵活性,不仅提高了信息传播的可靠性,还增强了媒体对播报内容的掌控力。

### (三)内容创新与创造能力

在内容创新与创造能力上,传统主播具备显著优势。人类主播凭借丰富的经验和专业知识,能够在报道中融入独特的视角和个人风格。他们可以通过深入采访、实地调查和背景分析,揭示事件的多面性和复杂性,提供更具深度和原创性的内容。传统主播的临场反应能力和情感表达使其能够在突发事件或紧急新闻报道中即时调整报道内容,提供更具灵活性和针对性的新闻服务。因此,在内容创新与创造能力上,传统主播凭借其专业素养和创造力,显著超越了人工智能虚拟主播。

相反,人工智能虚拟主播的内容生成主要依赖预设的算法和数据模型,导致其在创新和原创性方面显得不足。人工智能虚拟主播生成的内容往往同质化严重,风格趋于一致,因为它们缺乏独立思考和创作的能力。由于人工智能无法真正理解新闻背后的复杂情境和人类情感,它在深度报道和评论性内容上表现乏力,难以提出独特的见解或引发观众的深层思考。人工智能虚拟主播的优势在于处理和整合大量信息的效率,但这种机械性和程序化的特点限制了其在内容创新和个性化表达上的潜力。

综上所述,虽然人工智能虚拟主播在信息处理和效率上具有优势,但在内容创新与创造能力方面,传统主播凭借其丰富的经验、专业知识和灵活应变能力,仍然占据明显的上风。传统主播能够提供更具深度和个性的内容,而人工智能虚拟主播则在同质化和缺乏情感共鸣方面面临挑战。

### (四)情感表达与观众互动

在情感表达与观众互动方面,人工智能虚拟主播与传统主播存在显著差异,这些差异主要体现在情感传递的自然性和互动方式的灵活性上。人工智能虚拟主播虽然依赖于先进的语音合成技术和自然语言处理技术,能够模仿人类的语音和语调,但在细腻的情感传递和复杂的情感表达上仍显不足。人工智能虚拟主播的语音合成主要基于预先设定的音素和音调模式,缺乏对语境和情绪的深刻理解,因此在表达情感时显得较为平淡和机械。尽管当前的技术可以模拟出某些基本的情感状态,如高兴、悲伤或愤怒,但要实现与人类主播相同的情感深度和自然流露还有很大挑战。相比之下,传统主播在情感表达方面具有天然的优势。人类主播可以通过语气、语调、表情和肢体语言等多种方式,传递丰富而细腻的情感。他们能够根据新闻内容和现场情况,灵活调整情感表达,增强报道的感染力和亲和力。传统主播的情感表达不仅仅是声音的变化,更包含了内在的情感共鸣和真实的情感体验,这种真实的情感传递能够有效地引起共鸣,增强节目吸引力。

在观众互动方式上，人工智能虚拟主播和传统主播的表现也有所不同。人工智能虚拟主播通过预设的交互程序，可以快速响应受众的提问和评论，提供即时反馈。这种即时性和高效性使得人工智能虚拟主播在处理大规模互动时具有明显的优势。例如，在直播过程中，人工智能虚拟主播可以实时回答观众提出的常规问题，提供相关信息和资料。然而，这种互动方式通常较为单一，缺乏灵活性和个性化，难以进行深层次的交流和情感沟通。传统主播则在互动的灵活性和个性化上表现突出。人类主播可以根据观众的实时反馈和情绪变化，灵活调整互动方式，与受众进行深度交流。他们能够通过幽默、故事分享、现场感受等多种手段，与受众建立情感连接，增强互动的温度和深度。传统主播在处理复杂的观众问题和情感诉求时，表现出更高的适应性和共情能力，使得互动更加自然和有亲和力。总体而言，人工智能虚拟主播在情感表达的自然性和观众互动的灵活性上仍存在较大提升空间。尽管人工智能虚拟主播在即时响应和大规模互动方面具有效率优势，但在深层次的情感传递和个性化互动上，传统主播依然具有不可替代的优势。

## 三、艺术审美方面的差异

### （一）美学素养与文化理解

传统主播具备深厚的专业知识和文化素养，他们通过深入的学习和不断的自我提升，掌握多个领域的知识和理论，培养了敏锐的美学素养，这使他们能够在节目中深入探讨复杂的话题，提供具有深度和见解的内容。例如，在访谈节目中，主播可能会通过深入的背景调查和专家访谈，挖掘出隐藏在事件背后的深层次信息，从而为观众呈现更加详尽和全面的报道。

在央视《朗读者》文化类节目中，主持人董卿展现了深厚的文化底蕴和艺术修养，在节目中巧妙地融入文化元素，增强内容的艺术性和观赏性。特别是对文学解读和背景介绍时，处处彰显了她的学术功底和文化修养。她通过简洁而精准的语言，为观众揭示作品背后的文化脉络、历史渊源以及作者的生平和创作背景，帮助观众更深入地理解和欣赏作品的艺术价值。这种对文学作品深入挖掘的态度，使得节目不仅仅是文学的传播，更是文化的传承和普及。此外,董卿与每位嘉宾的深入互动也为节目增添了生动性和深度。她善于引导嘉宾分享对文学作品的个人体验和理解,通过对话和交流,探讨作品在当代社会的意义和价值,激发观众对文学的思考和探索欲望。这种嘉宾与主持人之间的互动,不仅丰富了节目的内容,也展示了董卿在文化交流和传播方面的卓越能力。她通过节目,将文学艺术融到日常生活中,为观众呈现了一场文化与艺术的盛宴,不断提升公众的文学素养和审美品位。

与此相对,人工智能虚拟主播在美学素养和文化理解上存在局限性。其文化理解和美学判断主要依赖于训练数据和预设算法,缺乏人类所具备的文化积淀和艺术修养。虽然人工智能虚拟主播能够通过大数据分析,生成符合某些文化背景的内容,但其表达往往机械、缺乏灵活性。例如,在面对多样化的文化背景时,人工智能虚拟主播难以像人类主播那样,灵活调整表达方式,适应不同观众的审美需求。人工智能虚拟主播的审美判断能力也受限于算法模型,难以进行创新性的艺术表达。因此,人工智能虚拟主播在文化理解和美学素养上,仍难以达到人类主播的水平。人工智能虚拟主播则需要在算法优化和数据丰富性方面继续提升,以弥补在美学素养和文化理解上的不足。

### (二)节目风格与艺术表达

传统主播通过长期的实践主持和专业培训,积累了丰富的经验和技能。他们熟悉不同类型节目的特点和观众喜好,能够准确把握节目的节奏、氛围和情感表达需求,赋予节目独特的人文色彩和艺术表现力。传统主播在节目风格和艺术表达上具有更大的灵活性和创造性。他们可以根据节目类型和观众反馈调整表达方式,创造出丰富多彩的节目内容和艺术形式。例如,在新闻报道中,主播可能会采用严肃、客观的语调和表达方式,通过表情和语言技巧,有效地传递事件的紧迫感和情感色彩,使得观众能够深刻感受到新闻事件的真实性和重要性。然而在娱乐节目中,主播则可能会运用幽默风趣或温馨亲和的风格,与观众建立更亲密的互动。传统主播通过自身的艺术感知和文化积淀,能够灵活应对不同类型的节目和观众群体,更好地适应和引导观众的审美趣味,从而提升节目的艺术表现力和观赏性。

此外,传统主播在节目风格上也更注重个性化的表达和创新。他们通过独特的主持风格、个人魅力以及对话题的独特见解,为观众带来更具吸引力和个性化的节目体验。这种个性化和创新的表达方式,使得传统主播能够在竞争激烈的媒体市场中脱颖而出。作为央视资深主持人的撒贝宁,以其独特的主持风格和个性化的表达赢得了观众的喜爱和认可。他曾在法制节目《今日说法》中,凭借扎实的法律知识、严谨的逻辑让观众看到他严谨、理性又深沉的一面;在综艺节目《挑战不可能》中,他一改往日风格,成了妙语连珠、幽默搞怪的"段子手";而在文化类节目《典籍里的中国》中,他以一个当代读书人的身份引领国人了解传统经典,展现出他的渊博学识和才华。

人工智能虚拟主播在节目风格和艺术表达方面展现出独特的特点与明显的弱点。人工智能虚拟主播的节目风格往往更加规范化和模式化。由于采用预设的语言模型和算法进行语音合成和表达,人工智能虚拟主播的节目风格相对稳定和统一,缺乏传统主播那种基于实时情境调整和个性化表达的能力。然而,这种规范化也带来了高效性和精准度的优势。人工智能虚拟主播能够快速生成大量内容,减少人工编写和录制的时间成本。随着技术的进步,语音合成的自然度和流畅度得到了极大提高,使得受众的听觉体验更加舒适。此外,人工智能虚拟主播能够轻松切换和合成多种语言,满足全球化传播的需求。这种多样性为不同节目风格和观众喜好的适应提供了可能性。

人工智能虚拟主播尽管在效率和多样性方面具有优势,但在情感表达和情绪共鸣上存在显著弱点。与传统主播相比,人工智能虚拟主播在艺术表达上缺乏基于个人经验和文化背景的独特风格和深度,难以在文化和艺术领域展现出丰富性和多样性。人工智能虚拟主播的语音合成虽然越来越自然,但仍然难以表达复杂的情感和情绪,缺乏传统主播通过声音和表情传达的人类共情能力。例如,在电视新闻播报中,虽然人工智能虚拟主播能够准确地传达事实信息,但缺少传统主播那种针对新闻事件深入分析和情感表达的能力,无法真正触动受众的情感共鸣和思想深度。可见,人工智能虚拟主播在节目风格和艺术表达上具备高效、精准和多样化的特点,但在情感表达、创意原创性和技术依赖等方面仍面临挑战和局限性。这些特点和弱点共同构成了人工智能虚拟主播在现代媒体环境中的独特地位和发展方向。

综上所述,通过对人工智能虚拟主播与传统主播在各个方面的对比研究,我们发现,两者各有独特的优势和局限。人工智能虚拟主播在数据处理和分析、学习与适应、多任务处理和效率等方面表现出色,尤其在高效生成内容和处理庞大信息量上具有明显优势。然而,传统主播在人文素养、情感表达、创意和个性化表达方面具有不可替代的优势,能够更好地与观众建立情感连接并呈现具有深度和独创性的内容。随着技术的发展,未来的播音主持行业可能会倾向于人机协作的模式,综合利用人工智能技术的效率和传统主播的情感共鸣,共同提升节目质量和受众体验。

# 第三节　人工智能虚拟主播在传媒业中的应用和影响

## 一、人工智能虚拟主播在传媒业中的具体应用

### (一)人工智能虚拟主播在新闻领域的应用

#### 1. 即时新闻的自动化播报

在当今新闻领域,人工智能虚拟主播展现出了显著的技术优势和实际应用价值,特别是在新闻播报领域。传统新闻播报依赖于记者和主播的参与,需要经历新闻采集、编辑、审核、播报等多个步骤,整个过程往往耗时较长,尤其是在突发新闻事件中,传统的工作流程可能会导致信息延迟传播。人工智能虚拟主播通过自动化新闻生产系统,可以在第一时间获取新闻线索,并通过预设的算法和数据模型迅速生成播报内容。其自动化播报系统可以即时处理新闻事件的关键信息,将复杂的内容整合为简明扼要的新闻播报,确保观众能够在最短时间内获得最新的新闻动态。特别是在重大新闻事件或紧急突发事件发生时,人工智能虚拟主播可以在数秒内完成新闻播报的全流程,从而大幅提升新闻传播的时效性和准确性。人工智能虚

主播的自动化播报任务也大大提升了新闻机构的资源利用效率。它们可以在任何时间点进行播报,无须等待人力资源的调配和时间安排,从而保证了新闻播报的连续性和即时性。这种自动化流程优化使得新闻机构能够更加灵活地应对快速变化的新闻需求,同时在竞争激烈的新闻市场中保持竞争优势。人工智能虚拟主播还能根据新闻的紧急程度和重要性调整语音的表达方式,提供更符合报道要求的播音效果。这种灵活性使得人工智能虚拟主播能够在不同的新闻场景中,如突发事件报道、重大政治会议或国际事务分析中,准确传达信息的同时,保持播音的适时性和感染力。这种能力不仅提升了播音质量,还增强了新闻媒体在信息传递方面的可靠性和影响力。2023年全国"两会"期间,上海广播电视台采用最新的AI技术和算法,让虚拟主播"申䒕雅"(见图3-2)以"出镜记者"的身份亮相荧屏,成功实现了在人民大会堂前的实时出镜,进行新闻播报和要点梳理,为观众带来了一系列特别报道。

图3-2 上海广播电视台虚拟主播"申䒕雅"

### 2. 新闻数据的实时分析与解读

在新闻报道中,人工智能虚拟主播通过自然语言处理和大数据分析技术,展现出了对复杂新闻事件的深度解读和全面背景分析能力。这些技术的应用不仅提升了新闻报道的准确性和深度,还丰富了受众对事件理解的角度和层次。

　　首先,人工智能虚拟主播利用自然语言处理技术,能够快速从文本数据中提取关键信息,并进行语义分析和情感识别。这使得它们能够在短时间内准确理解并分析新闻事件的主要内容和核心观点。例如,在政治、经济或社会事件的报道中,人工智能虚拟主播可以精准地捕捉政策变化、市场反应或社会舆论的动态,并为观众提供实时而深入的事件解读。其次,人工智能虚拟主播通过大数据分析技术,能够从多个数据源中收集、整理和分析海量信息。这些数据可能包括历史事件记录、社交媒体反馈、专家评论等。通过算法分析和模式识别,人工智能虚拟主播能够识别出事件发展的潜在模式和趋势。例如,在环境灾害的报道中,人工智能虚拟主播可以结合天气数据、地质监测和社会反馈,预测灾害发生的可能性,并提供相应的应对建议和安全提示。此外,人工智能虚拟主播还能够实现多角度的报道和分析。它们能够从政治、经济、社会、文化等多个维度对事件进行深入剖析,而不仅仅局限于单一领域或视角。这种多维度的报道方式为观众提供了更全面、客观的信息,帮助他们更好地理解事件的复杂性和影响。人工智能虚拟主播在新闻解读和分析中的应用,不仅提升了新闻报道的速度和效率,更通过深度的数据分析和多角度的视角,为观众呈现出更为全面和深刻的新闻理解与分析,推动了新闻报道向更加智能化、精准化和深入化的方向发展。

**3. 多语言和多文化新闻报道**

　　在全球化背景下,新闻传播面临着语言和文化多样性的挑战。人工智能虚拟主播通过先进的语音合成和自然语言处理技术,显著改善了多语言和多文化新闻报道的能力。首先,人工智能虚拟主播能够实现多语言新闻播报。传统新闻需要依赖多语种的团队,这增加了成本且效率较低。人工智能虚拟主播则能快速生成多种语言的新闻内容,确保不同语言背景的观众同时获得相同的新闻信息。对于跨国新闻机构而言,这一功能极大地扩大了其全球传播的范围。其次,人工智能虚拟主播还具备对新闻内容进行文化适配的能力。不同文化背景的观众对新闻的解读各有不同,人工智能虚拟主播能够通过大数据分析和自然语言处理技术,根据观众的文化背景调整新闻内容。这不仅提高了新闻的接受度,还减少了跨文化传播中的误解和信息偏差。此外,人工智能虚拟主播的多语言和多文化报道能力显著提升了跨国媒体机构的竞争力。与传统模式相比,人工智能虚拟主播能够更低成本、更高效率地实现全球新闻传播,为观众提供个性化的新闻服务,从而在全球新闻市场中占据优势地位。总之,人工智能虚拟主播在多语言和多文化新闻报道中的应用,突破了语言和文化的限制,扩大了新闻传播的覆盖范围,增强了信息传播的包容性和多样性,提升了国际传播的竞争力。

### 4.提供个性化新闻推荐

通过利用用户数据和兴趣分析技术,人工智能系统能够有效提供个性化的新闻内容推荐服务,从而显著提升用户的阅读体验和参与感。人工智能技术通过分析用户的阅读历史、点击行为和社交媒体互动等数据,建立了用户的兴趣模型。这些数据可以帮助人工智能虚拟主播了解用户的偏好和关注点,从而为每位用户量身定制适合其兴趣的新闻内容。例如,对于喜欢关注科技新闻的用户,人工智能虚拟主播可以优先推荐科技领域的热门报道和深度分析,提高用户对新闻内容的相关性和接受度。

人工智能虚拟主播在提供个性化新闻推荐时,还能够根据实时数据和用户反馈进行动态调整。通过不断更新用户兴趣模型和分析最新趋势,人工智能虚拟主播可以及时调整推荐策略,确保推荐内容的时效性和关联性。这种实时性的个性化推荐能够有效增强用户的参与感和满意度,使用户更愿意长期使用人工智能虚拟主播服务。此外,个性化新闻推荐也为新闻媒体带来了商业化的机会。通过精准的用户定位和个性化服务,人工智能虚拟主播可以吸引更多广告主和合作伙伴,提供针对性更强的广告投放和品牌推广服务。这种商业模式不仅有助于新闻媒体增加收入,还能够进一步改善用户体验,形成良性的商业生态。人工智能虚拟主播在个性化新闻推荐方面的应用,不仅通过数据驱动的方法提升了新闻内容的个性化和用户体验,增加了用户对新闻平台的黏性,还为新闻媒体带来了创新和商业化的发展机会。

### (二)人工智能虚拟主播在配音领域的应用

### 1.高度逼真的语音合成

在现代科技的推动下,人工智能虚拟主播在语音合成领域取得了显著的进展。通过先进的语音合成算法,结合深度学习和语音模型训练,人工智能虚拟主播能够生成高度逼真、自然的语音,逐步改变了传统配音的方式和效果。人工智能虚拟主播的语音合成技术依赖于深度学习模型,这些模型通过大量语音样本和文本数据的训练,能够准确模仿人类语音的语调、节奏和情感表达。例如,2018 年 5 月,虚拟主持人"康晓辉"亮相央视新闻频道《直播长江》特别节目,并与真人主播进行了实时互动。"康晓辉"是利用央视主持人康辉的照片生成的全动态虚拟主持人,在播报过程中表现出与真人一致的口型、表情及动作,创造了高度逼真的虚拟形象。

人工智能虚拟主播的语音合成不仅限于单一的语音风格,还能够根据具体需求进行定制化调整。这种灵活性使人工智能虚拟主播能够适应不同的应用场景,包括广播节目、电视节目、教育培训、电子游戏等领域。用户可以通过语音定制平台上传样本音频,让 AI 学习和模仿特定声音的特点,然后生成符合样本声音的定制配音内容。这种技术允许 AI 根据用户的需求和场景生成独特的配音服务,满足个性化需求。例如,网易云音乐推出的 AI 歌手"鲸云音"能够根据用户的选择生成具有特定情感和风格的歌曲。在动画片配音中,人工智能虚拟主播可以根据角色特点和情节要求,调整语音的音调和表达方式,使得配音更加贴近角色形象和剧情需求。例如,在音视频剪辑软件"剪映"中,用户只需输入文本并选择相应的角色配音模板,即可输出经典影视剧人物的配音,如《西游记》中的孙悟空和猪八戒。在广告、品牌宣传以及个性化内容创作中,AI 配音也能生成定制化的声音,增强品牌辨识度和传播效果。

### 2.提高配音效率和质量

在配音领域,人工智能虚拟主播的应用显著提升了配音工作的效率和质量。传统的配音过程需要依赖专业的配音演员进行录制,通常涉及多次尝试和调整,这消耗了大量时间和人力资源。相比之下,人工智能配音技术利用先进的语音合成和自然语言处理技术,能够迅速生成高质量的语音内容。通过深度学习算法,AI 可以准确模拟人类的语音特征、语调和情感表达,使得配音更加自然生动。例如,讯飞的语音合成技术已广泛应用于多部影视作品和动画片的配音制作中,不仅提高了制作效率,还保持了音质的一致性和专业水准。这种一致性不仅提升了听众和观众的听感体验,还增强了内容的专业性和品质感,特别是对于需要长时间连续播音的场景,如电视节目、广播节目或在线课程。

人工智能虚拟主播的语音合成过程完全自动化,无须人力干预,大大节省了配音制作的成本和时间。与传统的人类配音员相比,人工智能虚拟主播能够在更短的时间内完成大量的配音任务,并且保持一致的高质量水平。这种高效率的配音能力使得媒体和内容制作单位能够更快速地响应市场需求,快速生成所需的语音内容。

### 3. 多语言和跨文化配音

人工智能虚拟主播在配音领域的重要应用之一是多语言和跨文化配音。传统的多语言配音过程需要雇佣不同语言的配音演员,并为每种语言单独录制,成本高且耗时。相比之下,人工智能虚拟主播利用先进的语音合成算法和深度学习模型,能够精准捕捉不同语言的语音特点和文化背景,生成符合特定语言特征和文化背景的语音内容。例如,在英语配音中,人工智能虚拟主播能够根据英语的语法、发音规则和语调特征生成自然流畅的语音,使听众获得本地化的语音体验。对于中文及其他语种,人工智能虚拟主播同样能够根据具体语言特点进行调整,确保配音内容的准确性和地道性。这种技术的普及不仅提升了配音的效率,还增强了内容的本地化和个性化。

多语种支持使人工智能虚拟主播能够克服语言障碍,为全球观众提供内容。无论是电视节目、电影配音、广播节目还是在线教育视频,人工智能虚拟主播的多语种能力能够满足不同国家和地区观众的语言需求,推动内容的国际化传播和接受度。人工智能虚拟主播的多语种支持不仅限于语音生成,还包括文本到语音的自动翻译和配音功能。这种功能能够自动将一种语言的文本内容转换并合成为另一种语言的语音,显著提升了内容的生产效率和全球传播的便捷性。通过高效、准确地生成符合不同语言特点和文化背景的语音内容,人工智能虚拟主播不仅增强了内容的本地化和用户体验,还推动了全球化媒体内容的广泛传播和接受。可见,人工智能虚拟主播在配音领域的应用带来了诸多变革和创新,从高度逼真的语音合成、提高配音效率和质量到多语言和跨文化配音,AI配音技术不仅提升了配音工作的效率和效果,还开拓了新的应用场景和市场机会。

## （三）人工智能虚拟主播在文化娱乐领域的应用

### 1.多样化的内容创作

人工智能虚拟主播在文化娱乐领域的应用显著体现在内容创作的多样化方面。人工智能虚拟主播可以根据观众的兴趣和偏好,生成多种类型的娱乐内容,如虚拟综艺节目、脱口秀、音乐会以及电竞解说等。这种能力极大地丰富了娱乐内容的形式与类型,使得节目更加多样化和个性化。

在综艺节目中,人工智能虚拟主播能够模拟真人的表情、语调和情感,与虚拟或真实嘉宾进行互动,营造生动有趣的节目效果。这不仅增强了节目的互动性和娱乐性,还使节目内容能够灵活应对观众的实时反馈和情况变化。如湖南卫视推出人工智能虚拟主播"小漾"(见图3-3),担任《你好,星期六》的主持人,上海广播电视台人工智能虚拟主播"东方媛"亮相跨年晚会和春晚。人工智能虚拟主播可以在节目中进行即兴表演或与观众进行在线互动,使得观众有更强的参与感和代入感。在脱口秀节目中,人工智能虚拟主播通过深度学习和自然语言处理技术,能够模仿人类的幽默感和语言表达能力,针对时事和社会话题进行即时评论。这种能力使脱口秀节目更具趣味性和独特性,同时能够快速响应当前热点,吸引观众的注意力并提高节目的影响力。在音乐会中,人工智能虚拟主播可以根据活动需求,进行歌曲介绍、艺术家访谈或现场演出的解说。这种应用不仅增强了音乐表演中的信息传递和互动性,还提升了音乐会的整体氛围和观赏体验。例如,人工智能虚拟主播可以为观众提供关于表演曲目的背景信息或艺术家创作理念的讲解,使得观众在欣赏音乐的同时也能加深对作品的理解。在电竞解说领域,人工智能虚拟主播通过实时数据分析和语音合成技术,能够在电子竞技比赛中进行即时解说和评论。它们可以分析比赛进程、选手表现以及战术策略,为观众提供专业和深入的赛事解说。这不仅提升了电竞比赛的观赏性和理解度,还满足了广大电竞爱好者对比赛深度分析的需求。

综上所述,人工智能虚拟主播在文化娱乐领域的多样化内容创作应用,丰富了节目形式和类型,通过其高效、灵活和互动的特性,为观众带来了更加个性化和丰富的娱乐体验。

图3-3　湖南卫视人工智能虚拟主播"小漾"（中间）

### 2.个性化娱乐体验

人工智能虚拟主播通过提供个性化娱乐体验,显著提升了用户的参与度和满意度。人工智能虚拟主播依托大数据分析和机器学习算法,能够深入分析用户的观看历史、兴趣偏好以及行为模式,进而精准推荐和定制娱乐内容,提供独特的娱乐体验。

首先,人工智能虚拟主播能够通过分析用户的行为数据,精确把握其兴趣和爱好。例如,在虚拟音乐会中,人工智能虚拟主播可以根据用户以往的音乐偏好,自动调整演出的歌曲列表和音乐风格。这种个性化服务不仅能增强用户对节目的兴趣,还能提升用户的满意度,因为内容更加贴合用户的品位。这种基于数据驱动的定制化服务,使得人工智能虚拟主播能够迅速适应用户的需求变化,并在短时间内提供最合适的娱乐内容。其次,人工智能虚拟主播可以通过互动性增加用户的参与感。例如,人工智能虚拟主播能够实时响应用户的点歌请求或互动反馈,动态调整节目内容或表演方式。这种高度互动的体验不仅让用户觉得自己是节目的一部分,还增加了节目的吸引力和趣味性。通过这种实时反馈和动态调整,人工智能虚拟主播能够创造出更具沉浸感的娱乐体验,增强用户与平台的互动和黏性。此外,人工智能虚拟主播还能通过智能推荐系统提高个性化推荐的精准度。像抖音和快手等短视频平台,已经利用 AI 技术提供个性化视频推荐,而人工智能虚拟主播进一步提升了这一功能。它们不仅能根据用户的历史数据推荐合适的内容,还能通过分析用户的实时反馈,动态调整节目内容,确保娱乐体验始终与用户需求保持一致。

总的来说,人工智能虚拟主播的个性化娱乐体验应用,极大提升了用户的参与度和满意度。通过智能推荐和互动定制,人工智能虚拟主播为用户提供了更具个性化和动态化的娱乐体验,同时也为平台带来了更高的用户留存率和忠诚度。

### 3. 虚拟互动和参与

人工智能虚拟主播在文化娱乐领域的虚拟互动与参与功能上展现出强大的应用潜力,这一功能不仅改变了观众的观看体验,还推动了节目内容的创新与发展。在传统媒体中,观众通常是被动地接收节目内容,缺乏与节目互动的机会。而随着人工智能虚拟主播的出现,观众可以通过直播和社交媒体平台实现实时互动,从而更加积极地参与到节目中来。

人工智能虚拟主播通过各种互动方式显著增强了观众的参与感。例如,观众可以通过弹幕、评论或点赞,直接向人工智能虚拟主播提出问题、表达意见,甚至参与节目内容的决策过程。这种实时互动不仅拉近了观众与节目之间的距离,还使节目更具互动性和趣味性。观众在观看过程中能够感受到更深层次的参与和投入,从而提升了整体观看体验。人工智能虚拟主播能够根据观众的实时反馈,灵活调整节目的内容和进程,使得观众的意见得到及时反映和采纳。例如,在虚拟综艺节目中,观众的投票结果可以直接影响节目的走向,人工智能虚拟主播则迅速响应,调整节目的节奏和方向。这种实时调整不仅增加了节目的灵活性,还让观众感受到他们的参与真正影响了节目进展,进一步增强了互动效果和用户满意度。

人工智能虚拟主播的虚拟互动技术为文化娱乐节目的创新提供了新的动力。通过先进的 AI 技术,节目制作团队能够更灵活地设计和调整节目形式,开发出更加富有创意和前瞻性的节目内容。例如,人工智能虚拟主播可以模拟人类的表情和语言,与观众进行实时对话或互动,甚至结合虚拟现实

（VR）和增强现实（AR）技术，创造出高度沉浸式的互动体验。2021 年，江苏卫视推出的虚拟动漫形象舞台竞演节目《2060》就是一个典型例子（见图 3-4）。节目通过全息投影技术，将虚拟动漫人物栩栩如生地呈现在舞台上，与观众进行互动。这种技术运用不仅丰富了节目的现场表现力，还为观众带来了前所未有的视听震撼和参与感。从唱歌、跳舞到与观众的互动，人工智能虚拟主播在这一过程中展现了个性化与多样化的表演特质，打破了人们对虚拟人物的传统认知，开启了对虚拟现实世界更广阔想象空间的探索。

综上所述，人工智能虚拟主播在虚拟互动与参与方面的应用，不仅为观众带来了更丰富和深入的娱乐体验，还推动了文化娱乐节目的形式创新和内容发展。人工智能虚拟主播通过多样化的互动方式和灵活的内容调整，真正实现了观众与节目的互动共融，提升了整体娱乐体验的深度与质量。

图 3-4　虚拟动漫形象舞台竞演节目《2060》

### 4. 提高内容制作和发布效率

人工智能虚拟主播在文化娱乐领域的应用中，通过提高内容制作和发布效率，展示了其显著的优势。传统的节目制作流程通常需要大量的人力和时间投入，从剧本创作到后期制作，再到节目发布，每一步都需要精心的策划和协调。然而，人工智能虚拟主播凭借其先进的语音合成和图像处理技术，能够在短时间内完成高质量的内容制作和发布，大幅度提高了工作效率。

在内容创作方面,人工智能虚拟主播能够利用自然语言处理和深度学习算法,快速分析和处理大量数据,从而生成符合主题和风格的剧本和节目框架。这种技术尤其适用于需要频繁更新内容的综艺节目、脱口秀和音乐会等领域,确保节目内容始终保持新鲜和吸引力。在节目录制和后期制作过程中,人工智能虚拟主播的语音合成技术使得配音和解说工作变得更加高效。传统的配音工作通常需要演员长时间的录音和后续的剪辑调整,而人工智能虚拟主播则能够通过算法快速生成高质量的语音内容,减少了人力的依赖和时间的消耗。人工智能虚拟技术还能够在视频制作中自动优化音频和视频效果,提高整体视听质量,使得节目的制作过程更加顺畅和高效。此外,人工智能虚拟主播在内容发布的效率上也展现出极大的优势。通过自动化的发布系统,节目内容可以迅速在各大平台上线,达到全网覆盖和多渠道传播。这不仅大大提升了内容的传播速度,也增加了节目的曝光率和观众的参与度,使节目能够更快地触达目标受众,获取更广泛的关注和反馈。

### (四)人工智能虚拟主播在教育和服务领域的应用

#### 1.政务服务信息发布

人工智能虚拟主播在政务信息发布领域扮演着关键角色,极大地提升了信息传递的效率和覆盖范围。首先,人工智能虚拟主播具备全天候工作能力,不受时间限制,确保政府发布的重要政策、公告和通知能够及时准确地传达给公众。这种不间断的信息传播方式,特别在紧急情况或重要公告发布时,能够迅速覆盖到更广泛的受众,减少信息滞后的风险。其次,人工智能虚拟主播的多平台兼容性使得政务信息能够通过社交媒体快速扩散。通过集成社交媒体平台,人工智能虚拟主播不仅能够发布文本、语音和视频内容,还可以根据平台特点优化信息呈现方式,如通过短视频、实时直播等形式吸引更多用户关注。这种多样化的传播手段,极大地增强了信息的传播效果,特别是在年轻人群体中,社交媒体已成为他们获取信息的主要渠道之一。此外,人工智能虚拟主播还能够通过天气预警系统,提供详细的天气预报和极端天气警报,帮助公众及时了解天气变化,做好应对准备。这种即时的提醒和信息传递不仅提高了公共安全水平,也增强了公众的应急意识和自我保护能力。人工智能虚拟主播通过整合多媒体平台的优势,扩大了政务信息传播的覆盖面,优化了信息传达的速度和效果,增强了政府与公众之间的沟通和互动,推动了政务服务的现代化进程。

### 2. 教育节目的主持和讲解

人工智能虚拟主播在教育节目中担任主持和讲解的角色变得越来越重要。它们利用语音合成技术和自然语言处理能力,能够清晰而生动地解释复杂的学术概念和课程内容,如学术讲座和教学视频。人工智能虚拟主播还能承担重复性和标准化的教学任务,例如课文朗读、语法讲解和习题讲解等。此外,根据教学计划和进度,人工智能虚拟主播为教育节目提供多样的多媒体教学资源,如动画和模拟实验,并通过语音播报方式进行课程讲解,确保教学内容的统一和高效传达,帮助学生更好地理解和吸收知识。视觉化和交互性强的教学手段有效增强了学习过程的吸引力和效果。

在直播教育活动中,人工智能虚拟主播可以担任主持人或解说员的角色,为观众提供实时的教育内容和活动报道。利用先进的全息技术和增强现实技术,人工智能虚拟主播的形象可以被投射到现场,增强观众的参与感和互动体验。这些技术的应用不仅提升了教育节目的吸引力,还让观众以更加身临其境的方式参与到教育活动中。总体来看,人工智能虚拟主播在教育节目中的应用不仅丰富了教学内容和形式,还为学生和观众提供了更高效、更生动的学习和参与体验。

### 3. 增强互动和沉浸式学习体验

人工智能虚拟主播在教育领域的另一显著应用是增强学生的互动和沉浸式学习体验。通过虚拟现实(VR)和增强现实(AR)技术,人工智能虚拟主播能够创造出身临其境的学习环境,使学生能够更加直观和深入地理解和掌握知识。例如,在历史课堂上,人工智能虚拟主播可以带领学生"穿越"到古代场景中,进行虚拟参观和互动,从而增强学习的趣味性和记忆效果。这种技术不仅使教育内容更具吸引力,还能够激发学生的兴趣,增强他们的参与感和学习动力。人工智能虚拟主播还能通过实时互动和情感识别技术,与学生进行更加自然和情感化的交流。这种交流方式有助于建立师生之间更紧密的联系,促进更有效的学习体验。可见,人工智能虚拟主播通过虚拟现实和增强现实技术,以及实时互动和情感识别技术的应用,显著增强了学生的互动性和沉浸式学习体验,为教育领域带来了革命性的变革和创新。

# 二、人工智能虚拟主播带来的影响

## (一)人工智能虚拟主播对社会文化的影响

首先,增强人机互动。人工智能虚拟主播具备自然语言处理和生成能力,能够与观众进行互动,提供即时的回应和信息,从而增强了人机互动的深度和广度。人工智能虚拟主播通过语音识别和自然语言处理技术与观众进行对话,回答观众的问题,甚至根据观众的反馈调整内容,使得信息传播更加生动有趣,观众的参与度和投入感得到提高。例如,2024 年 6 月,京东的创始人刘强东以 AI 数字人"采销东哥"的身份亮相京东 App 直播,成为人工智能虚拟主播在商业营销中的一个显著案例。这一 AI 数字人以刘强东为原型,通过语音合成技术和自然语言处理,高度还原他的语音特征和语调。同时,采用先进的全息和增强现实技术,使虚拟形象生动地出现在京东家电家居、超市采销的直播间,极大地增强了观众的参与感和互动体验。在不到 1 小时的时间里,直播间观看量超过 2000 万人次,整场直播累计成交额达到 5000 万元,其中京东超市采销直播间更是创造了观看人数的历史新高。① 这一成功案例充分展示了人工智能虚拟主播在提升人机互动体验、推动营销效果方面的巨大潜力。人工智能虚拟主播不仅仅是技术上的突破,更深刻地影响了用户体验和市场营销策略。通过增强的互动性和参与感,观众在直播过程中可以更深入地了解产品特性和品牌文化,这对于提升消费者的购买决策具有重要意义。

其次,促进文化传播与保护。人工智能虚拟主播可以用于传播和保护文化遗产,通过虚拟形象和声音生动地讲述历史故事、展示文化艺术,吸引

---

① 董二千.“东哥 AI 分身”启示录:人工智能重塑零售的开始[EB/OL].(2024-06-19)[2024-08-04].http://www.citnews.com.cn/news/202406/181059.html? open_source =weibo_search.

更多人了解和关注传统文化。人工智能虚拟主播能够使用多种语言和方言,生动再现文化故事和历史事件,帮助保护和传播濒危语言和文化习俗。通过数字化手段,人工智能虚拟主播可以将传统文化内容保存和展示给全球观众,扩大文化影响力。如浙江卫视推出的人工智能虚拟主播"谷小雨"(见图3-5),专注于宋韵文化的推广。"谷小雨"生动讲解了南宋德寿宫遗址博物馆的历史背景、诗词古文的优美意境以及茶道文化的传统魅力。通过结合文化与科技,"谷小雨"为观众提供了沉浸式的宋韵文化体验,不仅成功再现了宋代文化的独特魅力,还将这些传统文化以现代技术呈现给观众,吸引了大量观众的关注和喜爱。

图3-5　浙江卫视人工智能虚拟主播"谷小雨"

再次,推动世界文化融合。人工智能虚拟主播可以使用多种语言和方言,帮助不同文化背景的观众更好地理解和接触全球范围内的新闻和信息,促进跨文化交流和理解。人工智能虚拟主播能够定制不同语言版本的新闻和娱乐内容,满足全球观众的需求,通过多语言播报减少语言障碍,促进不同文化之间的交流和理解。例如,英国广播公司(BBC)推出的人工智能虚拟主播可以用多种语言播报新闻,涵盖英语、西班牙语、法语等多种语言,使得来自不同语言背景的观众都能够获取同样的新闻信息,推动了跨文化的交流和理解,同时通过讲述全球各地的文化故事和新闻事件,帮助观众了解不同的文化背景和社会现象。

最后,形成新的文化现象。人工智能虚拟主播本身作为一种新兴文化现象,逐渐被大众接受和喜爱,可能会形成独特的粉丝文化和社区,进一步影响社会文化的发展和变迁。人工智能虚拟主播的虚拟形象和个性化特质吸引了大量观众,形成了独特的粉丝群体和文化现象,人工智能虚拟主播的社交媒体互动和跨平台传播能力增强了其文化影响力,吸引了不同年龄层和兴趣群体的关注。例如,2022年3D人工智能虚拟主播"狐璃璃"在快手平台迅速走红,她以独特的国风奇幻形象和强大的互动能力深受年轻观众喜爱,"狐璃璃"不仅吸引了大量年轻粉丝的喜爱和追捧,更在快手平台上创造了强大的影响力和互动效果。仅在短短40天内就吸引了近120万粉丝,通过42场直播和40条短视频,"狐璃璃"展现了其深入人心的魅力,日最高在线人数超过16万,累计点赞超过1750万,短视频总播放量超过1亿,总互动数超250万①,这些数据清晰地反映了人工智能虚拟主播在当今媒体和社交平台上的巨大影响力。"狐璃璃"的成功不仅是技术创新的体现,更是数字文化融合的典范。人工智能虚拟主播"狐璃璃"通过其独特的文化形象和技术创新,成了新时代的文化现象,引领了未来数字媒体和虚拟人物的发展方向。因此,人工智能虚拟主播对社会文化的影响是多方面的,从增强人机互动、促进文化传播与保护、推动文化融合到形成新的文化现象,人工智能虚拟主播正在深刻改变社会文化的各个方面。人工智能虚拟主播不仅提高了信息传播的互动性和生动性,还为文化的传承和交流提供了新的途径,形成了独特的文化现象。

**(二)人工智能虚拟主播对用户行为的影响**

人工智能虚拟主播的出现不仅改变了传统的新闻和娱乐传播方式,还对用户的行为产生了深远的影响。以下从三个方面详细论述人工智能虚拟主播对用户行为的影响。

**1.用户参与度和互动行为**

人工智能虚拟主播显著增强了用户的参与度和互动行为,主要通过个

---

① 央广网.快手公布V-Star虚拟人扶持计划 3D虚拟主播狐璃璃40天粉丝破百万[EB/OL].(2022-08-18)[2024-08-04].https://baijiahao.baidu.com/s? id=1741465511418229085&wfr=spider&for=pc.

性化推荐、实时互动以及游戏化元素的应用。个性化推荐是其增强用户参与感的关键。人工智能虚拟主播通过大数据和机器学习算法分析用户的观看历史、兴趣偏好和行为模式，从而精准推送符合用户口味的内容。这种推送方式不仅能够有效吸引用户的注意力，还能大大增加他们的观看时长，因而用户更倾向于长时间消费与自身兴趣相关的内容。例如，短视频平台上的人工智能虚拟主播能够根据用户的偏好推荐视频内容，用户因此更加频繁地互动，点赞、评论和分享行为也随之增加。这种高度精准的内容匹配提升了用户的参与感，使他们更愿意与人工智能虚拟主播进行互动，从而带动整体平台的活跃度。

**2. 消费行为和购买决策**

人工智能虚拟主播在影响用户消费行为和购买决策方面展现了强大的潜力，尤其是在电商直播和定制化广告领域。人工智能虚拟主播能够通过情感化表达和个性化推荐，增强用户对品牌和产品的信任度，进而影响其购买决策。通过分析用户的消费历史和偏好，人工智能虚拟主播可以在合适的时机推荐相关产品，并通过互动式广告提高用户的购买意愿。例如，在购物直播中，人工智能虚拟主播不仅能实时解答用户的疑问，还能够根据用户的反馈调整产品展示和推荐策略。这种方式不仅提升了用户的购买体验，也极大地提高了转化率。此外，人工智能虚拟主播能够通过个性化广告增加用户对品牌的认同感，进而促使用户在电商平台上进行更多的消费。

**3. 信息接收与认知行为**

人工智能虚拟主播在新闻、教育和政务信息传播中发挥了重要作用，对用户的信息接收方式和认知行为产生了深远影响。人工智能虚拟主播通过自然语言处理和情感分析技术，可以将复杂的信息以更加生动和易于理解的方式传递给用户，从而增强信息传播的精准性和情感传递效果。特别是在新闻报道中，人工智能虚拟主播能够快速分析和整理大量信息，实时播报热点事件，并通过情感化的表达方式增强用户对新闻内容的理解和记忆。此外，在教育领域，人工智能虚拟主播可以根据学生的学习进度和理解水平，动态调整授课内容和方式，从而提高教学效果和学生的学习兴趣。政务信息发布中，人工智能虚拟主播能够通过多媒体平台广泛传播政府信息,提高信息的覆盖面和公众的认知深度,进一步增强政府与公众的沟通效率。

### (三)人工智能虚拟主播对就业市场的影响

首先,传统主播岗位减少。人工智能虚拟主播的引入在新闻和娱乐领域导致了传统主播岗位的减少,人工智能虚拟主播能够进行 24 小时不间断的新闻播报和节目主持,取代了部分人类主播的工作。由于人工智能虚拟主播无须休息,且能够迅速更新和播报最新内容,这种高效性和低成本使得许多媒体机构选择采用人工智能虚拟主播,从而减少了对人类主播的需求。许多电视台和网络媒体已经开始逐步减少人类主播的数量,转而使用人工智能虚拟主播进行一些常规和重复性的播报任务,这一趋势显然对传统主播的就业产生了直接影响,导致了该岗位的缩减。

其次,新技术岗位的增加。尽管人工智能虚拟主播减少了传统主播岗位,但也催生了许多新技术岗位的增加,例如,AI 开发工程师、数据分析师和内容策划师等。为了开发、维护和优化人工智能虚拟主播,媒体机构需要大量的技术人员进行支持,包括编程、机器学习模型的训练和调试等工作。此外,为了确保人工智能虚拟主播能够提供高质量和多样化的内容,还需要专业的内容策划人员来设计和编辑播报材料。这些新兴岗位的出现为技术人才提供了新的就业机会,推动了相关行业的发展和技术进步。

再次,媒体培训和教育的转型。人工智能虚拟主播的普及促使媒体行业的培训和教育模式发生转型,传统的播音主持培训课程正在向多元化、技术化方向发展,增加了对 AI 技术和数据处理能力的培训内容。媒体院校开始引入 AI 技术课程,培养学生掌握相关技能,以适应未来传媒行业的发展需求。此外,媒体从业人员也需要不断学习和提升自身的技术能力,以便能够在与人工智能虚拟主播共存的环境中找到新的职业发展路径。这种培训和教育模式的转型不仅提升了从业人员的综合素质,也推动了媒体行业整体素质的提高。

最后,媒体行业的创业机会。人工智能虚拟主播的应用为媒体行业带来了新的创业机会,个人和小型团队可以利用 AI 技术创建自己的媒体平台或内容品牌,降低了进入传媒行业的门槛。人工智能虚拟主播技术的普及使得小型媒体公司和个人创作者能够以较低的成本制作和发布高质量的内容，吸引了大量观众和广告商。这种创业模式的兴起不仅激发了媒体内容的多样化和创新性，也创造了大量的新型就业岗位，如内容创作者、人工智能虚拟主播定制服务提供商等，为媒体行业注入了新的活力和动力。

因此，人工智能虚拟主播对就业市场的影响是多方面的，既有传统主播岗位的减少，也有新技术岗位的增加和媒体培训教育的转型，以及带来的新的创业机会。人工智能虚拟主播的引入虽然对部分传统岗位造成了冲击，但同时也催生了大量的新兴岗位和创业机会，为媒体行业注入了新的活力和发展动力。

# 第四节　人工智能虚拟主播面临的挑战

## 一、人工智能虚拟主播技术受限

在人工智能虚拟主播技术的发展过程中，尽管取得了显著进展，但仍然面临多重技术挑战，限制了其在实际应用中的全面推广和优化。以下从逼真度和表现力、实时互动和响应能力、语音合成技术三个方面进行详细分析。

### （一）逼真度和表现力的欠缺

人工智能虚拟主播在逼真度和表现力方面仍未完全达到与人类相媲美的水平。尽管现代图像渲染、动画技术和动作捕捉已经取得了显著进步，人工智能虚拟主播在模拟人类复杂表情和自然肢体动作方面依然面临诸多挑战。例如，人工智能虚拟主播可以实现诸如微笑、眨眼等基本动作，但在细腻的面部表情变化和自然流畅的身体语言上，仍显得生硬和机械，尤其是在情感浓厚的互动场景中。这种局限性使得人工智能虚拟主播在传递复杂情感（如悲伤、喜悦、惊讶等）时，表现较为僵硬，难以达到人类主播在情感表达上的丰富性和细腻度。人工智能虚拟主播由于无法完美模拟这些复杂的情感层次,往往使其表现显得不自然。这种情感表达的缺失不仅会降低观众的沉浸感,也会影响整体互动体验的质量。

### (二)实时互动和响应能力的技术瓶颈

人工智能虚拟主播在实时互动和响应能力方面面临着诸多技术瓶颈。这一领域虽然得益于语音识别和自然语言处理技术的快速发展,但在处理复杂对话场景和情感表达方面仍存在显著的局限性。人工智能虚拟主播不仅需要准确地识别用户的语音指令,还需理解语境、语义含义以及用户的情感状态,以实现更自然的互动体验。例如,在一些直播节目中,人工智能虚拟主播往往难以精准捕捉语音中的情感变化,特别是在观众语速较快或语音情感波动较大的情况下。由于对情感识别的不足,人工智能虚拟主播可能会出现响应不及时、反馈僵硬或回应不恰当等问题。这些技术限制可能削弱与观众之间的互动深度,降低其参与感。此外,人工智能虚拟主播在面对具有文化差异或复杂语义的对话时,通常难以在瞬间做出准确且富有情感的回应。例如,观众可能通过幽默、讽刺或隐喻表达某种情感,而人工智能虚拟主播可能无法理解这些语言背后的情感或含义,导致互动效果不理想。要实现更加自然和富有情感的实时互动,人工智能虚拟主播需要进一步突破语义理解、情感识别以及即时响应等技术难题。

### (三)语音合成技术的自然性和流畅度挑战

语音合成技术的自然性与流畅度仍然受到技术局限的影响,尤其是在模拟人类的语调变化、语速控制和情感表达方面。尽管当前的语音合成系统能够生成相对流畅的语音输出,但要达到真正逼真、具有情感和说服力的表达还有很长的路要走。例如,在长时间的演讲、解说或新闻播报中,如果语音合成系统无法灵活地传递出适当的情感层次与语气变化,观众可能会觉得语音过于单调,缺乏吸引力,从而导致难以产生情感共鸣或认同感。当人工智能虚拟主播进行较为复杂的新闻解读或情感浓厚的演讲时,如果语音合成未能准确反映语句中的情感起伏,如急促的语速表示紧迫感、缓慢的语调表示庄重感,观众可能会感觉语音平淡乏味,缺少互动的活力。人类语言的自然表达包含着丰富的情感、节奏、停顿和语调的变化,而目前的语音合成技术在这些方面仍显不足,尤其是在处理长篇内容或面对不同情感场景时,常常表现出机械化和缺乏灵魂的特质。这些局限不仅影响了人工智能虚拟主播的表现力,也限制了与观众建立深度情感连接的可能性。

## 二、人工智能虚拟主播内容创作中存在的短板

### (一)创新性内容的缺失

人工智能虚拟主播在内容创作的创意性方面表现出明显的局限性。尽管其基于算法和数据驱动,能够生成大量的新闻稿件或内容,但这些内容往往缺乏原创性和创新性。人工智能虚拟主播主要依赖于预设的模板、数据和既定的模式来生成信息,这使得其输出内容趋向于标准化、格式化,难以展现个性化和独特的创意。创意不仅仅是信息的组合或传递,它还涉及深度的思考、文化的敏感性以及对观众心理的把握。人类创作者能够凭借经验、情感和对环境的敏锐洞察,进行突破性的创作,而人工智能在这一方面尚无法与人类媲美。例如,在面对新兴社会现象或复杂文化议题时,人工智能虚拟主播难以提出新颖独到的见解,只能依靠已有的材料进行机械化输出,创意表达能力有限。这种创意匮乏会削弱内容的吸引力和用户的持续关注度。

### (二)内容多样性受限

人工智能虚拟主播的内容生成通常依赖于训练数据和编程设定,这导致其在内容的多样性方面存在较大限制。虽然人工智能可以处理大量信息,但当它面临跨领域的内容需求或需要结合多种信息来源时,往往显得力不从心。其生成的内容通常围绕较为有限的话题范围展开,缺乏多样化的叙事角度和风格变化。内容多样性还包括语言风格的多变性和主题覆盖的广泛性。人工智能虚拟主播通常基于特定语料库训练,其表达方式较为单一,难以适应不同受众对内容风格的需求。例如,新闻报道中的严肃性和娱乐节目中的轻松幽默需要不同的语言风格和表达方式,而人工智能虚拟主播在这方面的适应能力不足,导致内容的丰富性受限。此外,当涉及跨文化、跨语言的内容时,人工智能难以充分理解不同文化背景下的细微差异,从而生成具有文化敏感度和包容性的内容。

### （三）对复杂话题的深度理解能力不足

人工智能虚拟主播在面对复杂话题，尤其是涉及社会、政治、经济等需要深入分析和多角度思考的问题时，常常表现出理解能力的不足。尽管人工智能能够处理大量数据并生成信息摘要，但对于需要复杂逻辑推理、背景知识整合或情感分析的内容，人工智能虚拟主播往往缺乏深度。它依赖于算法和数据，但算法难以模拟人类的经验和深层次的认知能力，这在处理多维度、非线性的话题时，显得尤为明显。例如，人工智能虚拟主播在报道复杂的国际政治或经济事件时，可能无法全面理解事件背后的历史背景、社会影响和情感因素，从而使报道缺乏深度和洞见。其分析往往流于表面，无法针对问题提供深入的见解和有价值的分析。这使得人工智能虚拟主播在面对高要求的新闻创作时，难以满足观众对内容质量和深度的期望。

总之，人工智能虚拟主播在内容创作方面存在创意不足、内容多样性受限以及复杂话题深度理解能力不足的短板。要提升其内容创作水平，需在技术上进一步突破，如增强其学习能力、提升跨领域理解能力，并赋予其更多的创意生成和情感分析能力。

## 三、人工智能虚拟主播面临伦理和社会问题

### （一）对真人主播的威胁

人工智能虚拟主播对真人主播构成的威胁显而易见，主要体现在以下三个方面。

首先，竞争压力的增加是显著的。人工智能虚拟主播不受时间和工作量的限制，能够实现 24 小时不间断的播报，而真人主播则面对长时间的工作需求和生理心理疲劳，这在一定程度上限制了他们的表现和节目的连续性。人工智能虚拟主播通过先进的技术支持，保证了播报的准确性和连贯性，这削弱了真人主播在播报质量方面的优势。人工智能虚拟主播的出现可能对传统的媒体从业者和相关行业产生影响。例如，真人主播、编剧、摄影师等职业都将面临被技术替代的风险，这涉及职业伦理、工作就业市场的变化以及职业生存空间的挑战。如何在技术进步的同时保障职业伦理和社会公平，是一个需要深思熟虑的伦理议题。

其次,人工智能虚拟主播的出现挑战了真人主播在传统媒体领域的生存空间。特别是在电视和广播行业,长期依赖真人主播的个性魅力和专业能力来吸引观众和维持节目的收视率。然而,随着人工智能虚拟主播的普及,观众可能更倾向于接受技术先进、内容准确的人工智能虚拟主播,这直接影响了真人主播的职业生存空间和市场竞争力。

最后,人工智能虚拟主播的运营成本相对较低,一旦技术和内容稳定,其产出效率可能远高于真人主播。这种经济效益的差异也使媒体更倾向于投资和支持人工智能虚拟主播,从而加剧了真人主播在经济上的不利局面。

因此,人工智能虚拟主播对真人主播的威胁不仅体现在技术能力的竞争上,还涉及市场竞争、职业生存和经济效益等多个层面的影响。

### (二)算法黑箱和价值偏见问题

人工智能虚拟主播作为信息传递的新兴媒介,其背后的算法黑箱和可能存在的价值偏见问题,对社会、文化和媒体领域都具有深远的影响。

首先,人工智能虚拟主播的内容和言论受到算法系统的直接影响。这些算法通过大数据分析和机器学习技术生成内容和决策,然而在设计和优化算法时,技术人员可能会受到个人偏见或主观意识的影响。语音合成技术的选择和情感识别标准的设定,往往反映了个人文化、社会和伦理背景,这些因素潜移默化地融入算法的决策过程中。例如,某些人工智能虚拟主播可能被编程或调整来强调某种观点,推广特定产品或服务,影响公众对特定议题的态度。因此,人工智能虚拟主播在情感表达和内容传播中可能呈现出偏向性或片面性,损害公众对信息真实性和客观性的信任。

其次,人工智能虚拟主播的商业利益和运营模式也可能影响其内容和言论的方向。不同于真人主播,人工智能虚拟主播的运营通常由商业利益驱动。例如,某些人工智能虚拟主播可能因赞助或广告合作而偏向传播特定品牌或产品的信息,而这些内容可能未必完全符合公众的信息需求或利益。这种商业利益导向的内容传播可能削弱人工智能虚拟主播在信息传递中的中立性和客观性,进而引发公众对其观点和信息真实性的质疑。

最后,人工智能虚拟主播可能受到资本、媒体和技术力量的多重影响,导致信息传播出现一定的偏向性或片面性,从而对舆论引导和社会观念产生深远影响。这些人工智能虚拟主播可能被用于传播谣言或错误观点,甚至可能加剧社会信息的不平衡与舆论的分裂,进而对社会的稳定与共识构成潜在挑战。

综上所述,人工智能虚拟主播背后的算法黑箱和可能存在的价值偏见问题,对社会和媒体环境都带来了诸多挑战和影响。为了维护信息传递的客观性和公正性,需要加强对人工智能虚拟主播内容生成算法的透明度和监管,确保其服务于广大公众的信息需求和利益。

### (三)文化认同和社会影响

人工智能虚拟主播的兴起在文化认同和社会影响方面引发了一系列伦理和社会问题,这些问题涉及如何平衡技术进步与社会价值观之间的关系,以及人工智能虚拟主播对文化认同和社会互动方式的影响。

人工智能虚拟主播的设计和形象呈现往往受到制作者和技术团队的控制。人工智能虚拟主播的外貌、语言风格以及表达方式,可能会强化或削弱特定文化认同。例如,人工智能虚拟主播的外观可能更容易被设计成特定种族或文化的代表,这可能在全球范围内引发文化认同上的争议和不同意见。制作者如何在设计人工智能虚拟主播时平衡不同文化群体的利益和关注点,避免刻板印象和文化歧视的风险,是面临的重要的伦理问题。

人工智能虚拟主播作为媒介,具有广泛的社会影响力。人工智能虚拟主播通过其在媒体和社交平台上的存在,可能模糊了虚拟和现实之间的界限,从而影响到年轻一代对社会和文化认同的理解。例如,一些人工智能虚拟主播通过其特定的形象和言论风格,成为某些群体认同感的象征或者对抗文化主流的表达方式。这种现象不仅加强了人工智能虚拟主播在文化认同塑造中的角色,也挑战了传统媒体对文化表达的控制和定义。

# 第五节　人工智能虚拟主播与传统主播融合发展的趋势

随着科技的迅猛发展和人工智能技术的不断成熟,人工智能虚拟主播作为一种新兴的媒体形式正逐渐崭露头角。然而,传统主播凭借其丰富的传播经验和专业素养,仍然在媒体行业中占据着重要地位。在这样的背景下,人工智能虚拟主播与传统主播的融合发展成为媒体行业的一大趋势。这一趋势不仅推动了节目形式和制作技术的创新,还为观众提供了更为丰富多样的内容体验,具有深远的影响和意义。

## 一、促进技术创新,提升技术水平

引入人工智能虚拟主播技术不仅是媒体领域的一次技术升级,更是推动整体媒体制作水平提升的重要举措。传统主播凭借丰富的传播经验和深厚的行业背景,能够与人工智能虚拟主播依托的先进人工智能和虚拟现实技术相结合,共同探索新媒体时代的多种可能性。通过借助人工智能虚拟主播的技术优势,如人工智能语音合成和面部表情合成,传统主播能够显著提升节目的视听效果和互动体验。技术创新的合作使得双方可以共同开发更具创意和趣味性的节目形式,例如人工智能虚拟主播与传统主播的互动访谈或虚拟现实场景的模拟报道,从而拓展传统节目制作的边界,满足现代观众对多样化内容的需求。

共同提升技术水平是实现二者融合发展的关键步骤。传统主播通过与技术团队的紧密合作,可以学习并应用最新的媒体技术和工具,提升自身的数字素养和技术能力。同时,人工智能虚拟主播也需借鉴传统主播的专业传播技巧和情感表达能力,以使虚拟形象更具人性化和亲和力。通过培训和技术支持,传统主播可以掌握人工智能虚拟主播的操作和内容生成技能,形成技术水平的互补与提升,从而共同推动媒体行业的发展。

建立开放的合作平台和技术生态系统是促进人工智能虚拟主播与传统主播融合的有效途径。通过共享技术平台和资源池,传统主播和人工智能虚拟主播能够共享技术创新成果和最佳实践,促进行业内部的技术交流与合作。这种开放的合作模式不仅能加速技术的迭代和应用,还能有效降低制作成本,提高内容的创新性和质量。例如,通过共同开发的技术平台,传统主播可以更加便捷地接入人工智能虚拟主播的技术支持,实现节目制作的智能化与定制化,从而为观众提供更加个性化和精准的内容体验。

综上所述,促进技术创新、共同提升技术水平以及建立开放的合作平台是实现人工智能虚拟主播与传统主播融合发展的关键策略。通过这些措施,二者可以实现更紧密的合作与融合,共同塑造媒体行业的未来发展方向。

## 二、打破技术壁垒,实现人机协同

在人工智能虚拟主播与传统主播融合发展的过程中,打破技术壁垒、实现人机协同是关键的推动因素。这不仅是技术层面的结合,更是一种在数字化媒体环境下的新型合作模式,具有深远的影响。

首先,人工智能虚拟主播技术的进步为传统主播带来了新的创作和表现空间。借助虚拟现实(VR)和增强现实(AR)技术,传统主播能够制作出更丰富、更具创意的节目形式。这种技术支持使得传统主播可以在信息收集和分析上更加高效和精准,通过人工智能虚拟主播的辅助,获得更详尽的观众数据和反馈,从而优化节目内容,实现更具个性化的推荐,增强节目的吸引力和互动性。其次,人机协同使得传统主播在信息传递和表达方式上具有更大的灵活性和多样性。人工智能虚拟主播可以承担重复性高、技术性强或需要大量数据处理的工作,减轻传统主播的工作负担,使其能够专注于创意和内容的深度开发。这种分工协作不仅提高了节目制作的效率,还为节目表现形式带来了新的突破和创新,使节目更具观赏性和趣味性。此外,人机协同为传统主播带来了新的市场竞争优势。随着人工智能虚拟主播技术的普及,观众对技术先进、内容丰富的节目需求日益增长,这为传统主播提供了数字化转型的契机。通过与人工智能虚拟主播的合作,传统主播可以打造独特的传播风格和品牌形象,从而在竞争激烈的市场中脱颖而出,提升自身的吸引力和影响力。

综上所述,人工智能虚拟主播与传统主播的融合不仅是技术结合,更是一种新的合作模式和市场战略。通过打破技术壁垒,实现人机协同,双方在创作方式、节目效果和市场影响力等方面实现互补和共赢,推动整个媒体行业向更加创新和多元化的方向发展。

## 三、重视媒介伦理,避免技术滥用

在人工智能虚拟主播作为新兴媒体形式崛起的过程中,技术的应用必须严格遵循媒介伦理的准则。人工智能虚拟主播的内容制作和传播不仅应以吸引观众或追求商业利益为目的,更应考虑社会价值和伦理标准。在技术赋予人工智能虚拟主播强大传播能力的同时,也需要确保其遵循公正、透明、负责任的原则,避免利用技术优势传播虚假信息或误导性观点。

传统主播在与人工智能虚拟主播的融合中,凭借其深厚的专业素养和道德标准,可以有效引导人工智能虚拟主播在内容创作时注重事实的准确性、信息的客观性以及对社会的正面影响。例如,传统主播可以通过引导和监督,帮助人工智能虚拟主播避免因技术操作而误导观众,防止传播不实信息或制造社会恐慌,从而确保内容具备道德性和社会责任感。此外,人工智能虚拟主播的崛起不仅代表技术的进步,更需要与传统主播合作,共同探索新技术在媒体传播中的应用潜力。传统主播可以借助虚拟现实(VR)、增强现实(AR)等先进技术,与人工智能虚拟主播共同提升节目的互动性和视听效果,增强用户体验和参与感。通过结合人工智能虚拟主播的人工智能技术和传统主播的表达能力,媒体行业可以创造出更具创意和感染力的节目形式,实现在技术与内容上的双赢。

在人工智能虚拟主播与传统主播融合发展的过程中,重视传播社会正能量和文化认同尤为重要。传统主播可以利用其公信力,与人工智能虚拟主播一道承担起传播社会价值观和文化认同的使命,引导观众形成正确的价值取向。例如,通过联合制作富有教育意义和文化价值的节目,人工智能虚拟主播和传统主播能够共同推动社会进步和文化传承,实现在媒体传播中的深度融合和价值共享。同时,人工智能虚拟主播作为信息传递和社会交流的重要媒介,还应进一步强化人机对话能力和情感表达技术,以更好地与观众建立情感连接,提升用户体验和互动感。

## 四、完善法律法规,加大监管力度

随着人工智能虚拟主播技术的迅猛发展,建立健全的法律框架和加强监管措施成为保障其健康发展的重要任务。人工智能虚拟主播与传统主播的融合,带来了新的法律和伦理挑战,因此需要制定专门针对人工智能虚拟主播的法规,以应对这一新兴媒体形式的独特需求。

当前的法律法规可能未能充分覆盖人工智能虚拟主播所涉及的各类问题。人工智能虚拟主播的内容表达、知识产权以及隐私保护等方面均需明确法律责任和义务。例如,人工智能虚拟主播在内容创作和传播过程中,如何确保信息的真实性和准确性,如何处理虚拟形象的版权问题,以及如何保护观众的个人隐私,都是需要通过法律来加以规范的问题。立法者和监管机构应加快制定相关法规,为人工智能虚拟主播的合法运营提供明确的法律依据,同时保护社会公众的权益。

监管力度的加大也是确保人工智能虚拟主播与传统主播融合发展的关键。监管机构需要加强对人工智能虚拟主播平台及其内容的监测和审查,确保其遵循法律法规和伦理标准。有效的监管体系能够防止人工智能虚拟主播传播虚假信息、违规内容等问题,从而维护市场秩序和社会稳定。监管部门还应推动行业自律,制定行业准则和规范,促进行业的良性竞争和健康发展。此外,提高公众对人工智能虚拟主播的认知和理解也是优化融合发展的重要策略。通过提升公众对人工智能虚拟主播技术和应用的理解,增强对人工智能虚拟主播内容的辨识能力和消费意识,可以有效减少可能带来的不良社会影响。定期开展专业培训和教育活动,帮助传统主播和相关从业者适应技术发展和市场变化,提升其专业素养和竞争力,与人工智能虚拟主播实现良性互动和共生发展。

总之,完善法律规制和加大监管力度对于人工智能虚拟主播与传统主播的融合发展至关重要。只有通过建立健全的法律框架和实施有效的监管措施,才能确保人工智能虚拟主播和传统主播在技术应用、内容创新和社会影响方面协调发展,为媒体行业的未来提供稳定、可持续的发展环境。人工智能虚拟主播与传统主播的融合不仅推动了技术创新和效率提升,也需要关注媒介伦理和法律监管,以实现技术应用的健康发展和社会效益的最大化。

# 第四章

# 人工智能与影视业

## 第一节　人工智能在影视业中的具体应用

人工智能技术在影视业中的应用已经逐步深入到创作、制作、后期处理以及内容推广等多个关键方面，彻底颠覆和改变了传统的影视制作模式。通过自然语言处理和深度学习技术，人工智能可以分析海量数据，快速生成剧本和角色对话，为编剧和创作团队提供灵感和参考，从而大大缩短创作周期。在制作环节，智能剪辑工具和特效生成技术能够自动识别关键场景，进行智能剪辑和视觉效果生成，有效提升了制作效率与影片质量。在内容推广方面，基于用户数据分析的个性化推荐系统帮助影片精准触达目标观众群体，增强了影片的市场竞争力与观众满意度。人工智能技术的广泛应用不仅推动了影视产业向智能化、高效化方向发展，也为创作和市场营销注入了新的活力与无限可能。

### 一、人工智能丰富影视制作

人工智能技术正在深刻改变影视制作的各个环节，赋能创作团队，实现更加高效的生产流程。通过人工智能，影视制作能够在剧本创作、图像处理、音乐制作和剪辑等方面辅助甚至部分取代人类工作，提升制作效率与作品质量。

### （一）人工智能与影视剧本创作

剧本创作是影视作品创作的核心环节之一，传统上由编剧团队完成。人工智能的应用为影视剧本创作带来了诸多新的可能性。人工智能能够迅速生成结构完整、因果关系清晰的剧本作品，并且在短时间内创作出大量剧本。通过分析海量的影视剧本和观众反馈数据，人工智能能够学习不同类型和风格的剧本结构，进而生成新的故事情节和对话。此外，人工智能还可以用于剧本的分析与拆解。将剧本内容导入人工智能系统后，通过自然语言处理技术，系统可以自动提取角色、场景、道具、镜头拍摄时长及预算等信息，生成场景表，从而大大节省了剧本分析和拆解的时间，提高了工作效率。

2024 年 3 月 22 日《中国神话》系列微短剧上线（见图 4-1），这部作品由央视频、中央广播电视总台人工智能工作室与清华大学元宇宙文化实验室联合推出，采用了先进的 AI 技术，包括"文生剧本""文生图""文生视频""图生视频""文生音频"等功能。通过智能应用对大量的中国古代神话资料进行智能检索和关联分析，创作团队快速梳理出角色谱系、情节脉络等关键信息。基于这些数据，人工智能生成了数十个故事候选方案，为每集的故事框架提供了多样性和创新性的选择。在剧本创作阶段，AI 技术可以将创作者的创意描述快速转化为剧本草案，并根据角色设定、情节发展等要素，自动生成详细的分集故事框架。这一过程不仅大幅缩短了前期策划的时间，而且显著减少了人力资源的投入，相较于传统的策划方式，节省了约70%的工作量。总体而言，通过人工智能在剧本创作中的应用，《中国神话》不仅实现了高效率的创作过程，还为创作者提供了丰富的创作灵感和多样化的故事选择，成功地将古代神话与现代视听表达相结合，为观众呈现了一部富有创意和文化深度的影视作品。

图4-1  AI微短剧《中国神话》

## （二）人工智能与影视图像处理

人工智能技术在影视图像处理中的应用极大地提升了图像处理的效率和质量。从自动化图像增强、面部识别与特效化妆，到场景生成、环境建模、视频编辑、深度伪造、虚拟角色创建，以及动作捕捉与动画生成，人工智能正为影视制作带来革命性变革。随着技术的持续发展，人工智能在这一领域的应用前景愈加广阔，为观众带来更加震撼的视觉体验。

首先，人工智能技术能够自动完成图像增强，包括提升图像分辨率、颜色校正和噪声去除等功能。这些技术不仅可以使旧的或低质量的图像焕发新生，还能大幅度提升视觉效果。例如，爱奇艺的"ZOOM AI"技术已成功应用于多部经典影视作品的修复与增强，如《西游记》《红楼梦》《激情燃烧的岁月》《东方红》等。通过人工智能技术的应用，这些影视作品在视觉质量上得到显著提升，使观众能够更清晰地欣赏这些承载丰富历史与文化的经典内容。这不仅节省了传统人工修复的时间和成本，还赋予经典影片新的生命力。

其次，人工智能技术大大简化了特效制作过程。通过生成对抗网络（GANs）等技术，人工智能能够生成高度逼真的特效场景，显著减少手工制作的时间与成本。在电影《复仇者联盟》中，人工智能被用于生成大规模战争场面和逼真的角色面部动画，使特效制作更加高效且精细。同时，人工智能还能捕捉演员的动作并自动生成逼真的动画角色。这项技术广泛应用于动作捕捉,减少了传统手工动画的工作量。例如,电影《猩球崛起》系列通过人工智能技术将演员的表演精确转化为猩猩角色的动画,呈现出极为逼真的视觉效果。

再次,人工智能在场景生成和环境建模中也发挥了重要作用。通过深度学习算法,人工智能可以生成逼真的虚拟场景,并自动完成环境的光影渲染和细节处理。在新版《狮子王》中,人工智能技术被用于生成高度逼真的非洲草原场景。通过学习大量的自然景观数据,人工智能系统能够创建具有高度真实感的虚拟环境,并在后期处理时自动调整光影效果,使影片的视觉效果更加震撼。

最后,人工智能在深度伪造技术中的应用也引起了广泛关注。通过神经网络,人工智能可以生成高度逼真的虚拟角色,并在影片中实现真人演员与虚拟角色的无缝互动。在电影《星球大战:天行者崛起》中,人工智能技术被用于重现已故演员凯莉·费雪(Carrie Fisher)的角色。通过深度伪造技术,制作团队得以将她的形象无缝融入新情节中,确保角色的连续性和真实感,使观众更深刻地感受到角色的存在。

人工智能在场景生成、环境建模和深度伪造等方面的应用,大大提升了影视作品的制作水准,使虚拟与现实的融合更加自然,极大丰富了观众的视觉体验。

### (三)人工智能与影视剪辑

人工智能技术正在改变影视剪辑的方式,使剪辑过程更加高效、智能化且富有创意。其具体应用包括自动化剪辑、智能场景分析、音频同步与优化、创意剪辑与风格迁移,以及实时编辑与协作。自动化剪辑是人工智能在影视剪辑中最基础的应用之一。通过机器学习算法,人工智能可以自动识别素材中的关键场景、重要对话和高光时刻,并将这些片段剪辑在一起。这种技术极大提高了剪辑效率,尤其在处理大量素材时表现尤为突出。此外,人工智能还能通过深度学习和计算机视觉技术对视频进行智能场景分析。该技术能够识别场景中的物体、人物、情感及环境变化,帮助剪辑师做出更为精准的编辑决策。智能场景分析还可以自动推荐或执行剪辑操作,节省大量时间。

人工智能不仅在视频剪辑中表现出色,在音频同步与优化方面也展示了其强大功能。它能够自动识别并同步音频与视频轨道,优化音频质量并消除背景噪声。这在多摄像机拍摄的场景中尤为重要,可以确保音视频的同步与一致性。通过风格迁移技术,人工智能还能模仿特定导演或电影的剪辑风格,生成具有独特艺术风格的影片,为创作者提供了广阔的创意空间。此外,人工智能支持实时编辑与协作,剪辑师能够在多个设备上同时工作,并实时查看编辑效果。借助云计算和人工智能技术,多个剪辑师可以在不同地点共同编辑同一部影片,极大提高了团队协作的效率。

总之,人工智能技术在影视剪辑中的应用,不仅提升了剪辑的效率与精度,还为创作带来了新的可能性和更高的灵活性,推动了影视剪辑的智能化和创新发展。

# 二、人工智能优化影视市场管理

人工智能推动影视市场管理的发展,通过科学的数据分析快速判断影视项目的可行性与预期收益,促进影视项目策划,实现目标群体的精准定位,更好地制定宣传推广方案,并根据目标群体喜好高效地进行广告投放。

## (一)人工智能与影视项目策划

人工智能正在全面变革影视项目的策划过程,从前期的市场调研到后期的效果评估,人工智能技术的应用无处不在。传统的市场调研和观众分析主要依赖问卷调查、访谈和小组讨论等方法,耗时费力且数据样本有限。人工智能通过大数据分析和机器学习技术,可以快速处理海量的观众数据,提供更准确的市场洞察。爱奇艺利用人工智能技术对观众的观看行为、互动和分享数据进行分析。通过人工智能系统,爱奇艺能够精准分析观众的观看偏好、停留时长、评论和互动情况,从而更好地了解观众的需求和兴趣。这些数据帮助爱奇艺在策划新项目时更有针对性,提高项目成功率。例如,通过分析观众对不同类型剧集的反应,爱奇艺可以调整剧集的剧情发展和角色设置,满足观众的期待。这种新兴的技术手段不仅提升了影视作品的制作质量,也为内容创作和市场预测提供了科学依据,使得影视行业能够更好地满足观众需求,适应市场变化。通过人工智能技术,影视公司能够更高效地分析市场趋势和观众偏好,优化内容创作流程,提高作品的商业成功率。整体来看,人工智能在影视行业的应用不仅体现在创作和制作环节,还深入市场分析和观众互动的各个方面。

在影视项目立项的前期,利用人工智能技术进行剧本评估和预测,已经成为提高效率和准确性的有效手段。通过剧本在线智能评估系统,可以对目标剧本进行全面评估,从而生成详细的剧本评估报告。这一过程涵盖了社会价值与艺术价值的双重考量,主要通过对题材类型、主题立意、人物设置、情节构思、冲突、创新、用户关注及喜爱度等重要指标进行评分。传统的剧本评估方式依赖于业内制片人、导演、发行方及其他专业人士的评分,往往存在评分速度慢、主观意识强、准确率低等缺点。而现代人工智能剧本评估系统,通过智能算法对每一个指标进行评分,再进行交叉评分,最终得出客观公正的评估结果。该系统速度快,不受个人喜好及感情色彩的影响,显著提升了评估效率和准确性。

在完成剧本评估后,人工智能系统还可以对剧本进行详细分解,自动生成项目成本预算和拍摄周期预测。这一综合评估涵盖了从剧本质量到实际拍摄的各个方面,为影视项目的前期预测提供了全面的数据支持,节省了大量的前期调研时间。例如,通过对用户行为的大数据收集,人工智能系统可以自动得出用户对剧本题材和内容的敏感度,减少了传统用户问卷调查的时间;利用图像识别技术,可以自动匹配剧本内容中涉及的场景和建筑,选择最优场景,节省勘景时间;通过文字识别处理,人工智能系统可以检测剧本内容中涉及的科教、规则、法律等部分,识别并纠正明显的词句错误,从而保证剧本的文学质量。例如,好莱坞使用人工智能系统来预测电影制作的预算和票房收益,系统通过分析演员组合、类型和市场趋势等信息来预测电影的收益,并提供详细的预算建议和收益预测,使好莱坞更准确地控制成本,优化资源配置,提升项目的盈利能力。

## (二)人工智能与影视剧演员选取

人工智能技术在影视剧演员选取方面的应用,正在为影视行业带来革命性的变革。通过智能化的数据分析和算法处理,人工智能可以帮助影视制片人更有效地选择适合的演员,从而提高影片的质量和市场表现。

人工智能系统可以利用大数据分析技术对潜在演员进行全面评估。它可以从海量的数据库中收集和分析演员的个人资料、演艺经历、表演技能、社交媒体活动、粉丝互动等信息。通过对这些数据的深入分析,人工智能可以为制片人提供全面的候选演员名单,从中筛选出最适合剧本角色的人选。人工智能系统可以利用情感识别技术,分析演员在不同情绪和场景下的表现能力。通过观察演员的表情、肢体语言和声音等细微变化,智能系统可以准确评估他们对角色情感的理解和表达能力。这有助于制片人更好地匹配演员与角色,确保角色塑造更加真实和生动。Casting Networks 是一家利用人工智能技术的演员选拔平台。该平台通过分析演员的表演录像和自述资料,以及观众的反馈和评价,从中筛选出最具潜力的演员。其人工智能系统可以根据剧本需求和角色特点,评估演员的表演技能、情感表达能力和适应性,为制片人提供最佳的演员选择建议。

人工智能系统可以分析影片的风格和市场需求,从而为制片人提供更精准的演员选择建议。通过分析不同类型影片的票房表现、受众喜好和市场趋势,智能系统可以推断出观众对不同类型演员的偏好,并为制片人提供相应的参考意见。基于人工智能技术的演员选取系统还可以对候选演员的综合素质进行评估,并预测影片的质量和市场表现。通过综合考虑演员的表演技能、知名度、社交影响力等因素,智能系统可以为制片人提供有针对性的演员选取建议,并预测影片的票房表现和口碑效应。以 Netflix(奈飞)的《芝加哥烈焰》为例,该剧使用了人工智能技术进行角色选取。制片人利用智能算法分析了观众对不同类型演员的偏好,结合剧本情感需要,最终选择了适合角色的演员阵容。这一举措不仅为《芝加哥烈焰》增添了更真实的表演效果,也提高了该剧的观赏价值和市场竞争力。"艺汇选角系统"是爱奇艺自主研发的选角应用,基于爱奇艺 10 万智能明星库的视频数据,利用人工智能大数据分析、自然语言处理技术、计算机视觉技术精准计算角色与艺人的匹配度。它也曾为爱奇艺的自制剧《泡沫之夏》选出女主角,在《中国新说唱》综艺节目中,"艺汇选角系统"为潘玮柏选出匹配度高达 90% 的邓紫棋作为搭档,节目播出后,这对组合迅速获得了超高人气和关注度。

此外,利用人工智能技术开发的合成演员技术是影视制作领域的一项创新。这种技术通过对真实演员的面部特征和表演录像进行深度分析和学习,从而生成虚拟演员的面部动画和表情,实现虚拟角色的拍摄和表演。这项技术不仅可以应用于特效电影和动画片的制作,还为影视剧创作提供了更多可能性。如,在科幻电影中需要创造一个虚拟角色,其外表与人类相似但又具有超越现实的特征。传统的方法可能需要耗费大量时间和资金进行特效制作,而且结果可能并不理想。然而,利用人工智能技术开发的合成演员技术可以大大简化这个过程。制作团队可以收集真实演员的面部特征和表演录像,并将这些数据输入人工智能系统中进行分析和学习。系统可以从中学习出关于面部表情和动作的模式,并根据需要生成虚拟演员的面部动画和表情。这样,制作团队就可以轻松地创造出一个逼真而又充满表现力的虚拟角色,而不必花费太多时间和精力。除了特效电影,这项技术也可以应用于动画片的制作。动画制作通常需要大量的手工绘制和动画师的劳动,而合成演员技术可以为动画制作带来革命性的改变。动画制作团队可以利用这项技术快速生成虚拟角色的面部动画,从而大大提高制作效率并降低制作成本。例如,在一部动画片中,如果需要创造一个充满表现力的动物角色,制作团队可以利用合成演员技术从真实动物的录像中学习其面部表情和动作,然后生成虚拟角色的面部动画,从而使得角色更加生动和具有个性。总的来说,人工智能技术开发的合成演员技术为影视制作带来了全新的可能性。它不仅可以为特效电影和动画片的制作提供更加高效和经济的解决方案,还可以为影视剧创作带来更加丰富和生动的虚拟角色。

### (三)人工智能与影视宣传发行

人工智能在影视剧宣传阶段发挥了巨大作用,其应用范围涵盖互联网营销和推广等多个方面。其中,利用人工智能技术能够快速完成对影视剧的辅助宣传发行,并为影片的推广提供个性化的定制方案。

人工智能在搜索引擎广告中的应用是一大亮点。首先,通过强化学习技术,广告主可以根据实时数据和奖励结果来调整广告投放策略,从而实现广告投放效果的最优化。这种技术可以根据用户的点击行为和反馈信息,动态调整广告投标价格,以提高广告投放效果和投资回报率。其次,利用人工智能系统进行个性化宣传方案的制定和实施也是一种有效的手段。通过分析用户的行为习惯和影视剧内容的匹配程度,可以确定影片的潜在消费者,并为其提供个性化的推荐服务。这种推荐服务可以包括线下广告和线上推广两个方面。在线下广告中,可以根据潜在消费者经常路过的场景地点,选择在这些地点进行广告牌展示、报纸杂志广告宣传、交通工具海报宣传等。而在线上推广方面,则可以根据用户的软件应用界面偏好、影视剧新闻信息需求、线上购票软件的使用习惯等,为其提供相应的个性化推荐服务。总之,人工智能在影视剧宣传发行中的应用范围广泛,既包括搜索引擎广告的优化和调整,也包括个性化宣传方案的制定和实施。这些技术的应用能够提高影视剧的曝光度、吸引观众,从而实现宣传效果的最大化。

在影视作品宣传推广中,人工智能也发挥着重要作用。利用人工智能系统,可以在短期内创作影视剧的宣传预告片,将影片的代表性精华片段集中呈现给观众。这些预告片能够让消费者对影视剧的题材类型、主要演员以及大致故事情节有一个初步的了解,同时通过视觉冲击和情感触动,激发观众的兴趣和消费欲望。人工智能技术的应用正逐步改变传统的海报设计与制作方式,特别是 AIGC 图像生成技术在此领域展现了显著的潜力和优势。通过 AIGC 技术,设计工作者能够极大地提升海报设计和制作的效率,并在创意发散和执行效果上实现突破。在 2024 年上海国际电影电视节的元宇宙体验路演中心电影海报展中,特别增设了 AIGC 海报创作单元。在这个单元中,创作者被邀请为《消失的她》《龙马精神》等四部电影进行 AIGC 海报创作。这种新兴的海报设计方式通过 AI 工具,能够快速生成符合电影风格和主题的视觉效果,为电影的宣传和推广增添了新的创意和视觉吸引力。此外,人工智能系统还可以帮助影视公司实现影片上映后的后期数据收集和分析。通过自动收集和处理用户评价、分享行为、票房数据、收视率、播放量等信息,人工智能系统能够帮助影片制作方更好地了解观众反馈和市场表现,从而优化影片的宣传策略和投资回报率,进一步提升影片的影响力和市场竞争力。

# 三、人工智能提升影视消费体验

人工智能对消费者的影视消费体验也产生了一定的影响。人工智能可以为影视剧消费者提供人工智能电视、智能音箱、影院智能放映等终端设备,帮助消费者实现影视剧观看智能化,提升观看体验。人工智能的应用还可以为平台用户带来个性化观看服务,为用户推荐可能感兴趣的影视剧内容,并提供针对目标受众的个性化服务功能等。

## (一)人工智能与影视终端设备

人工智能与影视终端设备密切相关,包括人工智能电视、智能音箱和影院智能放映设备等。这些设备在影视消费领域发挥着重要作用,通过智能化技术为用户提供更便捷、个性化的观影体验。

首先,人工智能电视是消费者家庭中的重要终端设备之一。具备语音识别、图像识别等功能的人工智能电视可以通过语音指令实现影视内容的推荐和播放。例如,用户通过简单的语音命令就能快速找到心仪的电影或电视剧。如小米人工智能语音电视系列更是赋予了电视智能化的新定义,不仅可以实现语音交互,还能根据用户的偏好提供个性化的推荐内容,大大提升了用户的观影体验。其次,智能音箱也成了影视消费的重要载体之一。具备语音识别和智能助手功能的智能音箱可以通过语音指令控制电视播放内容、调节音量等。同时,智能音箱也可以作为用户与人工智能电视之间的桥梁,帮助用户实现更便捷的观影操作。如百度首款智能视频音箱"小度在家",集设备控制、听歌追剧、学习教育、生活助手等多种交互功能于一身。用户可以通过智能音箱向电视发送指令,无须使用遥控器,实现影片的播放、暂停等功能。另外,影院智能放映设备也在影视消费中发挥着重要作用。智能放映系统可以根据影片排期自动生成放映计划,并在放映过程中自动进行电影试映、广告播放等环节,大大提高了放映效率和观影体验。智能放映系统可以自动检测放映设备的运行状态,及时发现并处理设备故障,确保影片的顺利放映。因此,人工智能与影视终端设备的结合为用户带来了更智能、更便捷的观影体验,推动了影视消费领域的发展和创新。

## (二)人工智能与影视个性化服务

人工智能在影视剧推荐系统中扮演着关键角色。随着互联网视频平台的兴起和用户数量的增加,如何让用户在众多影视剧中找到符合个人口味的内容成了一项挑战。为解决这一问题,各大视频网站利用人工智能系统对用户行为进行分析,从而建立个性化的影视剧推荐系统。

首先,通过分析用户的观看历史、分享、评论等行为,人工智能系统能够为每个用户设立标签,并预测用户的喜好。例如,用户观看了多部科幻片并给予了高评分,系统会将其标记为"科幻片爱好者",从而推荐更多类似题材的影视剧。这种个性化推荐模型能够更准确地满足用户的需求,提升用户体验。视频网站还会根据社会时事、节日氛围等因素调整推荐策略,为用户提供更贴近当前需求的影视剧。例如在节日期间,用户可能希望观看与节日主题相关的影片。

其次,借助协同过滤模型、因子分解模型和深度神经网络模型等技术,影视网站能够提高推荐系统的准确率。这些模型能够从大数据中挖掘用户行为模式,为用户提供更精准的推荐,进而增加用户的观影满意度。流媒体播放平台 Netflix 利用个性化海报推荐技术,根据用户的喜好为其定制不同的海报画面。比如,喜欢某位明星的用户将看到该明星的海报,喜欢喜剧片的用户将看到搞笑元素丰富的海报。这种个性化推荐机制极大地提升了用户满意度,使 Netflix 成为全球最受欢迎的视频平台之一。此外,人工智能技术还能为用户提供更便捷的观影体验。通过识别影视剧中的人物角色,用户可以直接观看自己喜爱的角色片段,而不必整部影视剧都观看。这种功能深受广大影迷的喜爱,也为影视网站增加了用户黏性和活跃度。

尽管人工智能技术在影视产业中的应用已经取得了显著成果,但目前仍处于初级阶段。虽然人工智能可以帮助节约制作周期和成本,提升影视作品的票房和播放收益,但它仍然无法取代人类在艺术创作中的主导地位。优秀的影视作品需要融合技术与情感,而人工智能目前还无法具备人类的意识和情感。因此,在影视创作与管理中,人工智能仍需要人类的控制与引导,以实现技术与情感的完美结合,创造出更具艺术审美的作品。

# 第二节 人工智能对影视产业的影响

人工智能技术正在全球影视产业中引发深刻的变革和创新。其强大的数据处理能力、机器学习算法和深度学习模型不仅加速了影视作品的创作和制作流程,还优化了市场营销策略和观众体验。在内容创作方面,人工智能通过分析大数据和用户行为模式,提供关于题材、剧情和角色的深入洞察,帮助编剧和制片人预测和满足观众的需求,从而创作出更具吸引力和市场竞争力的作品。在制作流程中,人工智能的应用使得视频剪辑、特效合成和后期处理更加高效精准,大大缩短了制作周期,同时提升了视觉和音频效果的质量。人工智能技术还在市场营销方面展现了巨大潜力,通过个性化推荐系统和精准的用户画像分析,实现了更精准的观众定位和精准营销,提升了影片的市场表现和票房收入。人工智能技术不仅仅是技术工具的应用,更是一场引领影视产业向智能化、高效化和创新化发展的革命。

## 一、内容创作的革新

人工智能技术正在从根本上变革影视内容的创作过程,为编剧、导演和制作团队提供了全新的工具和方法。通过自然语言处理、机器学习和大数据分析,在剧本创作与生成、创意生成与灵感激发、人物与情节设定、个性化创作与市场预测等方面发挥重要作用,显著提高创作效率和作品质量。

### (一)剧本创作与生成

人工智能技术在剧本创作中的变革主要体现在剧本生成和辅助编写上。传统的剧本创作依赖于编剧的个人经验和创意,而人工智能则通过分析大量经典剧本、小说和电影,提取成功故事的模式和结构,并生成新的剧本草稿。自然语言处理技术使得机器能够理解和生成自然语言文本。通过机器学习,人工智能能够从海量文本数据中学习语言模式、故事结构和人物关系,从而生成符合特定风格和主题的剧本。人工智能可以根据给定的情节线索生成对话场景,或者根据指定的主题编写故事背景。这种自动化剧本生成技术为编剧提供了丰富的灵感和素材,使编剧能够在短时间内创作出多样化的剧本。2024 年 2 月,《白狐》作为首部完全 AI 化生产流程的短剧上线,标志着人工智能在剧本编写领域取得了重要进展。蔺志强和他的团队克服了之前单线作品的限制,实现了复杂化和多线叙事的突破,创作团队仅有四人,使用 ChatGPT 撰写剧本,又利用 AI 工具生成视觉画面,这部 AI 短剧一经推出便迅速引发了业界的广泛关注和深刻讨论。紧随其后,该团队又完成了具有东方美学的 AI 短剧《华裳》(见图 4-2),该剧实现了更完整的 AI 集成工作流,技术上也有新突破,在细节质感和视觉美感上有了明显的提升。①

图 4-2　AI 短剧《华裳》剧照

人工智能还能辅助编剧进行剧本优化。通过对观众反馈和市场数据的分析,人工智能能够识别出剧本中的潜在问题和需要改进的地方,并提出具体的优化建议。人工智能可以根据观众对某类影片的喜好,建议编剧调整剧情发展、角色设置和对白内容,以提升剧本的吸引力和市场竞争力。这种数据驱动的创作模式使得剧本创作更加科学和精准,有助于减少创作风

---

① 　王悦. AI"造剧"内容是王道！AI 短剧《白狐》《华裳》上线引热议,操盘者蔺志强把独家秘密告诉了半岛[EB/OL]. (2024-04-16) [2024-08-04]. https://new. qq. com/rain/a/20240416A01X9E00.

险,并提高作品的市场成功率。人工智能在剧本创作中的革新不仅拓展了创作的可能性和创新性,还加速了创作过程中的灵感汲取和内容优化。

（二）创意生成与灵感激发

人工智能在影视创意生成和灵感激发方面扮演着关键角色,不仅在剧本创作中,还在为编剧和导演提供独特创作灵感方面发挥着重要作用。通过分析广泛的影视作品和文本,人工智能能够发现新的创意元素和故事主题,从而为创作者带来全新的创作启发。在创意元素的组合方面,人工智能通过大数据分析可以识别出不同类型影视作品中的创意元素和情节模式,并将它们重新组合以生成全新的创意情节。例如,它能够将科幻电影中的未来科技元素与爱情片中的情感发展相结合,创作出独具一格的科幻爱情故事。这种创意元素的重新组合不仅丰富了影视作品的题材和内容,还为创作者带来了更广泛的创作可能性。在灵感激发与创作辅助方面,人工智能通过对大量文本的深度分析,为创作者提供了强大的灵感激发工具。例如,它可以根据编剧提供的故事背景和角色设定,生成多种可能的剧情发展方向和情节设定,供编剧选择和参考。这种工具不仅极大地提升了创作效率,还能帮助编剧在短时间内生成更多的创作灵感和创意想法。

2019 年 4 月,在影视剧同质化严重的背景下,爱奇艺自制都市鉴宝剧《黄金瞳》引发全网热议,该剧成功地利用人工智能辅助技术进行剧本挑选,讲述了在典当行工作的小职员庄睿,在一次意外中眼睛发生了异变,接下来开始了以文化鉴宝为主题的冒险之旅。[①] 在市场审美疲劳的情况下,爱奇艺通过 AI 技术的深度学习和自然语言处理,利用多维数据分析和 IP 价值评估系统,精确评估了该剧的潜在市场价值。AI 算法不仅分析了小说原著的受欢迎程度和作者的影响力,还通过社交媒体和文学平台上的热议程度确定了寻宝题材的市场潜力。《黄金瞳》的成功表明,人工智能在影视行业中不仅仅是技术工具,更是创意和市场洞察的重要助手,为内容创作和制作过程带来了新的可能性和效率提升。

---

① 环球网. 爱奇艺 AI"挑"剧本眼光不俗 自制网剧《黄金瞳》高热度收官[EB/OL]. ( 2019 - 04 - 22 ) [ 2024 - 08 - 16 ]. https://baijiahao. baidu. com/s? id = 1631499193775664997&wfr=spider&for=pc.

### （三）人物与情节设定

人工智能在人物和情节设定方面的应用,主要体现在角色塑造和情节发展的自动化辅助上。通过分析已有影视作品中的人物关系和情节结构,可以为新剧本提供合理的人物设定和情节安排建议。在人物塑造与关系构建方面,人工智能通过分析经典影视作品中的人物关系和角色发展模式,为编剧提供了精准的角色设定和关系构建建议。它可以根据特定故事背景和情节需要,建议编剧设定特定类型的角色及其性格特征,并设计合理的人物关系网络。例如,如果剧本中涉及复仇题材,人工智能可能会根据大量相似题材的数据,推荐设置一个内心复杂、性格矛盾的与主角对立的反派,同时构建出复杂的亲友和敌对关系。这种基于数据分析的人物塑造,使角色设定更加贴合故事发展的逻辑,提升了剧本的整体质量。

在情节发展与逻辑分析方面,人工智能可以通过分析现有影视作品的情节发展模式,预测和建议合理的剧情走向。根据剧本的前期设定,人工智能能够生成多种情节发展方向,并对每种情节进行逻辑分析,评估其合理性及观众的接受度。人工智能还帮助识别并预测观众偏好,确保故事发展能够引起观众的共鸣和情感共振。例如,由贾玲执导的喜剧电影《你好,李焕英》,制作团队利用了观众反馈和数据分析来优化剧本和情节设置,调整了某些剧情的发展,使其更加符合观众的喜好。

### （四）个性化创作与市场预测

人工智能在个性化创作和市场预测方面的应用,为影视内容的精准创作和市场定位带来了全新的可能性。通过对观众数据的深入分析,人工智能能够为不同的观众群体量身定制个性化的影视内容,并有效预测作品的市场表现。

在个性化创作方面,人工智能通过分析观众的观看历史和兴趣偏好,能够为每位观众推荐最符合其喜好的影片和剧集。例如,腾讯视频借助人工智能技术分析用户数据,提升了用户体验和影片曝光率。借助观众反馈数据,人工智能还能为创作团队提供创作方向的建议,促使他们开发更加细分化、个性化的影视内容,以满足不同群体的多样需求。

在市场预测方面,人工智能通过大数据分析帮助制作团队预测影视作品的市场表现,从而更加科学地制定创作和营销策略。通过分析历史票房数据、观众反馈和市场趋势,人工智能能够预测新作品的票房收入、观众评价等关键指标。例如,它可能建议制作团队在某类影片中加入特定的情节元素或角色设定,以提升影片的市场竞争力和观众满意度。以海马轻帆为例,这款人工智能系统专注于剧本、网文和剧本杀等文本的智能评估。通过深度学习和自然语言处理,海马轻帆能够对剧本进行评分,并判断其影视化的价值。它成功评测了《你好,李焕英》《流浪地球》《大蛇》等多部影视剧本,帮助制作方和投资方更好地预测作品的市场反应和成功潜力。除了对内容进行深度分析,海马轻帆还支持小说转剧本的智能化改编。传统上,改编100万字的小说需要1到3个月的时间,而通过该系统,能够快速完成60%的内容梳理,大幅提高了创作效率。通过这些功能,海马轻帆不仅提升了影视制作的效率和准确性,还为行业决策者提供了科学和数据驱动的依据。

## 二、制作流程的优化

人工智能技术在影视制作流程中的革新,从前期准备、特效制作、剪辑与后期制作到配音与字幕生成,大幅提升了制作效率和作品质量。在特效制作和动画生成方面,人工智能通过深度学习和图像处理技术,能够自动完成复杂的特效生成和渲染工作,缩短动画电影的制作周期。传统上需要数月才能完成的特效和动画制作,现在可以在数小时内完成,这不仅降低了制作成本,还提高了特效的真实感和视觉冲击力。在剪辑和后期制作中,人工智能也发挥了重要作用。通过分析大量影视素材,人工智能可以自动识别和标记关键场景,并根据剧情逻辑生成初步的剪辑版本。

### (一)前期准备的智能化

在影视制作的前期准备阶段,人工智能技术通过智能化的场景设计、人物建模和拍摄计划优化等手段,提升制作效率和视觉效果。通过分析大量的图像和视频素材,人工智能可以在短时间内生成逼真的三维场景模型。利用深度学习技术,能够根据剧本需求自动生成多种风格和类型的场景,如城市街景或自然风光。预可视化技术在影视制作中扮演着关键角色,使得导演和制片人能够在虚拟环境中预览每一个镜头和场景,调整拍摄角度、光线和布局,大幅节省时间成本,确保拍摄进程高效顺利。在人物建模方面,人工智能技术通过机器学习算法快速生成逼真的角色模型和动画。传统的手工建模和动画制作耗时且繁复,而人工智能技术可以根据参考素材自动生成角色的三维模型和动作捕捉数据。智能化的人物建模和动画制作不仅提升了制作效率,还使得角色动作更加自然真实,从而增强影片的整体视觉效果。2024年2月,电视剧《大唐狄公案》在优酷独播,以其离奇反转的剧情吸引了大批观众的同时,还因其基于人工智能技术的数字场景搭建而备受瞩目(见图4-3)。这部古装探案剧通过AI技术高度真实地还原了长安城的人流、街景和建筑等场景,完全颠覆了传统手工绘制的制作方式,同时确保了画面中街道宽度、砖瓦颜色以及楼宇风格的严格还原,为观众呈现了一个极具视觉震撼力的唐代长安城。

**图4-3 电视剧《大唐狄公案》借助AI搭建的数字场景**

通过分析拍摄需求和场地条件,人工智能可以智能生成最佳的拍摄计划,优化拍摄顺序和时间安排。例如,人工智能技术可以根据天气预报和场地光照条件,建议最佳的拍摄时间,以保证拍摄效果最佳化。此外,人工智能还能通过实时监控拍摄现场,分析拍摄数据和设备状态,及时发现和解决问题,提高拍摄的顺利性和安全性。这种智能化的拍摄计划和现场管理显著提升了影视制作的效率和科学性。人工智能技术在影视制作的前期准备阶段展现出了巨大的潜力和价值,通过智能化的场景设计、人物建模和拍摄计划优化,为影视行业带来了前所未有的效率提升和视觉表现力,助力影片创作达到更高的艺术和商业成功。

## (二)特效制作与渲染的自动化

在现代影视制作中,特效制作与渲染是创造引人入胜视觉体验的核心环节。人工智能的引入,极大地推动了这些环节的自动化进程,显著提升了制作效率和视觉效果。

传统的特效制作往往需要经验丰富的特效师手动调整每一个细节,这一过程既复杂又耗时,因为每一个特效都需要精细的调整以确保真实感和视觉冲击力。然而,人工智能的出现彻底改变了这一局面。通过深度学习和图像处理技术,人工智能可以分析大量的特效素材,学习和模拟各种特效效果,自动生成高质量的特效。例如,人工智能可以自动创建逼真的火焰、烟雾和水流效果,基于对现实世界物理现象的分析和模拟,从而生成既真实又具有视觉冲击力的特效。这不仅大幅度减少了制作时间和成本,还提升了影片的真实感和视觉效果,帮助创作者实现更为宏大的视觉构想。

渲染是特效制作和动画制作中的关键环节,涉及光影效果、材质质感以及动态物理模拟等多个方面。传统的渲染过程通常非常耗时且资源消耗巨大,需要进行大量的计算以生成高质量的图像。人工智能在渲染中的应用,通过分析渲染过程中的数据,能够预测和优化每一帧的渲染参数,从而减少不必要的计算和资源消耗。例如,NVIDIA(英伟达)开发的人工智能渲染技术,利用深度学习模型在保持高画质的情况下,将渲染时间缩短至原来的几分之一。这种技术不仅显著缩短了制作周期,降低了成本,还使制作团队能够以更快的速度完成项目,提升了整体生产效率。

## (三)剪辑与后期制作的智能辅助

人工智能技术在剪辑和后期制作中的革新,为编辑人员提供了强大的工具和支持,显著提高了工作效率和作品质量。在剪辑和镜头选择上,通过分析大量的影视素材,人工智能能够自动识别和标记关键场景,并根据剧情逻辑生成初步的剪辑版本。例如,IBM 的 Watson(沃森,IBM 开发的继"深蓝"之后的新一代大型计算机)可以快速分析电影素材,识别出关键镜头和情感节点,生成初步的电影预告片。这种自动化剪辑技术,不仅提高了后期制作的效率,还为编辑人员提供了更多创作灵感和自由度。人工智能还可以根据观众的反馈和市场数据,自动选择和优化镜头,使得剪辑更加精准和符合观众需求。例如,人工智能可以通过分析观众的眼动数据,识别出最受关注的镜头,并在剪辑中重点突出这些镜头,提高影片的吸引力和观众体验。

在音效和配乐生成方面,人工智能也发挥着重要作用。通过分析大量的音频素材和音乐数据,人工智能可以自动生成符合影片氛围和情节的音效和配乐。例如,人工智能可以根据影片的情感基调和节奏,生成适合的背景音乐和音效,并自动进行混音和音频处理。这种自动化的音效和配乐生成,不仅节省了大量的时间和成本,还提高了影片的整体效果和感染力。人工智能生成的音效和配乐,与影片画面的结合更加紧密和协调,提升了观众的视听体验。人工智能还可以通过音频处理技术,优化影片的音效和配乐,使得声音更加清晰和饱满,提升观众的听觉体验。

在特效和画面处理中的应用,人工智能也显著提升了后期制作的效率和质量。通过深度学习和图像处理技术,人工智能可以自动完成复杂的画面处理任务,如色彩校正、画面增强和特效合成。人工智能可以根据影片的风格和需求,自动进行色彩校正,使得影片画面更加统一和美观。人工智能还可以通过超分辨率技术,增强画面的细节和清晰度,提高影片的视觉效果。这种智能化的特效和画面处理,使得后期制作更加高效和精细,为观众提供了更加优质的视听享受。

### (四)配音与字幕生成的智能化

人工智能在配音和字幕生成方面的应用,为全球观众提供了更加便捷和多样化的观影条件。通过语音识别和合成技术,人工智能可以快速生成高质量的配音。人工智能可以根据角色的性格和情感,生成自然流畅的语音,为不同语言的影视作品提供精准的配音服务。例如,2018年1月,央视纪录频道的《创新中国》首次采用人工智能技术完成了配音工作,这标志着影视行业的重要科技创新。该纪录片利用人工智能模拟了已故著名配音艺术家李易的声音,他曾为《再说长江》《地球脉动》《美丽中国》等多部纪录片配音,已成为央视纪录频道的标志性声音。个性化语音合成技术在纪录片中的应用,使得《创新中国》成为世界首部采用人工智能模拟还原人声进行配音的纪录片,进一步推动了纪录片配音技术的创新和发展,展示了人工智能在影视领域的潜力和价值。

人工智能在字幕生成和翻译方面的应用,也为全球观众提供了更为便捷的观影条件。通过自然语言处理和机器翻译技术,人工智能可以快速将影片中的对白转化为字幕,并进行多语言翻译。例如,人工智能可以根据影片的情节和对白,自动生成准确的字幕,并翻译成多种语言,供不同语言和文化背景的观众观看。这不仅拓宽了影视作品的国际市场,还促进了全球文化的交流与传播。人工智能生成的字幕和翻译,能够根据影片的上下文和语境,提供更加准确和自然的翻译,提高观众的理解和体验。

## 三、市场营销的精准化

人工智能技术正以其强大的数据处理和分析能力,深刻改变影视市场营销的方式。通过精准的用户数据分析、个性化的内容推荐和智能化的广告投放,人工智能技术为影视作品的宣传和推广带来了前所未有的效率和效果。

### (一)精准的用户数据分析

通过大数据技术和机器学习算法,人工智能能够从海量的用户数据中挖掘出有价值的信息,为营销决策提供科学依据。人工智能可以通过分析用户的观看历史、搜索记录和社交媒体互动,了解用户的兴趣爱好和观影习惯。例如,流媒体平台 Netflix 利用人工智能技术分析用户的观看数据,了解用户偏好的影片类型、观看时段和习惯,并据此制定个性化的推荐策略。通过对用户行为的深度分析,人工智能可以帮助营销团队更好地了解目标用户群体,制定更加精准的营销策略。通过自然语言处理和情感分析技术,人工智能可以分析用户在社交媒体和评论平台上的反馈,了解用户对影片的情感态度。例如,人工智能可以识别出用户对某部影片的正面评价和负面评价,并分析其中的情感倾向和关键词。对用户的情感分析,不仅帮助营销团队及时了解用户的真实反馈,还为影片的宣传和口碑管理提供了重要参考。人工智能还可以通过对历史数据和市场趋势的分析,预测未来的市场需求和用户偏好。例如,人工智能可以通过分析过去几年的票房数据和用户反馈,预测某类型影片在未来的市场表现。这种基于数据的市场预测,为影视公司制定营销策略和投资决策提供了科学依据,降低了市场风险。

## (二)个性化的内容推荐

个性化的内容推荐是人工智能在影视市场营销中的另一重要应用。通过对用户数据的分析,人工智能可以为每位用户推荐最符合其兴趣的影片和剧集,提高用户的观看体验和平台的黏性。首先,精准推荐算法。人工智能可以通过机器学习算法,分析用户的观看历史和评分数据,生成个性化的内容推荐。例如,Netflix 的推荐系统利用协同过滤和深度学习算法,根据用户的观看行为和偏好,为其推荐类似的影片和剧集。这种精准推荐不仅提高了用户的观看体验,还增加了影片的曝光率和点击率,提升了平台的用户留存率。其次,实时动态调整推荐。人工智能的个性化推荐不仅限于静态的推荐列表,还可以根据用户的实时行为进行动态调整。例如,当用户在观看某类型的影片时,人工智能可以实时分析用户的反应和反馈,动态调整推荐列表,推送更符合用户当前兴趣的内容。这种动态推荐机制,使得用户始终能够找到自己感兴趣的内容,提升了观看体验和平台的使用率。最后,推荐内容的多样性。通过人工智能的推荐系统,影视平台还可以向用户推荐多样化的内容,避免用户只局限于某一类型的影片。例如,人工智能可以根据用户的观看历史,推荐一些与其常看类型不同但有相似元素的影片,从而拓宽用户的观影范围。这不仅丰富了用户的观看体验,还为不同类型的影片提供了更多的曝光机会,促进了平台内容的多样化发展。

## (三)智能化的广告投放

在影视市场营销中,人工智能技术的另一个关键应用是智能化的广告投放。通过分析用户数据,人工智能能够为广告主提供精准的用户定位和高效的广告投放策略。通过分析用户的兴趣爱好、观看行为和社交媒体互动,人工智能可以精准地定位目标用户。例如,广告主可以利用人工智能识别出对特定类型影片感兴趣的用户,并有针对性地投放相关广告。这种精准的受众定位不仅提高了广告的转化率,还有效降低了广告投放的成本。另一方面,人工智能通过程序化广告投放技术实现了广告投放的自动化。

通过实时竞价（RTB）系统，人工智能可以在毫秒级时间内完成广告的购买和展示。例如，在用户观看影片时，人工智能可以即时分析用户的行为和兴趣，并在最合适的时间和位置展示相关广告。这种程序化广告投放不仅提高了广告的曝光率和点击率，也显著提升了用户的观影体验。

此外，人工智能还通过对广告投放效果的深入分析，优化广告策略和创意。借助机器学习和数据分析技术，人工智能能够评估广告的点击率、转化率和用户反馈，识别出表现最好的广告创意和投放策略。例如，根据用户的点击和互动数据，人工智能能够调整广告的内容、形式和展示位置，从而提高广告的效果和投资回报率。综上所述，人工智能在影视市场营销中的应用为广告投放带来了革命性的变革。通过精准的用户定位、自动化的广告购买和优化的广告效果分析，人工智能不仅提升了广告投放的效率和效果，也为广告主和影视公司带来了更大的市场竞争力和经济效益。

## （四）社交媒体和口碑管理

人工智能技术在社交媒体和口碑管理中的应用，为影视作品的宣传和口碑维护提供了强大的工具和支持。通过自然语言处理和情感分析技术，人工智能可以实时监控社交媒体上的讨论和反馈，及时发现和应对潜在的舆论危机。例如，人工智能可以分析用户在快手、抖音等平台上的评论，识别出热点话题和用户的情感倾向。这种社交媒体监控，不仅帮助营销团队及时了解用户的反馈和舆论动向，还为危机公关和口碑管理提供了重要支持。人工智能还可以通过对用户评论和反馈的分析，制定有效的口碑营销策略。通过情感分析技术，人工智能可以识别出用户对影片的评价，并分析其中的关键词和情感倾向。例如，当影片获得了大量的正面评价时，人工智能可以建议营销团队将这些评价转化为宣传素材，增强影片的口碑效应。这种基于数据的口碑营销，不仅提升了影片的市场形象，还增加了用户的观影兴趣和参与度。此外，通过人工智能技术，影视公司还可以与用户进行更为精准和高效的互动。例如，通过人工智能客服系统，影视公司可以及时回应用户的咨询和反馈，提升用户的满意度和忠诚度。人工智能通过互动活动和反馈调查，收集用户的意见和建议，为影片的后续宣传和市场策略提供参考。

# 四、观众体验的提升

人工智能技术的应用在多个方面显著提升了观众的影视体验。从内容推荐、互动娱乐到个性化服务，人工智能技术使观众获得更加丰富、多样和个性化的观影体验。通过精准的内容推荐，人工智能帮助观众更快地找到自己感兴趣的影片；通过互动娱乐体验，为观众提供了更加丰富和有趣的观影方式；通过个性化服务与支持，为观众提供了更加便捷和高效的观影服务；通过社交互动与分享，人工智能为观众提供了更加丰富和有趣的社交观影体验。

## （一）个性化推荐和服务

个性化推荐系统是人工智能在提升观众体验方面的最直观应用之一。通过对用户数据的分析，人工智能能够根据观众的兴趣和观看历史，提供定制化的内容推荐。人工智能算法能够分析观众的观看历史、评分和搜索记录，生成个性化的内容推荐列表。例如，腾讯视频的推荐系统通过协同过滤和深度学习算法，根据观众的观影习惯和偏好，推荐符合其口味的影片和剧集。这种精准推荐不仅提升了观众的观看体验，还增加了平台的黏性，使得观众能够更快地找到自己感兴趣的内容。人工智能技术在字幕和配音生成方面的应用，使得多语言和个性化服务更加便捷和高效。通过机器翻译和语音合成技术，人工智能可以快速生成高质量的多语言字幕和配音，满足不同语言和文化背景观众的需求。例如，观众可以选择自己喜欢的配音演员或语音风格，享受个性化的观影体验。

## （二）互动娱乐体验

人工智能技术为观众提供了更加丰富和互动的娱乐体验，通过虚拟现实（VR）、增强现实（AR）和交互式内容，观众能够享受到全新的观影方式。人工智能结合 VR 和 AR 技术，为观众带来沉浸式的观影体验。观众可以通过 VR 设备进入影片的虚拟世界，体验 360 度全景视角和互动内容，为观众提供身临其境的观影体验。这种沉浸式体验不仅增强了观影的真实感和代入感，还为影片的互动性和娱乐性提供了更多可能性。AR 技术可以在观影过程中，为观众提供额外的互动内容和信息。观众在观看科幻影片时，可以通过 AR 设备看到影片中的虚拟角色和场景,与之互动和交流。这种互动娱乐体验,使得观众能够更加深入地参与到影片的情节和世界中,提升了观影的乐趣和体验。

### (三)社交互动与分享

人工智能技术在社交互动和分享方面的革新,使得观众能够更加方便地交流,增加了观影的社交性和互动性。观众在观看影片时,可以在社交媒体平台上通过弹幕、留言等方式实时分享自己的观影感受和评论,与其他观众进行交流和互动。人工智能可以通过情感分析和自然语言处理技术,识别出观众的情感倾向和话题热点,推荐相关的社交内容和互动活动。

人工智能技术为观众提供了新的参与模式,使观众能够更加主动和深入地参与到影视作品的创作和传播中。通过人工智能技术,观众可以直接参与到影视作品的内容创作中,通过选择不同的剧情走向,影响影片的发展和结局。例如,Netflix 的《黑镜》就是一部交互式影片,平台通过人工智能算法,邀请观众参与剧本创作、角色设计和剧情投票等活动,使观众能够直接影响影片的发展和结局。这种观众参与内容创作的模式,不仅增加了观众的参与感和归属感,还为影片的创作提供了更多的创意和灵感。一些平台通过人工智能分析,识别出影片的核心粉丝和意见领袖,邀请他们参与影片的宣传和推广活动。观众还可以通过社交媒体、口碑推荐和线下活动,帮助影片进行宣传和推广,形成广泛的传播效应和口碑效应。

## 五、商业模式和产业生态的重塑

人工智能技术正全面重塑影视产业的商业模式和产业生态。数据驱动的决策与营销极大地提高了创作和推广的效率与效果,同时通过智能版权保护和管理,优化了版权的生态与交易机制。跨平台与跨媒体的合作也进一步开拓了更多商业机会和收入来源,推动整个产业生态向更加智能化、多元化的方向发展。

### (一)数据驱动的内容生产与营销

随着人工智能技术的不断发展,影视行业越来越多地借助数据驱动的方法进行内容生产和营销,从而使创作和推广更加科学和高效。人工智能通过对观众数据的深度分析,能够精准地指导影视作品的创作方向和营销策略。例如,通过分析观众的观看历史、搜索记录以及在社交媒体上的互动行为,人工智能可以识别出观众最感兴趣的题材和类型。电影《流浪地球2》在上映前,制片方利用人工智能技术对大量观众数据进行了详尽分析。通过这些数据,他们了解到观众的喜好和观影习惯,进而制定了一系列针对性的营销策略,针对不同用户群体进行定制化的推广活动,以提高电影的曝光度和观众参与度。这种数据驱动的方法不仅帮助制片方更好地了解和把握观众的需求,还能够为编剧和导演提供宝贵的创作灵感和参考。通过人工智能技术分析的数据,影视行业能够更精准地把握市场趋势,提前预测观众喜好,从而优化影片的创作和营销策略,实现票房口碑双丰收的目标。

### (二)智能化的版权保护与管理

人工智能技术在版权保护与管理方面的应用,显著优化了影视产业的版权生态,提高了版权保护的效率和效果。传统的版权保护方法主要依赖人工监控和手动举报,这种方式在面对庞大且快速更新的数字内容时,往往效率低下,难以应对侵权行为的复杂性和广泛性。同时,由于人为因素的干扰,传统手段在精准度上也存在一定局限,导致部分侵权行为未能及时发现和处理。然而,人工智能的引入彻底改变了这一局面。基于机器学习和深度学习技术的智能版权保护系统,能够自动扫描互联网及各种数字平台上的海量内容,精准识别和比对影视作品的数字水印、内容特征、音视频片段或文本片段等,快速发现未经授权的影视作品副本。相较于传统的人工手动识别,这种智能化技术不仅大幅提升了发现盗版行为的速度和准确性,还能够在侵权行为发生时迅速响应,进行实时追踪和干预,从而降低因盗版带来的经济损失和法律风险。

人工智能技术还可以持续学习和改进,能够适应不断变化的侵权手段和技术,进一步增强版权保护的灵活性和有效性。通过智能化的版权管理系统,影视制作公司可以获取详尽的数据分析和监测报告,包括侵权行为的频率、地域分布、平台来源等关键信息。借助这些数据,版权持有人能够制定更为精准的版权保护和打击策略,有效提高版权管理的效率和成本效益。例如,一些大型影视制作公司已经开始利用人工智能技术进行版权保护。

迪士尼便是其中的一个典型案例,该公司通过人工智能技术监测互联网和社交媒体,实时检测和打击盗版行为。此外,迪士尼还运用数据分析来评估和优化版权保护策略。通过这些技术手段,迪士尼能够有效控制其影片在全球上映期间的盗版问题,显著减少了经济损失,同时维护了影视作品的长期市场价值。

### (三)跨平台和跨媒体的融合发展

人工智能技术推动了影视产业的跨平台和跨媒体融合,创造了更多的商业机会和合作模式。通过人工智能技术的支持,影视作品可以更加便捷地进行跨平台分发和推广。例如,人工智能可以根据不同平台的观众偏好和需求,定制化地调整影片的内容和形式,使其适应不同平台的传播特点和用户习惯。这种跨平台内容分发,不仅扩大了影视作品的覆盖范围,还增加了观众的接触渠道和观影选择。

人工智能技术还促进了影视产业与其他媒体的跨界合作和共创。例如,影视公司可以通过人工智能技术,与游戏、音乐、文学等进行深度融合,开发跨媒体的内容和产品。例如,一部热门影片可以通过人工智能技术,与游戏公司合作开发相关的游戏产品,与音乐公司合作推出相关的音乐专辑,与文学平台合作创作相关的小说和漫画。这种跨媒体合作和共创,不仅丰富了影视作品的内容和形式,还为观众提供了更加多样和丰富的娱乐体验,创造了更多的商业机会和收入来源。

# 第三节 人工智能对影视产业
# 影响的驱动因素

人工智能对影视产业的影响具有多重驱动因素,首先,科技的飞速发展促使人工智能技术逐步成熟,尤其是在深度学习和自然语言处理等领域,为影视制作的各个环节提供了技术支持。其次,国内外出台的相关政策为人工智能在影视领域的应用提供了政策保障,推动了技术的广泛应用。最后,影视产业自身的创新需求促使其借助人工智能提高生产效率与内容质量,以应对激烈的市场竞争与观众需求的多样化。这三方面的协同作用使人工智能在影视产业中得到快速推广和应用。

# 一、科技进步促进人工智能技术的应用

科技是第一生产力,科技的进步与发展不断推动人工智能技术在影视产业中的应用,带来影视产业的生产变革。科技的快速发展是人工智能技术在影视产业应用的关键推动力。过去十年,计算能力的迅猛提升为人工智能的发展奠定了坚实的基础。高性能计算设备和图形处理单元(GPU)的广泛应用,使得复杂的人工智能算法和深度学习模型得以在短时间内完成训练和推理过程。这一进步使得实时特效生成、图像处理和视频编辑等需要大量计算资源的任务变得更加高效。例如,制作公司可以利用人工智能加速特效和动画制作,提高生产效率和视觉效果。

人工智能算法的持续优化和创新也是推动影视产业发展的关键因素。深度学习、强化学习和自然语言处理等前沿算法的不断发展,使得人工智能在图像识别、语音合成、文本生成等领域的表现大幅提升。深度学习和神经网络的发展是人工智能技术取得突破的关键因素。近年来,卷积神经网络(CNN)、循环神经网络(RNN)和生成对抗网络(GAN)等深度学习模型在图像识别、自然语言处理和生成任务上取得了显著进展。在影视产业中,GAN被广泛用于生成逼真的特效和动画。GAN 可以生成虚拟演员的面部表情,甚至可以复原已故演员的形象,使其在新的电影中"复活"。例如,电影《传说》运用 AI 重现演员成龙 27 岁时的形象。综艺节目《美国达人秀》利用虚拟技术,对传奇歌手"猫王"(Elvis Presley)的形象进行了复刻,这种复刻不仅包括外貌特征,还涵盖了动作、表情和音乐风格等方面,实现了"猫王"重现舞台的景象。深度学习模型还用于自动化影片剪辑、配音和字幕生成,提升了制作效率和内容质量。自然语言处理(NLP)技术的进步使得人工智能在剧本创作和字幕生成中发挥了重要作用。通过大规模文本数据训练,人工智能可以生成符合人类写作风格的剧本片段,帮助编剧构思和完善故事情节。例如,OpenAI 的 GPT 系列模型能够生成高质量的文本,为影视创作者提供创作灵感。NLP技术还用于自动生成和翻译字幕,使得影视作品能够迅速适应全球市场需求,减少人工翻译的时间和成本。影视公司利用这些先进算法,可以实现自动化的剧本创作、智能剪辑、虚拟演员生成等功能,大大提升了制作效率和内容质量。

大数据和云计算的发展,为人工智能提供了丰富的数据资源和强大的计算平台。一方面,影视产业通过大数据技术,可以收集和分析海量的观众行为数据,了解观众偏好和市场趋势,指导内容创作和营销策略。例如,Netflix利用大数据分析确定了许多原创剧集的主题和风格,精准地满足观众需求,取得了商业上的巨大成功。通过分析观众数据,人工智能可以预测影片的潜在受欢迎程度,优化宣传策略和发行计划。另一方面,云计算则为人工智能模型的训练和部署提供了强大的算力支持,使得影视公司可以灵活、高效地利用人工智能技术。云计算平台通过其高度并行化和分布式处理能力,为影视公司提供了处理大规模数据集的能力。在影视制作中,特别是在后期制作和特效处理中,需要使用复杂的人工智能模型进行图像处理、语音识别和自然语言理解等任务。云计算平台能够快速、高效地训练这些模型,从而提升制作效率和质量。云计算技术使得影视公司可以实现人工智能模型的即时部署和更新。通过云服务提供商的管理控制台,影视公司能够轻松地将训练好的模型部署到各种应用场景中,如视频内容智能分析、用户体验的个性化推荐和虚拟现实的增强效果。这种快速部署能力不仅提升了生产效率,还支持影视公司在市场竞争中保持敏捷性。此外,近年来出现了许多专用人工智能硬件,这些硬件在执行特定人工智能任务时表现出色。VR和AR设备的进步为影视产业提供了全新的观影体验。高分辨率显示屏、低延迟追踪系统和强大的图形处理能力,使得VR和AR设备能够提供更加沉浸和互动的观影体验,而不受网络延迟的影响。观众可以通过VR设备进入影片的虚拟世界,体验身临其境的感觉,而AR设备则可以在现实环境中叠加虚拟内容,提供互动和增强的观影体验。

## 二、政策及形势推动人工智能技术的应用

人工智能在当今社会的飞速发展和应用,不仅给人类社会生产生活带

来了便利,同时也是国家实力的体现。国内外针对人工智能纷纷出台了相应的扶持政策和财政支持,推动了人工智能技术的发展及普及,也为人工智能在影视产业中的应用打下了良好的基础。

**（一）国内政策及形势的推动**

在人工智能发展应用的浪潮下,我国把握人工智能发展趋势,紧跟时代潮流,结合国情发展将人工智能多次放在国家战略高度,制定了一系列人工智能相关政策规划,为人工智能在我国的创新发展、产业落地与融合、教育科研提供了有力的依据。2017 年,国务院印发《新一代人工智能发展规划》,提出要在 2030 年使中国成为世界主要的人工智能创新中心。《新一代人工智能发展规划》强调,人工智能技术应在文化创意产业中得到广泛应用,推动影视、游戏、文学等领域的创新和发展。2024 年 6 月,工业和信息化部、中央网信办、国家发展改革委、国家标准委等四部门联合印发《国家人工智能产业综合标准化体系建设指南(2024 版)》,不仅标志着我国在人工智能标准化领域的进一步深化与完善,也为全球人工智能产业的发展提供了具有示范意义的重要举措。此外,我国各级政府设立了多项专项资金和补贴政策,支持影视公司和技术企业进行人工智能技术的研发和应用。例如,北京市设立了文化产业发展专项资金,对应用人工智能技术的影视项目给予资金支持,鼓励创新和产业升级。

我国影视市场的迅速增长和观众对内容多样化的需求,推动了人工智能技术在影视产业中的应用。首先,随着互联网和移动设备的普及,观众对个性化、互动化和高质量内容的需求日益增长。人工智能技术通过数据分析和智能推荐,能够精准满足观众的多样化需求,提升用户体验和满意度。例如,爱奇艺和腾讯视频等视频平台,通过人工智能推荐系统,为用户提供个性化的影片和剧集推荐,显著提高了用户黏性和观看时长。其次,我国影视市场竞争激烈,影视公司需要不断创新,提升内容质量和生产效率,以在激烈的市场竞争中保持优势。人工智能技术的应用,使得影视公司能够在内容创作、制作流程和市场营销等方面实现智能化和自动化,提升竞争力。例如,华为的云计算和人工智能技术,助力国内多家影视制作公司实现智能剪辑和特效制作,缩短了制作周期,提升了影片质量。

### （二）国际政策及形势的推动

国际上,各国政府和国际组织也积极推动人工智能技术的发展和应用,为影视产业提供了良好的政策环境和技术支持。美国政府发布的《国家人工智能研究与发展战略计划》明确指出,人工智能技术是未来经济和社会发展的关键领域之一。《国家人工智能研究与发展战略计划》强调,要促进人工智能在文化创意产业中的应用,推动影视、音乐、游戏等领域的创新和发展。例如,美国国家科学基金会（NSF）资助了大量与人工智能和影视相关的科研项目,推动了技术的进步和应用,增强影视产业的竞争力和创新能力。欧盟发布《人工智能白皮书》,提出要在欧洲建立可信赖的人工智能技术框架,促进人工智能技术在各个领域的应用和创新。《人工智能白皮书》指出,人工智能技术在影视产业中的应用,可以提升内容创作和制作效率,推动欧洲文化创意产业的发展。欧盟通过"地平线2020"等科研资助计划,支持影视公司和研究机构进行人工智能技术的研发和应用。

首先,全球影视市场的变化和技术进步,为人工智能技术在影视产业中的应用提供了新的机遇和挑战。随着全球化的推进,影视作品的跨国传播和市场需求不断增加。人工智能技术通过自动翻译、字幕生成和内容本地化,助力影视作品迅速适应不同国家和地区的市场需求,提高国际传播效率和市场占有率。例如,Netflix利用人工智能技术,实现多语言字幕和配音的自动生成,使其原创内容能够迅速进入全球市场。其次,国际影视公司和技术企业之间的合作和交流,为人工智能技术的应用提供了丰富的经验和资源。跨国合作项目和技术交流活动,促进了人工智能技术在影视产业中的推广和应用。

## 三、影视行业自身发展急需人工智能的加入

人工智能被应用于人类生产、生活、学习的诸多领域中,影视行业同样也需要人工智能技术的注入,影视产业中存在着人力资本解放、影视内容形式创新、投融资规划等一系列问题需要人工智能技术来解决。

### （一）人工智能解放人力

在影视行业中,存在一些工作环节具有烦琐、复杂度高且耗时长的特

点,这些环节正是人工智能技术可以发挥重要作用的领域。传统的人力资源在面对这些挑战时往往效率低下、成本高昂,而引入人工智能技术可以显著提升效率、降低成本,并且改善工作质量。

首先,剧本创作是影视制作的核心环节之一,然而传统的剧本创作过程通常需要大量的时间和人力资源。编剧需要深入分析题材、构思情节,这一过程既复杂又耗时,而且可能会受到创作灵感的限制。人工智能可以通过自然语言处理(NLP)技术分析大量的文学作品和电影剧本,快速生成符合特定风格和主题的初稿。例如,OpenAI 的 GPT 系列模型可以生成连贯的故事情节,为编剧提供创作灵感和初步的剧本草案,大大缩短了创作周期。

其次,影片剪辑是影视制作中的关键步骤之一,剪辑师需要从大量的拍摄素材中选取合适的镜头,编辑成流畅、连贯的影片。这一过程不仅需要技术熟练的剪辑技能,还需要大量的时间和精力。人工智能在影片剪辑中的应用可以大幅提高剪辑效率和质量。智能剪辑工具利用深度学习算法可以分析影片的内容和情节,自动识别关键场景和情节,从而进行智能剪辑。例如,Adobe 的 Premiere Pro 集成了 Adobe Sensei,能够根据预设的风格和节奏自动剪辑影片,剪辑师只需进行细节调整,显著提升了剪辑效率。

再次,特效制作是影视制作中的重要组成部分,它涉及复杂的图像处理和动画制作,传统的特效制作过程需要大量的人力资源和时间投入。人工智能技术在特效制作中的应用可以解放特效师的繁重工作,提高制作效率和视觉效果的质量。例如,使用生成对抗网络(GAN)技术可以生成逼真的特效和动画,提升视觉效果的真实感和表现力。此外,人工智能还能通过智能算法优化场景渲染过程,减少渲染时间和成本,为特效制作提供更强有力的支持。

最后,影视项目管理也是一个复杂而烦琐的工作环节,涉及拍摄进度的安排、资源的分配和团队协作等多个方面。传统的项目管理过程可能存在信息不对称、资源浪费等问题,而人工智能技术可以通过数据分析和流程优化实现智能化的项目管理。智能项目管理工具可以根据拍摄进度和资源情况,优化拍摄计划和场景安排,从而减少时间和成本的浪费,确保制作进程的高效进行。此外,人工智能还能通过分析团队成员的技能和工作负载,优化人力资源管理,提升团队的工作效率和协作效果。可见,影视行业中存在的这些烦琐、复杂且耗时长的工作环节,正是人工智能技术可以大显身手的领域。通过引入人工智能技术,可以显著提升创作效率、降低制作成本,并且改善作品的质量和视觉效果,从而推动整个影视行业向前迈进。

### (二)人工智能辅助投融资

在影视行业的投融资环节中,人工智能技术的应用正逐渐成为提升效率、降低风险以及增强决策能力的重要工具。

首先,人工智能在项目评估和风险管理中的应用。影视项目的投融资决策往往面临众多不确定性和风险,如市场反应、票房预测、观众喜好等。传统的投资决策依赖于经验和市场分析,但这些方法可能不够精准或者时间成本较高。人工智能可以通过分析大数据和挖掘隐藏模式,提供更加精准和可靠的项目评估。例如,利用机器学习算法和自然语言处理技术,可以对历史数据进行深入分析,预测项目的市场表现和潜在风险,帮助投资者做出更加明智的决策。

其次,人工智能在市场需求预测和观众分析中的应用。影视投资的成功与否往往取决于市场的接受度和观众的喜好。传统的市场调研方法可能面临样本容量不足或者数据分析效率低下的问题。人工智能可以通过分析大规模的观众数据,识别出观众的偏好和趋势,预测不同类型影视作品的市场表现。例如,腾讯视频利用人工智能分析用户的观看历史和行为数据,预测热门内容和题材,指导原创内容的投资和制作。

再次,人工智能在合同管理和法律风险控制中的应用。影视项目的投融资往往涉及复杂的合同条款和法律风险,如版权问题、合作协议和法律责任等。传统的合同管理和法律风险评估往往需要大量的人力资源和时间,容易出现疏漏和错误。人工智能可以通过自动化合同分析和智能化法律风险评估,识别潜在的法律风险并提供相应的解决方案。例如,法律科技公司开发的智能合同管理系统可以通过机器学习算法自动识别和分析合同条款,减少人为错误和法律风险,提升合同管理的效率和准确性。

最后,人工智能在投资组合管理和资产配置中的应用。影视投资往往是分散的,并涉及多个项目和资产。传统的投资组合管理依赖于专业人士的经验和判断,但面对大量的项目和复杂的市场条件,其决策可能存在偏差。人工智能可以通过智能算法和数据驱动的方法,优化投资组合的配置,实现风险分散和收益最大化。例如,基于机器学习的投资组合优化模型可以根据投资者的风险偏好和预期收益,智能化地配置资产,提高投资组合的整体效益。

综上所述,影视行业的投融资环节面临诸多复杂和烦琐的挑战,人工智能技术的应用能够显著提升效率、降低风险,并增强投资决策的科学性和准确性。通过智能化的数据分析和预测能力,人工智能为影视投资提供了新的视角和解决方案,推动整个行业向着更加智能化和可持续的方向发展。

### (三)人工智能创新影视内容与形式

人工智能正在革新影视内容与形式,通过创新性的技术手段,拓展了创作的边界并提升了观众的体验。

在内容创作方面,人工智能能够通过自然语言处理和机器学习,分析大量的剧本和观众反馈数据,生成符合市场需求的故事情节和对话。人工智能不仅可以协助编剧和导演快速构思剧本,提供创作灵感,还能够根据实时数据调整剧情走向,确保内容与观众偏好高度契合。例如,Netflix 利用人工智能分析用户数据,定制化开发原创剧集,确保内容的吸引力和市场表现。

在形式创新方面,人工智能不仅推动了虚拟现实、增强现实等新兴技术在影视中的应用,还将这些技术与影视创作进行深度融合,彻底改变了传统观影模式,为观众打造更加沉浸式的观影体验。通过人工智能算法,影视作品能够实现实时特效生成和高质量的虚拟场景渲染,使得复杂场景的制作成本大幅降低,同时视觉效果更加逼真与震撼。例如,AI 可以自动生成逼真的自然环境、动态光影效果以及复杂的物理模拟,为导演和制作团队提供了更大的创作自由度。观众通过虚拟现实设备,能够身临其境地进入电影中的世界,与角色和环境进行互动,这种沉浸式体验让观众从被动接受者转变为主动参与者,极大地增强了观影的趣味性和代入感。此外,人工智能在观众行为分析方面的应用,进一步提升了观影体验的个性化与智能化。AI 能够实时分析观众的情感反应和观影习惯,从而动态调整影片的叙事节奏、场景切换甚至剧情走向。这种个性化的互动模式不仅满足了观众对多样化内容的需求,还为影视创作提供了新的可能性。总体而言,人工智能通过推动虚拟现实、增强现实等技术的应用,不仅丰富了影视作品的表现形式,还为观众带来了前所未有的互动与沉浸体验,推动了影视产业向智能化、个性化方向的全面转型。

# 第四节　人工智能影响下影视产业的机遇与挑战

在当今快速发展的数字化时代,人工智能技术对影视产业产生了深远的影响,既为行业带来了前所未有的创新机遇,也伴随着诸多挑战与变革需求。影视产业的创作、编辑、宣传发行等环节正逐步实现深度融合与转型。人工智能的介入不仅显著提升了效率和质量,还引发了关于创作原创性、情感表达以及伦理道德等方面的深刻思考与讨论。

## 一、人工智能给影视产业带来的新机遇

人工智能技术在影视产业中的应用为行业的发展带来了诸多机遇。从内容创作到编辑制作再到消费,人工智能不仅在提高效率和质量方面表现出色,还为创新空间和商业模式的拓展提供了新的可能性。借助智能化的工具和算法,影视行业能够更高效地应对日益复杂的市场环境,优化资源配置,精准定位目标观众,并生成更具吸引力的创意内容。这种变革为推动产业迈向更高水平的发展奠定了基础,同时也为未来的跨界合作和多样化发展开辟了广阔前景。

### (一)虚拟角色与虚拟演员的兴起

#### 1.虚拟角色的技术实现

人工智能技术通过深度学习和计算机视觉,能够生成高度逼真的虚拟角色。这项技术的核心在于模拟人类的面部表情、动作和语音,甚至可以精确还原已故演员的形象。例如,在电影《速度与激情7》中,制作团队利用 AI

技术成功还原了已故演员保罗·沃克的表情和动作,使其在影片中的表现与真人几乎无异。这一技术的应用不仅确保了影片的顺利完成,还让观众再次在银幕上看到保罗·沃克的身影,以此表达对他的深切致敬。

借助生成对抗网络(GAN)和计算机视觉技术,AI能够深入分析演员的面部特征、肌肉运动和表情变化,从而生成高度逼真的虚拟形象。AI语音合成技术同样表现出强大的能力,不仅可以生成自然流畅的语音,还能精准模仿特定演员的声音。例如,在电影《星球大战外传:侠盗一号》中,AI技术成功复刻了已故演员彼得·库欣的声音,使他饰演的塔金总督角色呈现出逼真生动的表现力。

结合实时渲染引擎,AI技术还能够实现虚拟角色的实时生成与交互。在虚拟拍摄过程中,导演可以利用AI实时调整虚拟角色的表情、动作以及场景设置。这种技术显著缩短了后期制作的时间,降低了制作成本,并使创作过程更加灵活高效。这种突破性的进展为科幻、奇幻等类型影片提供了全新的创作可能性,极大地丰富了影视作品的表现形式与观众的观影体验。

**2. 虚拟演员的商业价值**

虚拟演员因不受时间、空间以及生理条件的限制,可以同时参与多部作品的拍摄,为影视产业带来了前所未有的商业价值。这种新兴表现形式突破了传统演员的局限,为行业创造了更多的可能性和营利空间。以虚拟偶像"初音未来"和"洛天依"为例,它们已成为全球知名的虚拟明星,活跃于音乐、电影、广告等多个领域,展现了虚拟演员在多元创作中的巨大潜力。

虚拟演员的核心优势之一在于它们不受实际物理环境的约束,可以在不受档期、身体状况等因素影响的情况下高效参与多项工作。这一特性使得虚拟演员能够同时参与多个项目的制作,大幅提升了影视产业的生产效率。例如,"初音未来"作为虚拟偶像,不仅发行了多张畅销音乐专辑,还成功参与多个广告代言和电影拍摄,成为全球范围内商业化运作的典范,展现了其在娱乐市场中的强大竞争力。与此同时,虚拟演员还能规避真人演员常见的问题,如档期冲突、健康问题或突发意外事件,从而为制片方提供了更高的灵活性和可靠性。借助虚拟演员,制作团队能够显著降低因人为因素导致的延误或风险,优化整个制作周期的效率。此外,虚拟演员的使用还可以有效减少人力成本和时间成本,帮助制作方实现高性价比的项目运作。

虚拟演员的另一个重要优势在于其借助 AI 技术实现的多语言翻译和配音功能,这一能力极大拓宽了影视作品进入国际市场的渠道。例如,"洛天依"作为中国的虚拟偶像,不仅在本土市场大获成功,还通过推出多语言版本的歌曲和视频,成功进入日本、韩国等国际市场,进一步推动了虚拟偶像的全球化传播。除了影视作品的拍摄,虚拟演员还可以跨界参与商业代言、社交媒体互动等多元化活动,进一步提升品牌的市场价值和影响力。虚拟演员的跨平台、多形式商业运作模式,不仅为影视产业注入了新的活力,也为娱乐行业带来了更广泛的商业机会。

综上所述,虚拟演员以不受时间和空间限制的特性、高效的多任务能力以及多语言适应性,成为影视产业和娱乐行业中一股不可忽视的新兴力量。这种创新形式为行业带来了新的商业模式和营利机会,进一步推动了影视产业的全球化和现代化进程。

### 3. 虚拟角色的创作自由度

人工智能技术能够生成具有超现实特征的虚拟角色,这些角色可以拥有独特的外貌、能力和特质,为奇幻、科幻等类型影片注入更多视觉创意和叙事可能性。虚拟角色的高自由度不仅为创作者提供了强大的创作工具,也为观众带来了新颖多样的观影体验。

在奇幻电影中,虚拟角色可以被设计成拥有魔法能力或异于常人的身体特征,这种设计突破了真人演员在外形和表演上的限制。例如,一些角色可能呈现出流动的能量形态、动态发光的肌肤或超自然的动作姿态,而这些效果是通过传统技术难以实现的。AI 技术使得这些虚拟角色的生成与调整更加便捷高效,不仅增加了影片的视觉冲击力,也提升了观众的沉浸感。

虚拟角色的价值不仅体现了其外形设计的灵活性,还展现了其情感表达的丰富性。例如,在情感剧中,虚拟角色可以通过 AI 驱动的精细表情变化和语调控制,精准传递复杂的内心情感。这种高度情感化的表达,使得虚拟角色能够深度参与剧情发展,与观众产生强烈的情感共鸣,从而提升影视作品的叙事深度和艺术感染力。此外,虚拟角色的创作自由度还为影视行业的内容形式创新提供了更多可能性。例如,虚拟角色可以被用于探索全新的叙事手法或实验性影像表达,为创作者开辟更广阔的创作边界。这些角色还能够在跨媒体叙事中发挥重要作用,与游戏、动画以及互动式娱乐内容深度融合,进一步丰富观众的互动和沉浸体验。

综上所述,虚拟角色的创作自由度是人工智能为影视产业带来的核心优势之一。这种自由度不仅为奇幻、科幻等类型影片提供了更具吸引力的表现形式,还拓展了剧情叙述与角色塑造的可能性。虚拟角色凭借其高度的灵活性与多样性,为影视产业注入了新的活力,赋予创作者更广阔的发挥空间,同时为观众带来了更加丰富、多元且难忘的视听享受。

### (二)跨媒体内容生成与分发

人工智能技术在跨媒体内容生成与分发中的应用,为影视产业带来了全新的发展机遇。通过 AI 技术,影视作品能够快速转化为短视频、漫画、游戏等多种形式,并依托智能算法实现精准的个性化内容推荐。这种技术赋能不仅显著提升了影视内容的传播效率与商业价值,还打破了传统媒介的界限,为观众打造了更加多元化、沉浸式的娱乐体验,进一步推动了影视产业生态的升级与创新。

#### 1. 跨媒体内容生成

AI 技术能够高效地将影视作品转化为其他媒体形式,为行业开辟了全新的内容创作和分发模式。例如,AI 可以自动提取电影中的经典场景,生成短视频用于社交媒体宣传,从而吸引更多观众的关注。这些短视频不仅能快速传播影视作品的核心内容,还能借助社交媒体的互动功能,增强观众的参与感和黏性。AI 还可以将影视 IP 转化为互动游戏,赋予观众更加沉浸式的娱乐体验。例如,基于电影《星球大战》的 IP,AI 技术能够生成互动游戏,让观众在虚拟环境中重现电影中的经典场景,与角色互动,从而延续和深化观众对影视作品的情感连接。

跨媒体内容生成的核心优势在于 AI 技术的多样性和高效性。通过自然语言处理(NLP)和计算机视觉技术,AI 可以自动分析影视作品中的关键场景、角色和情节,生成适配其他媒体形式的内容。借助 AI 技术的跨媒体转换功能,影视行业能够高效扩展作品的影响力,通过将单一内容转化为短视频、漫画、游戏等多种形式,为观众打造全方位、多层次的媒介体验。这种全新的内容生成模式,正推动影视产业向多元化、创新化方向迈进,同时也为观众带来了更为丰富的娱乐选择。

### 2.跨媒体分发的优势

跨媒体分发为影视行业提供了扩大内容影响力和商业价值的全新途径,同时为行业开辟了多样化的营利渠道。例如,一部电影通过 AI 技术可以生成配套的广告、小说、游戏等内容,形成完整的 IP 生态链。这种模式不仅提升了影视内容的利用率,还为行业创造了更多商业机会。例如,基于电影《哈利·波特》的 IP,AI 可以生成相关的漫画和互动游戏,不仅延续观众对原作的热爱,还吸引更多潜在用户加入这一生态体系。

此外,AI 技术可以通过跨媒体分发将影视作品延伸至更多媒体形式。例如,基于电影《复仇者联盟》的 IP,AI 技术能够开发衍生漫画、动画和角色扮演类游戏,进一步扩大观众群体的覆盖范围。这种转化为影视行业带来了全新的市场机遇,不仅增加了 IP 的生命周期,还能通过多样化内容形式为观众提供更加丰富的娱乐体验。跨媒体分发的潜力不仅限于传统媒体形式的转换,还包括以技术为驱动的新媒体体验。例如,基于电影《冰雪奇缘》的 IP,AI 可以生成与角色相关的玩具、服装,以及互动类游戏,为市场注入多样化的衍生商品。同时,基于电影《侏罗纪公园》的 IP,AI 技术还能够创建虚拟现实(VR)体验,让观众身临其境地感受电影中的经典场景。这种创新形式不仅增强了观众的沉浸感,还为影视作品开辟了新的商业路径。

### 3.个性化内容推荐

个性化内容推荐是人工智能技术在影视行业中的重要应用,其核心在于 AI 强大的数据分析和机器学习能力。通过全面分析观众的观影习惯、情感反应以及社交媒体行为,AI 能够精准预测观众的兴趣和需求,智能匹配相关内容,为观众提供更贴合个人偏好的观影体验。这不仅提升了观众的满意度,也为影视行业带来了更多商业机会。

AI 通过分析观众的观影历史,可以推荐类似主题或风格的电影及相关衍生内容。这种多样化的推荐方式,不仅增强了观众的沉浸感,还激发了他们对相关内容的进一步消费。此外,AI 具备实时动态调整推荐策略的能力,根据观众在观看过程中的即时反馈,能够迅速优化推荐内容,使其更加符合观众的兴趣。在个性化推荐中,AI 的深度学习能力还可以从观众的社交媒体互动中提取隐性需求。通过分析评论、分享和点赞行为,AI 能够预测观众对特定类型内容的偏好,从而更精准地推送符合其兴趣的影视作品及衍生产品。这种方式不仅扩大了影视内容的触达范围,也通过个性化体验提升了内容的商业价值。因此,AI 驱动的个性化推荐为影视行业注入了新的活力。通过深入分析观众行为、动态调整推荐策略以及扩展内容形式,AI 不仅提升了内容消费的深度和广度,还为观众创造了更加丰富多元的娱乐体验。这项技术的应用,助力影视行业在内容分发和用户体验方面实现持续创新与突破。

### (三)数据驱动的精准化决策支持

人工智能技术通过数据分析和机器学习,为影视行业的各个环节提供精准的决策支持,包括市场趋势预测、预算与资源优化以及观众行为分析。这些技术的应用显著提升了影视项目的制作效率和市场表现,为行业带来更多科学化和精细化的管理方式。

#### 1. 市场趋势预测

AI 技术通过分析历史票房数据、观众评论以及社交媒体热点,能够精准预测影片的市场表现,为制片方制定科学的选题和制作计划提供重要依据。例如,通过机器学习算法,AI 能够从海量数据中提取关键信息,如观众对某一类型电影的评分、评论和讨论热度,从而预测未来市场的需求趋势。这种数据驱动的预测,不仅帮助制片方选择更符合市场需求的题材,还能提升影片的票房表现。

市场趋势预测的核心在于 AI 强大的数据分析能力。通过分析历史票房数据,AI 可以识别出不同类型影片的票房规律和观众偏好;通过观众评论和社交媒体讨论,AI 能够捕捉观众的情感反应和关注热点。例如,AI 可以分析科幻电影在不同时期的市场表现及观众情绪,进而预测未来科幻影片的流行趋势,为制片方提供有针对性的指导。这种预测能力能够有效降低市场风险,提升影片的竞争力。

#### 2. 预算与资源优化

AI 技术为影视项目的成本预测和资源优化提供了全新的解决方案,显著减少了资源浪费和成本超支的可能性。例如,AI可以根据拍摄计划、演员档期和场地条件,自动生成最优的拍摄方案,大幅提高项目执行效率。通过对历史项目的拍摄成本、资源利用率和时间安排进行分析,AI能够提取出成功项目中有价值的信息,为新项目提供参考建议。具体而言,AI技术可以分析某一类型影片的拍摄模式,预测未来项目的成本结构和时间安排。例如,通过分析历史数据,AI能够帮助制片方优化演员档期安排,选择更高效的拍摄场地,或者建议更合理的特效制作分配方案。这种智能化的资源调配能力,不仅减少了不必要的支出,还能够确保项目如期完成并达到预期质量。

### 3. 观众行为分析

AI技术通过深入分析观众的观影习惯和情感反应,为内容创作提供科学依据。通过情感分析技术,创作者能够了解到哪些情节最能引发观众的共鸣,哪些桥段可能导致观众流失,从而更精准地调整内容结构。这种基于观众行为的分析,不仅可以用于后期创作,还能够通过实时反馈提升影片的传播效果。例如,在影片试映阶段,AI可以根据观众的即时反应,指出叙事节奏或角色塑造的改进方向,帮助制片方在正式上映前优化内容。此外,AI还可以综合分析观影历史和社交媒体行为,为观众推荐更加个性化的影视作品,提升观众的忠诚度和平台黏性。

通过市场趋势预测、预算与资源优化以及观众行为分析,AI技术为影视行业的科学决策提供了强大的支持。这些技术不仅提升了影视项目的制作效率和市场表现,还为行业提供了更加精细化的管理工具。随着AI技术的不断发展,数据驱动的精准化决策支持将成为影视行业不可或缺的核心优势。

### (四)互动式电影与游戏化体验

### 1. 互动式电影的技术实现

AI技术的应用使互动式电影成为可能,观众可以通过选择不同的情节分支来影响影片的结局,从而获得前所未有的观影体验。以Netflix的《黑镜:潘达斯奈基》为例,该作品开创性地将剧情决策权交予观众,使观众能够在关键情节的节点通过交互界面做出选择,从而影响故事的发展方向与最终结局。这种创新的叙事模式不仅打破了传统线性叙事的局限,而且通过多线的故事架构为观众打造了独特的观影体验,极大地提升了观影的沉浸感与参与度。

在技术层面,AI通过自然语言处理(NLP)技术和机器学习算法,构建了一个复杂的情节分支系统。这一系统能够根据观众的实时选择,动态生成与之对应的剧情走向,并通过实时渲染引擎(如Unreal Engine)即时生成相应的场景与角色互动。这种技术组合不仅显著降低了传统电影制作中后期剪辑与场景重建的成本,还实现了叙事内容的高度灵活性与个性化。例如,当观众选择不同的对话选项或行动路径时,AI能够快速分析剧情逻辑,并生成与之匹配的场景过渡与角色反应,确保叙事的连贯性与沉浸感。

从技术发展的角度来看,AI驱动的互动式电影不仅代表了影视制作技术的重大突破,更预示着未来娱乐内容的演进方向。随着AI技术的不断成熟,互动式电影有望在叙事复杂度、场景真实感以及观众参与度等方面实现更大突破,为影视行业开辟全新的创作空间与商业模式。随着技术的发展,未来可能会出现完全由AI实时生成的互动电影,观众的选择不仅影响剧情走向,还可能改变角色的性格设定甚至故事的架构。这种高度自由的互动模式将进一步模糊创作者与观众之间的界限,推动影视艺术向更加开放、多元的方向发展。

## 2. 游戏化体验的潜力

AI技术正在为影视行业开辟全新的游戏化体验模式,通过将影视作品转化为互动游戏,为观众提供更具沉浸感的娱乐体验,同时显著拓宽内容的商业价值链。以《唐人街探案:侦探笔记》为例,这款基于同名大电影IP改编的冒险解谜类手游,利用先进的3D引擎技术打造出高度还原的超清游戏世界,为玩家呈现了丰富的场景设计与电影原作的精彩剧情。在游戏中,玩家可以化身侦探,通过细致探索场景中的每一个细节,解开层层谜题与复杂案件,深度体验冒险解谜的乐趣。这种游戏化模式不仅延续了电影IP的叙事魅力,还通过互动性增强了用户的情感连接与参与感,从而进一步提升IP的市场吸引力与用户黏性,为影视行业的多元化发展提供了创新路径。

通过计算机视觉和深度学习算法,AI能够生成更加生动的虚拟角色和场景,赋予玩家强烈的代入感。更重要的是,AI可以根据玩家的选择动态调整游戏情节分支,为每位玩家提供独一无二的游戏体验。这种即时生成和互动能力不仅大幅提高了游戏的娱乐价值,还满足了观众日益增长的个性化需求。通过将影视作品的内容和主题融入互动游戏,AI让观众得以更深入地参与到故事中,同时激发他们对其他相关内容的兴趣。这种整合了娱乐性与商业价值的创新模式,为影视行业提供了更加广阔的发展空间,也为观众创造了前所未有的沉浸式娱乐体验。

**3.个性化观影体验**

AI技术可以根据观众的选择和偏好,实时调整影片的内容和互动方式。AI技术通过分析观众的观影习惯、情感反应和社交媒体行为,能够精准预测观众的兴趣和偏好,从而推荐符合其需求的内容。例如,基于观众的观影历史,AI可以推荐相关的电影、电视剧或游戏,增强观众的参与感和黏性。AI技术能够实时捕捉观众的情感反应,并根据观众的反馈动态调整影片的内容和互动方式。例如,在互动电影中,AI可以根据观众的情感反应动态调整影片的叙事节奏和场景切换,提供更加个性化的观影体验。当观众看完某部科幻电影,AI可以自动推荐相关的短视频剪辑、基于电影设定的互动游戏,或由电影改编的漫画系列。这种基于兴趣的内容延展不仅丰富了观众的体验,还激发了他们对衍生内容的进一步消费。

通过多媒介转化与个性化推荐的结合,AI为影视行业带来了显著的商业机遇。一方面,多种媒介形式的推出延长了影视作品的生命周期,为IP创造更多的营利点;另一方面,观众通过更加多样化的媒介体验感受到高度个性化的服务,进一步提升了品牌的用户黏性与忠诚度。这种双向收益的模式,推动了影视行业从传统线性传播向深度用户参与的生态化转型,为行业创新与增长开辟了全新的发展路径。

**(五)新兴技术的融合与创新应用**

人工智能(AI)技术与虚拟现实(VR)、增强现实(AR)以及区块链等新兴技术的融合,正在为影视产业带来全新的创新应用和商业模式。这些技术的结合不仅能够提升观众的观影体验,还为影视行业提供了更高效、透明的内容分发与版权保护解决方案。

### 1. 人工智能技术与虚拟现实技术的结合

人工智能技术与虚拟现实技术的融合,为观众带来了全新的沉浸式观影体验。借助 VR 设备,观众仿佛置身于电影世界,与虚拟角色互动,甚至通过自己的选择影响剧情发展。这种沉浸式体验不仅显著增强了观众的参与感和满意度,也为影视行业开拓了全新的商业模式与发展机遇。以电影《长津湖》为例,该影片在推广过程中推出了基于 AI 与 VR 技术的体验版本,为用户还原了冰雪战场的震撼氛围。通过 AI 驱动的高精度场景重建与动态生成,观众仿佛置身于战场之中,感受极寒环境和激烈战斗的逼真效果。同时,AI 的自然语言处理技术和情感分析技术进一步增强了观众与虚拟角色的互动深度。用户不仅可以与电影角色对话,还能根据自身选择影响剧情发展,深度参与情节演进。这种创新形式,不仅加强了观众的情感共鸣,还为电影的宣传和推广提供了独特路径。

VR 体验的推出拓展了影视 IP 的商业化潜力。通过线下 VR 体验馆和线上 VR 应用平台,观众能够在电影上映前感受影片的核心内容,从而激发观影兴趣并提升影片的市场热度。借助计算机视觉和深度学习算法,AI 能够实时生成虚拟场景并动态调整内容。在 VR 电影中,观众的选择可直接影响情节发展,为每位用户带来个性化观影体验。同时,AI 赋予虚拟角色生动的情感表达,使其对话和动作更加真实,进一步提升了沉浸感和互动性。不仅如此,AI 与 VR 的结合还优化了影视制作流程。导演可以利用虚拟拍摄和实时渲染技术,在制作阶段通过 VR 设备预览场景效果并调整镜头、光影等元素,从而大幅降低试错成本,提高制作效率。这些技术创新不仅提升了观众的观影体验,还为影视行业的技术升级与商业模式创新提供了全新动力。

### 2. 人工智能技术与增强现实技术的结合

人工智能技术与虚拟现实技术的结合,为影视作品及文化艺术领域开创了全新的互动体验与传播模式,显著提升了内容的吸引力和观众的参与感。在影视作品的营销中,AI 技术与 AR 技术的结合赋予了传统广告形式更多的创意与互动性。例如,一款基于《复仇者联盟》的 AR 应用,可以让用户通过手机参与超级英雄的战斗场景,仿佛置身其中。这种互动式营销不仅增强了观众的沉浸感和参与度,还通过社交媒体分享和用户生成内容(UGC)迅速扩大了影片的传播范围,有效提升了市场热度,为影视行业的推广提供了全新的路径。

在电视节目里,AI 技术与 AR 技术的结合同样展现了巨大的创新潜力。以 2023 年央视春晚舞蹈节目《锦绣》为例,该节目以中国传统刺绣文化为主题,通过 AI 驱动的动态场景生成与 AR 技术的沉浸式视觉效果,将舞台扩展为一个虚实交融的艺术空间。AI 技术通过深度学习,精准提取传统刺绣的纹样,结合舞者的动作轨迹实时生成动态背景画面,如花海绽放与丝绸飞舞,使舞台效果与舞者的情感表达高度契合。同时,AR 技术将平面刺绣意象立体化,营造出观众仿佛置身锦绣山河的沉浸感,突破了传统舞台表演的空间限制,实现了虚拟与现实的深度互动。这种创新不仅赋予非遗文化新的生命力,还为影视娱乐行业提供了沉浸式体验与文化传播的新模式。这一结合展现了 AI 技术与 AR 技术的结合在多领域中的巨大潜力,不仅提升了内容的表现力与传播力,还为传统文化的现代化表达开辟了全新的路径,为影视行业的未来发展带来了无限可能性。

### 3. 人工智能技术与区块链技术的结合

人工智能技术与区块链技术的融合,为影视行业带来了更加透明、高效的内容分发与版权保护机制。区块链以其去中心化和不可篡改的特性,能够记录影视作品的所有权及交易信息,确保版权数据的真实性和透明度。与此同时,AI 技术通过计算机视觉与自然语言处理,可以实现对侵权行为的自动识别和追踪,帮助保护原创者的合法权益。例如,AI 可以扫描网络上的视频内容,精准识别未经授权的影视作品,并借助区块链记录相关侵权信息,为后续维权提供依据。

区块链技术还为影视作品构建了去中心化的内容分发与交易平台。借助这一平台,影视内容的分发效率得以提升,同时确保了交易过程的公开透明。AI 技术在这一过程中发挥着关键作用,其数据分析和机器学习能力能够对观众行为数据进行深度挖掘,生成精准的内容分发和交易建议。例如,根据观众的偏好和观看历史,AI 可以推送定制化的观影推荐,提高用户体验与内容消费的转化率。此外,区块链结合智能合约为影视行业带来了自动化的管理与交易方式。智能合约可以根据预先设定的条件自动执行,而 AI 技术通过分析版权信息和交易记录,为智能合约的执行提供精准支持。例如,AI 能够实时监测影视作品的授权使用情况,并在出现违规时触发合约条款,确保版权收益的合理分配。这种自动化和智能化的机制,不仅减少了人工干预的成本与风险,还提升了行业运作效率。

综上所述,人工智能技术与区块链技术的结合,不仅实现了版权保护的技术升级,也为内容分发提供了更加高效和可靠的解决方案。在这一基础上,影视行业能够通过更透明的交易流程、更精准的观众洞察,以及更高效的管理机制,推动内容创作与商业模式的全面创新。

# 二、人工智能给影视产业带来的挑战

人工智能技术的迅猛发展为影视产业注入了强大的创新动力,但与此同时,也带来了一系列不容忽视的挑战。从版权归属、伦理争议、技术局限性到人才培养,AI 的应用正在重塑行业的规则与边界。如何在享受技术红利的同时,妥善应对这些挑战,成为影视产业未来发展的重要课题。下面将深入探讨 AI 给影视产业带来的主要挑战,分析其背后的原因与影响,并为行业的可持续发展提供思考与建议。

## (一)伦理与版权问题

人工智能技术在影视制作中的广泛应用为行业带来了技术创新与创意突破,但同时也引发了诸多伦理和版权问题。这些问题不仅涉及创作与所有权的界定,还包括隐私保护、肖像权以及数据采集等法律和社会道德层面的挑战。随着人工智能技术在影视行业的深入应用,现有的法律体系和伦理标准逐渐显现出难以适应新型创作模式的局限性,急需制定新的法规与行业规范加以完善和应对。

首先,版权归属问题已经成为人工智能技术在影视制作领域最为突出的争议焦点。传统版权体系是基于人类创作者明确的参与过程和创造性贡献,而人工智能生成的内容往往通过复杂的算法与数据模型自动完成,缺乏传统意义上的"人类创作"过程。人工智能生成的剧本、视觉特效或其他影视素材,通常由程序在算法驱动下产生,这使得版权的归属变得模糊不清。

现有的法律体系并没有对人工智能创作内容的版权归属进行明确规定,这导致了关于内容产权应该归属于人工智能开发者、使用者还是训练数据提供者的激烈争论。这种不明确性不仅在法律层面造成困扰,也在行业内部引发了利益分配的不平衡。

其次,人工智能的训练高度依赖大量的数据,而这些数据的来源通常包括未经授权的影视作品、图片或音频素材,甚至涉及公众人物的肖像或私人信息,这种未经许可的使用行为极有可能构成版权侵权或侵犯隐私权的风险。例如,某些影视制作团队可能会通过爬取互联网中公开的影视内容和个人数据来训练人工智能模型。然而,这种未经同意的数据收集行为可能对内容创作者、数据提供者甚至普通用户的合法权益构成威胁,同时也会加剧版权侵权的复杂性。更为严重的是,人工智能技术的普及可能显著削弱传统创作者的地位和经济收益,他们的劳动成果可能因人工智能生成内容的广泛应用而变得不再稀缺,从而对其职业生涯产生深远的负面影响。随着 AI 技术的不断进步,这种不平衡的创作权益分配将加剧行业矛盾,导致创作者和开发者之间的矛盾加剧,并影响整个影视行业的公平竞争与创新活力。

最后,人工智能的广泛应用还引发了伦理责任的模糊化,尤其是在虚拟角色重现和深度伪造技术方面。人工智能技术能够让已故演员的形象"复生",例如《星球大战:侠盗一号》中彼得·库欣形象的再现,虽然提升了影视作品的表现力和沉浸感,但也引发了关于死者肖像权的伦理争议。如何在艺术创作与对逝者的尊重之间取得平衡,成为技术应用中的重要道德考量。深度伪造技术的应用可能带来严重的社会风险。这项技术能够伪造公众人物的言论或形象,制造虚假内容或篡改历史影像,从而对个人声誉造成破坏,甚至误导公众。当这些伪造内容被用于商业广告或政治宣传时,其社会影响力可能进一步扩大,破坏社会信任并加速虚假信息的传播。此外,人工智能对个人隐私的威胁也不容忽视。在训练虚拟角色或生成特定场景的过程中,AI 需要采集大量图像和视频数据,而这些数据的收集和使用往往未经当事人同意。尤其是涉及公众人物肖像和影像数据时,未经授权的使用可能导致身份盗用或隐私泄露,对相关权益构成严重侵害。

### (二)技术局限性与可靠性问题

人工智能在影视制作中的应用虽然表现出了巨大的潜力,能够高效地生成图像、动画、剧本等内容,但技术本身的局限性和可靠性问题仍然是行业面临的重要挑战之一。

首先,人工智能生成的影视内容往往缺乏人类创作的深度与情感。尽管人工智能能够迅速生成大量的内容,但理解剧本中复杂的人物关系、情感变化、隐含意义和文化背景仍然是一个挑战。人工智能通常缺少复杂的情感层次和独特的创意表达,容易出现机械化、模板化的倾向。这是因为人工智能依赖于既定的算法和数据集,而这些数据通常无法有效表达丰富的情感波动或展现高度个性化的创作思维。例如,AI 生成的电影剧本往往过于依赖设定的情节套路和结构,无法真正深入探讨复杂的情感问题或进行非线性叙事,从而使得作品的艺术性和情感共鸣遭到削弱。这种"模式化"的创作方式可能导致影视作品的个性化和深度丧失,使得作品看起来像是从一个标准化的生产线中批量出来的,缺乏足够的创意和灵魂。

其次,人工智能生成的内容对训练数据的依赖性也带来了不少问题。如果用于训练 AI 的基础数据存在偏见或质量较低,生成的内容可能带有偏差,从而影响影视作品的表现。训练数据的质量和多样性直接决定了人工智能创作的效果。如果数据集中的内容缺乏多样性,或过度集中在某种特定文化、社会背景或风格中,生成的内容可能会显现出文化单一性或强化刻板印象,无法准确地反映多元文化的复杂性。比如,若 AI 的训练数据主要来自西方影视作品,生成的视觉效果或故事结构可能过于符合西方审美和文化习惯,忽略了其他文化背景下的观众需求和情感表达。这种文化偏向不仅影响了作品的全球适应性,也可能对本土文化的表现产生负面影响。

最后,AI 生成内容的可靠性也是一个潜在问题,尤其是在高度依赖数据和算法的情况下,算法本身的漏洞和错误可能导致不准确的创作结果。AI的生成过程往往是自动化的,缺乏人类创作中的审美判断和修正过程,这使得生成的内容出现逻辑不清、情节不连贯或表现形式不符合预期的情况。即便 AI 能在短时间内创作出大量的内容,但这些内容的质量可能参差不齐,且难以达到人类创作者在情感投入、个性化表现和艺术技巧上的高水平。因此,尽管人工智能能够在技术层面带来突破,但在影视艺术的创作过程中,仍然需要与人类创作者的智慧和经验相结合,才能够实现更高水平的创意表达和艺术呈现。

### (三)行业生态变化与就业威胁

人工智能技术的广泛应用正在重新定义影视行业的生产方式和商业格局。这场技术革命显著提升了影视内容的生产效率,为行业注入了新的活力,但也对传统创作者的职业地位和行业生态系统带来了深远的挑战。特别是人工智能对传统创作者就业机会的挤压以及行业内技术壁垒的形成,成为当前行业变革中不可忽视的两大焦点问题。

首先,人工智能的普及正在重塑影视制作的创作流程,从剧本撰写到特效制作,其高效性和自动化特质对传统创作者的就业前景构成了直接威胁。过去需要数月甚至更长时间才能完成的复杂视觉特效、动画角色设计或叙事创作,如今可以通过人工智能算法在短时间内实现。基于自然语言处理技术的人工智能可以生成初步剧本,视觉算法可以自动完成大规模场景渲染,而这些技术大幅减少了对画师、编剧等传统创作者的需求。这种高效生产模式尽管降低了制作成本,却削弱了传统创作者的主体地位,使其面临失业或角色被边缘化的风险。

其次,人工智能生成内容的标准化和模式化特性对创作者的个性化表达空间构成了潜在限制。一方面,过度依赖算法创作可能导致影视作品缺乏原创性和艺术深度,无法满足观众对多样化内容的需求。另一方面,传统创作者在劳动市场中的竞争力被削弱,其职业稳定性和收入来源受到严重挑战。这种现象不仅影响到个体创作者的职业发展,还可能引发行业内部更广泛的就业矛盾,形成技术支持者与传统从业者之间的结构性对立。此外,人工智能在影视产业中的应用需要跨学科的人才。例如,既懂得影视制作又具备人工智能技术知识的复合型人才。然而,目前市场上这类跨学科人才相对稀缺,很难找到合适的人选。这使得影视公司在进行人才招聘时面临挑战,也限制了他们在人工智能领域的创新能力和竞争力。传统的教育体系往往无法满足影视行业对于人工智能技术人才的需求。许多学校和培训机构缺乏针对影视行业的人工智能技术培训课程,导致人才供给不足。

影视公司也往往缺乏对员工进行人工智能技术培训的能力和资源,这使得他们在应对人才挑战时更加困难。

最后,人工智能技术的研发与应用需要强大的资金和技术支持,这使得大型企业在技术变革中占据显著优势,而中小型制作公司则面临巨大的生存压力。大型影视公司凭借充足的资源,能够投入巨资开发先进的人工智能技术,利用技术垄断实现市场主导权。例如,它们可以通过整合数据资源、优化算法模型和引入跨学科人才,不断提升内容生产的效率和质量,进一步巩固自身的行业地位。与此同时,这种资源优势也让大型公司能够通过资本运作扩展市场影响力,对竞争对手施加更大的压力。相比之下,中小型制作公司由于缺乏足够的资源,难以承担高昂的技术研发成本。即使能够借助现有的人工智能工具参与制作,其创作能力和市场竞争力也难以与技术主导型的大型企业匹敌。这种技术壁垒的形成不仅导致中小型企业在市场竞争中逐渐边缘化,还限制了行业创新和创作的多样性。因此,行业生态逐渐走向两极分化:一极是技术密集型的大型企业主导的高度集中化市场,另一极是由于资源不足而被迫退出竞争的中小型企业。这种不平衡发展进一步导致人才和资源的流向集中于少数大型企业,削弱了整个行业的整体创造力和活力。

### (四)文化多样性与传统艺术的冲击

人工智能技术的应用正在深刻改变影视创作的模式,但也对全球文化的多样性与传统艺术形式构成了潜在挑战。这种技术变革在提升生产效率与降低制作成本的同时,也可能对影视作品的文化价值和传统艺术表达带来不可忽视的冲击。

人工智能技术以其高效率和低成本特性在影视行业中占据越来越重要的地位,但这同时也对传统影视制作形式构成了显著冲击。例如,手绘动画作为一种注重细腻画风与独特艺术表现力的形式,长期以来深受观众喜爱。然而,手绘动画的制作周期漫长、成本较高,而人工智能驱动的自动化动画技术能够在短时间内生成高质量的画面,大大降低了制作成本。这种优势使手绘动画在商业市场中逐渐失去了竞争力,正面临被取代的危机。类似的情况也发生在实景拍摄领域。实景拍摄通过真实场景的布置和拍摄,赋予影视作品浓厚的文化韵味和感染力,但其高昂的制作成本和复杂的后期工作,使得虚拟现实场景和程序化生成画面逐渐成为更具吸引力的替代方案。这些传统艺术形式的边缘化,不仅反映了技术进步对生产模式的影响,还显示出影视行业在效率与艺术之间的权衡问题。

人工智能生成内容的核心在于对现有数据的依赖,而这一点恰恰可能对文化多样性造成威胁。人工智能通过分析训练数据生成内容,而这些数据通常来源于主流文化背景或商业化程度较高的市场。这种训练机制的局限性,使得生成的影视内容可能缺乏文化广度与多样性。例如,如果训练数据偏向某一文化的叙事风格或价值观,生成的内容可能强化该文化的主导地位,忽视其他文化独特的表达方式。这种现象不仅会导致文化单一化,还可能进一步扩大文化间的不平等现象。此外,人工智能生成内容的标准化特性也限制了作品的文化深度。许多传统艺术形式以其特定文化中的细节元素和象征意义为核心,而这些精妙的文化表达往往难以通过机器学习模型充分捕捉。例如,某些少数民族的视觉符号、语言习惯或叙事方式,需要创作者深入理解该文化的背景与内涵才能展现。而人工智能生成的内容多倾向于符合主流市场审美的模板化表达,忽视了这些需要深刻文化理解的独特元素。

人工智能技术在推动影视行业创新的同时,也对文化传承与创新提出了新的要求。一方面,人工智能的自动化与高效性可以帮助传统文化形式数字化保存。例如,通过深度学习技术,可以将传统艺术形式的风格特点转化为数字模型,为其提供新的传播方式和表达形式。但另一方面,技术的发展也可能带来文化创作过程的机械化,削弱创作者对传统文化内涵的情感投入与艺术加工。这种变化可能导致文化传承流于形式,缺乏深层次的意义和灵魂。为了在技术革新的同时保护文化多样性和传统艺术形式,影视行业应采取积极的应对措施,以此来推动人工智能技术与传统艺术的融合。

综上所述,人工智能在影视制作中的应用正在重塑传统工作模式,从流程效率、职业结构、创作者角色到行业生态均带来了深远的变化。虽然这些变革为影视行业的未来发展提供了新的机遇,但也伴随着职业淘汰、创作转型和行业分化等挑战。如何在技术创新与艺术表达之间找到平衡,成为影视产业未来发展的关键。总体而言,AI正在推动影视产业向智能化、个性化和全球化方向迈进,但其长远影响仍需在技术、法律和伦理的多重维度中不断探索与规范。

# 第五节　人工智能影响下影视产业
# 未来发展的建议

随着人工智能技术在影视产业中的快速应用和发展,影视制作和内容消费的方式正在发生深刻的变革。人工智能不仅在剧本创作、特效制作、人物建模、渲染、市场预测等多个领域展示了巨大的潜力,而且在整个产业链的各个环节中推动了效率和创意的双重提升。面对这一技术进步,影视产业未来的发展,应当根据实际需求,采取多方位的措施,以推动技术与创意的有机结合、提升产业的整体竞争力和创新力。

## 一、推动技术与创意的深度融合

人工智能的引入不仅提升了创作效率,也为创意提供了新的可能性。尽管人工智能在某些技术环节中发挥了重要作用,然而创意与艺术依然是影视作品的灵魂。因此,如何在保持创意独立性的同时,深度融合人工智能技术,已经成为推动影视产业未来发展的关键之一。

### (一)加强跨界合作与创新团队建设

在传统的影视制作过程中,创作与技术常常被看作是两个独立的领域,创作者和技术人员各自为政,协作空间有限。然而,随着人工智能技术的深入应用,创作与技术的界限愈发模糊,创作和技术的深度融合不仅能够提升效率,还能激发新的创意火花。因此,影视公司应更加注重跨学科人才的融合,推动技术专家和艺术创作者的紧密合作,打造跨界创新团队。

首先,这种跨界合作应涵盖多个领域,不仅是 AI 技术专家,还应包括数据科学家、编剧、导演、特效设计师、摄影师等。虽每个成员的专业背景和视角不同,但都为创作过程提供独特的价值。为了确保创作与技术的良性互动,影视公司可以设立专门的跨界合作平台,定期组织技术人员与创作者交流和头脑风暴。例如,编剧可以与数据科学家一起探讨市场数据与观众需求的关系,而特效设计师可以与技术人员探讨如何通过人工智能优化场景设计和视觉效果,从而实现艺术创作与技术的双重突破。

其次,在剧本创作过程中,AI 可以分析大量的成功剧本和观众反馈,生成基于特定情节、主题或风格的剧本草稿。这为编剧提供了灵感来源,并且节省了创作的时间成本。然而,剧本的深度和情感表达仍然需要创作者的艺术敏感性和创意判断。编剧与技术人员的合作可以进一步探索 AI 生成的剧本草稿,通过调整情节的张力、人物关系的复杂性以及情感表达的细腻度,形成一部具有人文深度的作品。例如,AI 可以在剧本创作初期根据一些简单的关键词或情节走向自动生成多个剧情线索,而编剧可以选择最符合其创作理念的方向进行扩展,最终形成完整的剧本。在这个过程中,技术人员和编剧可以不断反馈和调整 AI 生成内容的质量与创意方向,使得剧本既符合市场需求,又保持艺术独立性。这种灵活的合作模式不仅提升了创作效率,也拓展了创作的维度。

最后,影视公司还可设立创新实验室或创意工作坊,鼓励技术人员和艺术创作者深入探讨人工智能技术在各个创作环节中的应用。例如,技术专家可以介绍 AI 如何在人物设计、场景生成、特效渲染等方面提供技术支持,而创作者可以分享他们在创作过程中面临的艺术挑战和需求。通过这种持续的对话与合作,能够为技术创新提供艺术指引,也为创作者提供技术支持,真正实现创意与技术的有机融合。

### (二)创意内容的共创模式

随着人工智能技术的不断进步,传统的创作模式正在逐步转向一种更加开放、协作的"共创模式"。在这种模式下,创作者不再单纯依赖个人的创意灵感,而是与技术工具进行紧密的互动,共同打造作品。人工智能在这个过程中不仅仅是一个工具,而是成为创意过程中的重要合作伙伴。

首先,在共创模式下,AI 并不是孤立地进行内容生成,而是作为创作者的"灵感助手",通过数据分析与创意碰撞,提供多样化的创作方向。AI 能够通过分析大量的历史影视作品、观众反馈、社交媒体热度等多维度信息,帮助创作者发现当前市场中被低估或尚未挖掘的创意领域。例如,AI 可以分析某一类型影片的热度,并生成符合观众偏好的剧本框架,或者从大量的影视作品中提取出潜在的故事元素,供创作者参考。通过这种方式,创作者不仅能更快获得灵感,还能基于 AI 生成的多元选项,进行灵感碰撞与创意迭代。这种通过数据分析和智能化生成的创意碰撞,不仅提高了创作效率,也拓展了创作者的创作边界,使创作者能够在更短的时间内探索更多创意可能性。

其次,共创模式强调创作者与技术团队之间的深度协作与互动,而非简单地依赖技术生成最终结果。在创作过程中,技术团队与创作者之间保持密切沟通,确保技术手段与创作目标的高度一致。例如,在剧本创作过程中,编剧与技术团队可以共同探讨 AI 生成的剧情走向,并根据艺术需求对其进行修改和调整。同样,在视觉设计和特效制作中,导演与特效设计师可以实时反馈 AI 生成的视觉效果,确保技术与创作方向相符。通过这种互动模式,创作者能够不断调整创作内容,推动创作流程的灵活性与高效性,同时保持作品的艺术独特性。

再次,为了更好地实现创意内容的共创,影视产业可以构建开放的创作平台和工具,促进创作者与技术之间的协同合作。这些平台可以允许创作者根据自己的创作需求定制 AI 的生成模式,并实时进行调整与优化。例如,在剧本创作中,创作者可以通过开放平台上传初步设定,AI 则根据这些设定生成多个版本的剧本草稿,创作者根据自己的需求进行选择和修改。类似地,特效设计和视觉效果的创作也可以通过开放平台进行协作,创作者和技术团队共同优化和调整生成的视觉效果。这种开放的创作平台,不仅打破了传统创作流程中的技术与艺术的壁垒,还为创作者提供了更大的创作自由度和多样化的创作可能。

最后,共创模式的另一个关键要素是观众的参与和反馈。随着观众参与度的提升,创作者可以更好地理解观众的需求与偏好,从而在创作过程中进行实时优化。通过分析观众的评论、社交媒体反馈以及观看数据,AI 可以帮助创作者识别作品中的潜在问题,并提供改进建议。例如,某个角色设定或情节走向可能引发观众的不满,AI 可以根据观众的反馈生成不同的剧情发展方向,供创作者参考。这种基于观众反馈的内容优化,使作品更加贴合市场需求,增强了与观众的情感共鸣,同时提升了作品的市场竞争力。

## 二、重视数据安全与隐私保护

在人工智能技术的推动下,影视产业对数据的依赖日益加深,从用户行为分析到内容个性化推荐,数据已成为行业创新的核心驱动力。然而,随着数据规模的不断扩大,数据安全与隐私保护问题也日益凸显。如何在充分利用数据价值的同时,确保其安全性与合规性,成为影视产业亟待解决的关键问题。

### (一)加强数据安全管理

随着人工智能和大数据技术在影视产业的广泛应用,数据已经成为推动创作、市场预测以及用户体验优化的核心资产。然而,随着数据量的激增,如何保护这些数据的安全成了急需解决的问题。数据泄露、滥用或篡改等安全风险不仅可能给影视公司带来巨大的财务损失,还可能造成严重的品牌损害,甚至影响整个行业的健康发展。因此,建立一个稳固的数据安全体系,确保数据在整个生命周期内的安全性,是影视产业能够稳步发展的基础。为了有效应对这些风险,影视公司需要从多个层面入手,强化数据安全管理。

首先,企业应该实施严格的数据访问控制体系,只有授权人员才能访问敏感数据,且应依据"最小权限原则"授予权限,确保每个员工或外部合作方只能访问与其职能相关的最少量数据。对敏感数据应进行加密存储,并通过多因素身份验证加强数据访问的安全性。这样通过权限设置快速定位责任人,确保数据的安全可控。除了强化内部控制,影视公司还需要进行数据脱敏和匿名化处理。在进行数据分析和模型训练时,企业应避免直接使用原始数据,而是通过脱敏、伪名化等技术保护个人信息。即使发生数据泄露,脱敏后的数据无法直接关联到个体,从而减少了隐私泄露的风险。这些技术措施在确保数据分析效果的同时,也为用户隐私提供了更强的保护。

其次,随着数据量的不断增大,数据传输和存储环节的安全性也不容忽视。影视公司应当采用加密技术,确保数据在传输过程中的安全,防止数据在网络传输过程中被篡改或泄露。同时,应当选择安全可靠的云存储服务,并定期进行数据备份,以防止因系统故障导致的不可逆损失。通过全面的技术手段,影视公司可以确保数据的存储、传输和处理全过程都具备高度的安全性。

最后,即使拥有最严格的数据安全措施,也无法完全排除数据安全事故的发生。因此,影视公司应当建立完善的数据安全应急响应机制,确保在发生数据泄露或攻击事件时,能够迅速应对,减少损失。应急响应机制应当涵盖事件的报告、分析、修复、恢复等多个环节,确保各部门能够密切协作,及时查明事件原因并采取有效措施,防止问题扩大。影视公司还应当定期进行数据安全应急演练,模拟各种可能的数据泄露和攻击场景,帮助员工熟悉应急流程,提高应对突发事件的能力。通过这些措施,公司可以在面对复杂的数据安全威胁时,做到快速反应并有效控制风险。

## (二)严格遵守隐私保护原则

在人工智能技术与大数据的应用中,数据隐私保护问题愈加受到关注。尤其是随着用户观看历史、个人信息等敏感数据的采集,如何保护用户隐私,避免数据滥用,成为影视公司必须遵守的道德与法律责任。尊重用户隐私不仅有助于树立企业的品牌形象,也能增加用户的信任,增强其对影视平台的黏性。在全球数据隐私法规日益严格的背景下,影视公司必须在业务开展过程中,严格遵守相关法律和行业规范,保护用户隐私不被侵犯。

首先,影视公司必须实现数据收集的透明化。在收集用户数据时,企业应明确告知用户收集数据的目的、范围以及具体的使用方式,并获得用户的知情同意。透明的隐私政策不仅能增加用户的信任度,也能降低企业因隐私政策不清而导致的法律风险。与此同时,影视公司应避免收集与业务无关的个人信息,确保数据收集的合法性和合规性。除了明确告知用户数据使用情况,企业还应赋予用户对其数据的控制权。用户应当能够随时访问、更正或删除其个人信息。通过便捷的途径让用户撤回同意、拒绝接收个性化推荐或删除账户等,能够体现企业对用户隐私的尊重,增强用户的参与感与自主权。这不仅有助于提升用户体验,还能在一定程度上缓解用户对数据泄露或滥用的担忧。

其次，为了进一步保障用户隐私，影视公司应当采用先进的隐私保护技术(PETs)，如差分隐私和联邦学习等。差分隐私技术能够在数据分析过程中提供一定程度的隐私保护，确保即使数据集泄露，也无法暴露个人敏感信息。而联邦学习则通过在本地设备上进行模型训练，避免将敏感数据集中上传，从而大大降低了数据泄露的风险。这些技术可以在不影响数据分析效果的前提下，最大程度地保护用户隐私。

再次，影视公司应当设立专门的隐私合规部门，负责监督和管理企业的数据隐私保护工作。该部门应由具备法律、数据安全及合规方面知识的专业人员组成，定期审查和评估企业的数据隐私保护措施，确保公司始终遵循相关法律法规，避免因合规性问题而受到处罚或引发公众信任危机。

最后，数据安全与隐私保护是影视产业在人工智能和大数据时代发展过程中必须关注的核心问题。影视公司应在技术和管理层面采取一系列切实可行的措施，以确保数据在创作、传播、市场营销等各环节中的安全性，同时也要遵循严格的隐私保护原则，尊重用户的个人数据权利。这不仅有助于提升企业的社会责任感，还能增强用户的信任与忠诚，为产业的可持续发展奠定坚实基础。

# 三、建立健全的 AI 伦理规范

AI 伦理问题逐渐成为行业关注的焦点，从虚拟角色的创作到 AI 生成内容的使用，技术的快速发展带来了诸多伦理争议，例如，版权归属、数据偏见以及对人类创作者权益的潜在威胁。因此，建立健全的 AI 伦理规范，不仅是技术健康发展的必然要求，也是影视产业实现可持续发展的关键保障。

## (一)制定行业统一的 AI 伦理准则

随着人工智能在影视产业的不断渗透，其带来的创作便捷性和技术创新无疑推动了整个行业的发展。然而，AI 的应用也引发了伦理方面的诸多争议，尤其是在内容创作、版权保护以及个性化推荐等领域。为避免技术滥用，确保创作与制作过程中的公平性和原创性，制定行业统一的 AI 伦理准则显得尤为重要。这些准则应涵盖 AI 技术在影视创作中的具体应用范围，明确其使用限制和合规要求。

具体而言,AI 伦理准则应首先从防止歧视和偏见入手,确保创作过程中算法的中立性,避免 AI 根据偏向性数据生成具有种族、性别或文化偏见的内容。此外,这些准则应特别注重作品的原创性保护,明确 AI 生成内容的版权归属问题,防止通过 AI 剽窃或模仿他人作品的情形发生。与此同时,AI 伦理准则应规定,在创作和制作过程中如何平衡人类创作者的主导地位与 AI 辅助功能,确保技术辅助不会压制创作者的独立性和创造性。行业伦理准则的建立将为影视公司、创作者以及技术开发者提供清晰的行为规范,避免技术的滥用和道德问题的产生,也能帮助建立社会和观众的信任,提升整个行业的可持续性与创新力。

### (二)加强监管与透明机制,关注从业人员适应

随着 AI 技术的快速发展,其应用范围和潜在影响也越来越广泛,因此,如何在确保创作自由的同时,防止技术滥用,成为一个急需解决的问题。为了实现这一目标,建立全面的监管机制并增强 AI 应用的透明度是至关重要的。

首先,影视公司和行业监管机构应加强对 AI 技术的使用监控,确保其在内容创作、后期制作等环节中的合规性。这包括监控 AI 在剧本创作、人物设计、市场预测等方面的应用,确保其遵循法律法规,避免对创作自由和作品质量造成不良影响。例如,AI 在剧本创作中的使用不应替代编剧的创作判断,而应作为辅助工具,帮助编剧拓展创意或优化结构。同样,在市场预测中,AI 不应单纯根据历史数据进行推算,而应考虑到文化差异、社会背景等多元因素。

其次,影视公司应建立透明的 AI 应用机制,让创作者、观众和业内人士能够清楚地了解技术在创作过程中的具体作用。这不仅能提高观众对影视作品的信任感,还能帮助创作者合理地利用 AI 工具,避免过度依赖技术而削弱作品的艺术性。例如,创作者在使用 AI 辅助工具生成剧本或特效时,应向观众说明这些技术的运用方式及其对最终作品的影响。通过透明化的机制,可以在行业内部建立对 AI 使用的正确认知,促进技术与创意的良性互动。

再次,随着 AI 技术的普及,影视行业的从业人员也面临着新的职业挑战和技能要求。为了帮助行业人员顺利利用 AI 技术,影视公司应当为员工提供必要的培训和支持。这些培训不仅包括如何使用新型 AI 工具进行创作和制作,还应涉及 AI 技术可能带来的伦理和法律问题,帮助从业人员正确理解并应对 AI 应用中的道德风险。通过提升行业从业人员的技术适应能力,不仅能增强其职业竞争力,还能保证创作过程中的人文关怀和伦理约束。

最后,随着人工智能在影视产业的广泛应用,建立有效的监管机制和透明应用体系是确保技术健康发展的关键。只有在合理规范和管理透明的基础上,AI 才能发挥其辅助创作和创新的优势,同时保护创作者的权益和艺术表达,推动整个行业的可持续发展。

# 四、加大对技术研发与人才培养的投入

人工智能技术的快速迭代为影视产业带来了前所未有的创新机遇,但同时也对技术研发与人才培养提出了更高要求。无论是 AI 驱动的特效制作、虚拟角色生成,还是智能化内容分发,都需要持续的技术突破与专业人才的支持。然而,当前影视行业在技术研发投入与人才培养方面仍存在不足,难以充分释放 AI 的潜力。

## (一)建立长期技术研发投入机制

尽管人工智能在影视制作中已经取得了一定进展,尤其在特效制作、场景生成和自动化剪辑等方面,依然存在着许多挑战和技术瓶颈。现有的技术虽然能够有效提高制作效率,但仍难以全面解决,例如,如何提高 AI 在特效渲染中的表现,如何让 AI 生成的剧本更加符合情感表达与艺术要求,以及如何处理 AI 生成内容的伦理问题等复杂问题。因此,影视公司必须加大对 AI 技术研发的投入,建立长期、持续的技术创新机制,以推动行业整体技术水平的不断提升。

这一研发投入机制应当充分利用多方面资源,并在行业中形成广泛的合作。例如,影视公司可以与科技公司、学术机构以及研究所建立深度合作,推动更多前沿技术的实际应用。特别是在 AI 算法的优化、数据模型的训练和技术应用的拓展方面,影视公司应与技术研发团队共同努力,探索新的解决方案。通过与高校和科研机构的联合研发,影视公司可以获得更专业的技术支持,推动定制化 AI 工具的开发,进而满足影视制作中独特的需求。

具体到技术研发的方向,影视公司可以成立专门的 AI 技术研发部门,或通过技术外包和合作开发的方式,不断提升技术的精准性与创新性。例如,在渲染技术方面,AI 可以通过学习不同风格的作品,自动优化渲染效果,减少人工修饰的工作量,同时提升图像细节和真实感。在人物建模和动画生成方面,AI 技术的运用可以根据剧本中的人物性格描述、外貌要求等自动生成符合要求的三维模型和动态效果,从而大大提高制作效率,并减少人工操作的误差和时间成本。这种技术研发的投入不仅能够提高影视制作的整体效率,更能够在视觉效果和创作质量上为行业带来突破性的进展。

此外,为了确保 AI 技术能够在影视制作中得到更广泛的应用,影视公司还应鼓励创新的研发思维,激励团队探索人工智能技术在更多细分领域的应用。例如,在剧本创作中,AI 可以通过学习大量成功影片的结构和情节走向,自动生成具有高度创造性和市场潜力的剧本草案。在后期制作中,AI 还可以提供智能化的剪辑建议和音效优化,从而进一步提升制作效率与内容质量。

## (二)培养跨学科复合型人才

随着人工智能技术在影视产业中的深度应用,未来的影视创作者不仅需要具备传统的艺术创作能力,还应当具备一定的技术背景和跨学科的知识结构。人工智能的发展使得技术与艺术的界限逐渐模糊,影视创作的创新也依赖于技术与艺术的有机融合。因此,跨学科复合型人才将成为影视产业未来竞争力的重要源泉。这些人才将能够理解并应用 AI 技术,同时在创作过程中保持艺术的独立性与创造性,是推动影视产业进一步发展的关键因素。

在这种背景下,影视公司需要加大与高校和科研机构的合作,培养具备跨学科背景的复合型人才。这些人才不仅需要具备一定的编程和数据分析能力,能够理解 AI 的原理和技术细节,还需要在艺术创作方面具备扎实的基础,能够合理地将技术与艺术结合。例如,影视公司可以与高校联合开展 AI

与影视制作相结合的课程和培训项目,培养既懂技术又懂艺术的复合型人才。这些跨学科人才将能够在技术开发、内容创作、视觉特效等多个领域发挥关键作用,推动影视创作的深度融合和技术创新。

跨学科复合型人才的培养,不仅仅局限于技术培训和艺术创作的融合。影视公司应当关注整个创作流程中的各个环节,培训人才在实际工作中如何结合 AI 技术进行创作、管理和决策。例如,在剧本创作中,具备一定编程和数据分析能力的编剧可以利用 AI 进行剧本的创意生成、结构分析和情节走向的优化,从而提高创作的效率和质量。在视觉设计中,跨学科人才可以通过运用 AI 辅助设计软件,帮助创作者在短时间内生成更具创意和视觉冲击力的场景与角色设计。

影视公司还应当为现有从业人员提供多样化的技能培训,以便他们适应新的工作环境和技术要求。例如,导演、编剧和特效设计师等岗位人员可以参加有关 AI 技术应用的培训课程,学习如何高效利用 AI 工具进行创作和优化。在这个过程中,影视公司可以提供技术支持和跨学科的交流平台,促进技术人员和创作者之间的合作与沟通,从而进一步提高技术和艺术的融合度。

总之,随着人工智能技术的不断发展,影视产业未来的发展不仅需要依赖技术的创新突破,还需要依靠复合型人才的培养与储备。通过加大技术研发投入和培养具有跨学科背景的人才,影视公司能够提升技术应用的深度和广度,推动创作流程的全面创新,为产业带来更大的发展潜力和市场竞争力。

## 五、推动全球化与跨文化合作

随着全球化进程的加速,影视产业面临着前所未有的国际化机遇和挑战。尤其是在人工智能技术的推动下,影视制作和传播已经打破了传统的地域和语言限制,使得内容创作和市场推广能够更加精准地适应全球观众的需求。这一变革不仅改变了全球影视产业的生态,也为跨文化交流提供了新的桥梁。为了充分抓住这一机遇,影视公司应当通过 AI 技术打破地域和语言的界限,推动全球化内容的创作与合作,提升作品的国际竞争力。

## （一）打破地域和语言的界限

全球化趋势的加剧，尤其是互联网技术的普及，使得影视内容的传播不再局限于本土市场，国际市场已成为影视公司寻求增长的新动力。在这个背景下，AI 技术可以通过大数据分析、跨文化研究和观众画像等手段，帮助影视公司在创作初期就为作品进行全球市场规划，确保作品的内容能够更好地适应不同国家和地区的文化和审美需求。

AI 可以通过分析全球观众的数据，提炼出不同文化群体的偏好和需求。例如，在亚洲市场，特定类型的情节和人物设定可能更受欢迎，而在欧美市场，则可能更注重复杂的情感描写和社会话题的探讨。通过对全球观众喜好的精准分析，AI 能够为影视创作者提供创作方向和灵感，帮助他们在剧本创作、人物设定、剧情发展等方面进行调整，以确保影片能够在全球范围内引发共鸣。

AI 能够通过分析不同国家和地区观众的文化差异，帮助影视公司在拍摄过程中进行文化适配。例如，AI 可以通过对各国历史文化、语言差异、价值观念等的分析，提供个性化的创作建议，帮助创作者避免文化冲突和不必要的误解，确保影片的国际化质量。例如，某些文化中特定的风俗或宗教禁忌，可能会对影视作品的内容产生影响，AI 可以提前分析并调整这些细节，避免影片因文化差异而遭遇市场挑战。更进一步，AI 技术可以在语言翻译和字幕制作方面提供帮助。AI 可以根据不同语言的语法和文化背景，快速准确地进行字幕翻译，使得影片的语言适配更加高效，降低语言差异所带来的障碍。AI 还可以根据观众的语言习惯和翻译文化背景，优化翻译效果，提高影片的本地化体验，增加跨文化传播的流畅性。这些技术的应用，有助于打破传统的语言和文化隔阂，让影视作品能够在更广泛的全球市场中获得更好的反响。

## （二）全球化合作与资源共享

影视产业的全球化不仅表现在内容创作和市场拓展上，还体现在跨国合作和资源共享上。随着 AI 技术的不断发展，全球影视创作者和公司能够通过技术平台实现更高效的合作，分享制作经验、技术资源和创作灵感。这种合作不仅能提升创作效率，还能够促进不同国家和地区文化的交流与融合,从而推动全球影视产业的共同发展。

AI 技术的跨文化适应性为全球创作者提供了更高效的创作工具和平台,推动了国际合作项目的顺利开展。例如,AI 在剧本创作、影片拍摄和后期制作等方面的应用,可以帮助跨国团队更加高效地协调工作。不同国家的导演、编剧、演员和特效团队可以通过 AI 提供的智能化协作工具,实时共享创作数据和素材,实现跨国远程合作。例如,在拍摄过程中,AI 可以实时分析拍摄效果,帮助导演进行镜头的调整;在后期制作中,AI 可以加速特效制作、音效处理和剪辑工作,减少人工操作的时间和误差,提升制作效率。

在全球化合作的背景下,AI 还可以帮助影视公司高效地进行跨语言的字幕翻译和本地化内容制作。AI 通过自然语言处理和机器翻译技术,能够快速生成不同语言的字幕,并根据文化语境进行优化,使其更加符合目标观众的语言习惯。例如,AI 可以根据不同国家和地区的语言特征,调整台词的语气、口音和文化背景,使影片在全球范围内更具本地化特色。同时,AI 还能够在全球范围内分析观众的反馈和需求,帮助影视公司及时调整创作方向,推动国际市场的内容定制和精准投放。在此过程中,影视公司应当加强与国际影视公司、技术企业以及创作团队的合作,推动全球化内容的创作与共享。全球化的合作不仅可以带来更多的创作灵感,还能为影视公司提供更多元的资源和视角,提升作品的全球竞争力。此外,跨国合作还能够帮助公司降低市场风险,通过多元化的内容创作和国际化的市场布局,提升作品在全球市场中的影响力和商业回报。

随着全球化趋势和人工智能技术的快速发展,影视产业面临着更广阔的国际化发展机遇。通过 AI 技术的助力,影视公司可以打破地域和语言的界限,推动全球化内容创作与市场推广,同时加强跨文化合作与资源共享。影视公司应充分利用 AI 技术的优势,在全球化竞争中不断提升创作质量和市场影响力,以应对日益复杂的国际市场需求和文化挑战。通过技术创新和国际合作,影视产业将迎来更加多元、开放和全球化的发展格局。

因此,人工智能技术的快速发展为影视产业带来了前所未有的机遇与挑战。通过推动技术与创意的深度融合、重视数据安全与隐私保护、建立健全的 AI 伦理规范、加大对技术研发与人才培养的投入,以及推动全球化与跨文化合作,影视产业能够在 AI 的赋能下实现全面升级。这些举措不仅有助于提升行业的效率与创新能力,还能确保技术应用在伦理与法律的框架内健康发展。未来,影视产业将在 AI 的驱动下,迈向更加智能化、多元化与全球化的新阶段,为观众带来更丰富、更优质的视听体验,同时为行业的可持续发展奠定坚实基础。

# 第五章

# 人工智能与广告业

## 第一节 人工智能在广告业中应用的特点

### 一、人工智能在广告业中应用的必要性和可行性

在传统广告运作流程中,广告创作包含多个关键环节:市场调研、创意策划、文案撰写、视觉设计与制作、审核和修改。市场调研通过数据分析和问卷调查来了解目标市场及受众的需求和偏好,创意策划则基于调研结果确定广告的核心创意和传播策略。之后,文案撰写负责为广告创作简洁有力的文字内容,设计师则进行视觉设计与制作,创作包括图片、文字、视频等在内的广告素材。最后,广告团队会进行内部审核,并根据客户的反馈进行修改,直至最终定稿。随着技术的进步,传统广告创作流程发生了显著变化,尤其是在数据驱动创作和自动化工具的应用方面。大数据分析使市场调研和受众分析变得更加精准和高效,创意策划可以基于数据制定更具针对性的传播策略。自动化工具和人工智能技术的引入提高了文案撰写和视觉设计的效率。例如,自然语言处理技术可以自动生成广告文案,计算机视觉技术则能够辅助设计师进行创作。此外,人工智能技术还推动了创意生成的智能化,能够根据实时数据动态调整创意方案,从而提升广告的个性化和效果。这些技术变革使广告创作更加高效、精准,并更好地满足现代消费

者的需求。

传播环境的变化也使受众对信息的需求呈现出多样化趋势,这对广告创作的速度、量化和个性化提出了更高要求。媒介技术的进步使得受众的行为能够即时反馈,这意味着广告人员需要迅速根据受众反馈调整和优化内容,并重新投放广告。广告创意从构思、制作到投放之间的时间差逐渐缩小,广告创作正朝着一体化和闭环化的方向发展。人工智能技术支持下的广告创作流程涵盖了从创意生成、制作实施到反馈调整的全过程,能够更加快速、精准地适应现代市场需求和媒介环境的变化。因此,人工智能技术在广告业中的应用具有很强的必要性和可行性,它不仅提升了创作效率,还帮助广告更好地响应消费者的需求与市场的变化。

## (一)广告业中应用人工智能技术的必要性

### 1. 提升广告精准度和效果的迫切需要

随着数字时代的到来,广告业面临着越来越复杂的市场环境和激烈的竞争。传统的广告模式,依赖于经验和直觉,往往无法准确预测和评估广告效果,导致广告资源的浪费和投放效果的不理想。广告业急需应用人工智能技术,以提升广告的精准度和效果。

首先,人工智能技术能够通过大数据分析和机器学习算法深入挖掘消费者的行为数据和趋势,从而更准确地理解和预测目标受众的需求和偏好。传统的市场调研和分析往往局限于小样本或静态数据,而人工智能则能够处理海量的实时数据,并通过算法模型实现对数据的快速分析和归纳,从而提供更精准的消费者洞察。其次,人工智能在广告创意生成方面也展现出巨大的潜力。传统广告创意依赖于人类团队的灵感和经验,创意过程耗时耗力且难以保证每次创意的质量。通过自然语言处理和计算机视觉等技术,人工智能可以自动生成高质量的广告文案和视觉设计,极大地提高创意生成的效率和质量。此外,人工智能在广告投放过程中能够实现实时优化和个性化推荐。通过自动化工具和算法,广告平台可以根据用户的实时行为和反馈动态调整广告内容和投放策略,以提高广告的点击率和转化率。例如,基于机器学习的广告投放系统能够根据用户的浏览历史、搜索记录和社交媒体活动实时调整广告内容的展示位置和方式,从而提升广告的精准度和响应率。

## 2. 应对市场变化和用户需求的必要工具

互联网和移动技术的发展,改变了消费者的行为模式和媒体接触习惯,广告业必须迅速适应这些变化,以保持市场竞争力。以科技为基础的新型广告营销公司如各类互联网公司凭借其海量的用户数据和突出的技术水平,主导了当下的广告市场。[①] 传统的广告模式难以满足现代消费者的需求,广告业需要借助人工智能技术来应对这些挑战。人工智能技术为广告业提供了强大的数据分析和市场预测能力。通过人工智能技术,广告主可以深入分析用户数据,了解消费者的行为模式和需求变化,预测市场趋势,从而制定更加精准的广告策略。人工智能技术还可以实现广告的实时优化,根据市场和消费者的反馈,快速调整广告内容和投放策略,以保持广告的高效性和针对性。总之,人工智能技术在广告业中的应用不仅是提升广告精准度和效果的必要手段,也是应对市场变化和用户需求的必备工具。通过人工智能,广告业可以实现更高效、更精准、更安全的广告投放,提升市场竞争力,保持持续创新。

## 3. 智能化背景下广告创作的"边缘化"与滞后性

在当前智能化背景下,广告创作面临着"边缘化"与滞后性的挑战。随着科技的进步,消费者需求变得越来越多样化和复杂,广告行业也在不断适应这些变化。精准与个性化已成为广告活动的重要方向,技术的发展使得精准化需求变得可行。尽管广告投放和数据洞察已经实现了高度的精准和量化,但这种精准化的需求并未在广告创作环节得到相应的支持。广告内容创作的能力与广告投放的精细化需求之间存在差距,大规模个性化创作生产的能力不足,使得广告内容供给无法跟上精准投放的需求。这种情况不仅降低了广告投放的效率,还使得广告创作在整体广告策略中处于边缘位置。这种现象使得广告创作面临"边缘化"的困境。

在智能化技术的影响下,广告创作过于关注如何接触用户,而忽视了创

---

① 姜智彬,戚君秋.学习、生成与反馈:基于动觉智能图式理论的广告智能创作[J].新闻大学,2020(2):1-16,119.

意本身的重要性。个性化需求的过度强调和内容生产能力的不足,导致广告创作变得更注重效率,倾向于采用简单的广告形式来与消费者互动。这种情况忽略了创意的核心价值,广告创作的价值被削弱,而内容才是决定消费者关注度的关键,急需借助人工智能技术生成更有创意的广告作品。

## (二)广告业中应用人工智能技术的可行性

### 1.技术发展和基础设施的支持

人工智能技术在广告业中的应用已经有了坚实的技术基础。近年来,机器学习、深度学习、自然语言处理、计算机视觉等技术取得了显著进展。这些技术的发展使得人工智能在数据处理、模式识别和预测分析等方面具备了强大的能力,可以高效地处理和分析广告数据。例如,深度学习算法能够从大量的用户数据中学习复杂的模式和关系,从而实现精准的受众分析和广告投放优化。自然语言处理技术可以自动生成高质量的广告文案。计算机视觉技术则能够在图像和视频广告的设计中发挥重要作用。随着大数据技术和云计算的普及,广告业所需的计算资源和数据存储能力也得到了极大提升。云计算平台可以提供强大的计算能力和海量数据存储服务,使得广告企业能够高效处理和分析庞大的数据集,快速响应市场变化。大数据技术则能够整合来自不同渠道的数据源,为人工智能算法提供丰富的数据支持。这些技术和基础设施的发展,为人工智能在广告业中的应用提供了有力的保障,确保了其可行性。

### 2.现实应用案例和成功经验的验证

人工智能技术在广告业中的应用已经有了许多成功的案例,验证了其可行性和有效性。全球范围内,许多领先的广告公司和品牌已经开始利用人工智能提升广告效果和效率。例如,谷歌和Facebook等互联网巨头通过机器学习算法,实现了广告的精准投放和实时优化,极大地提升了广告的点击率和转化率。国内的一些企业,如阿里巴巴和腾讯,也在广告业务中广泛应用了人工智能技术,通过大数据分析和机器学习,精准定位目标受众,优化广告内容和投放策略,取得了显著的效果。这些成功案例不仅证明了人工智能技术在广告业中的可行性,还为其他企业提供了宝贵的经验和参考。在这些应用过程中,广告企业不仅提升了广告效果和用户体验,还显著降低了广告投放成本和人力资源消耗。此外,人工智能技术还帮助广告企业更好地应对市场变化和用户需求,通过实时数据分析和反馈,实现了广告策略的动态调整和优化。

综上所述,人工智能技术在广告业中的可行性得到了技术发展和基础设施的支持,同时也通过现实应用案例和成功经验得到了验证。广告企业可以借助这些先进的技术手段,提高广告效果和效率,增强市场竞争力,从而在激烈的市场环境中取得更大的成功。

## 二、人工智能在广告业中应用的特点

### (一)生产主体更加多元化

在人工智能技术的加持下,广告生产主体形成专业生产内容(OGC)、用户生产内容(UGC)与机器生产内容(MGC)互动的格局,从广告人的专业生产,走向"专业生产""用户生产"和"机器人生产"相结合的生产模式,进而带来生产关系的重大变革,促使生产主体愈发多元化。其中,OGC指专业的广告工作者创作的广告作品,包括广告文案、平面、影视类广告等。UGC指用户生产内容,也就是非广告专业的用户上传到平台的内容。MGC在这里指机器创作的广告作品,是人工智能技术下新的制作主体。传统上,广告创意的生成往往依赖于专业的广告人员和创意团队,而人工智能技术的发展使得创意生成可以更加自动化。通过机器学习和自然语言处理技术,人工智能系统可以分析大量的广告素材和用户数据,快速生成创意方案。这种自动化的创意生成不仅可以提高效率,还能够为广告创作注入更多新颖和创新的元素,满足不同广告主的需求。

人工智能技术的应用可以有效降低广告的生产成本。相比传统的人工创意生成方式,使用人工智能系统生成广告创意可以节省大量的人力资源和时间成本。此外,人工智能可以替代创作过程中的重复性劳动,自动化完成一些烦琐的制作工作,如图像处理和视频剪辑,进一步降低了广告生产的成本。机器的广告内容创作可以分为视频、文字、图片三个模块。对于文字的生产,机器生产能够高效、全天候地进行数据整理,提高精确度,可以通过对不同资料的学习,生成对应人群的定制化广告内容。还可以辅助创意人员工作,并根据已有的信息进行简单的自动化创作,可以通过语音识别、图像识别等方式为用户提供定制化的服务,还可以自动抓取数据,生成视频内容。

人工智能在广告生产中的应用给传统的创意人员带来了新的挑战,因为它的便捷性和高效性逐渐占据了主导地位。传统的广告创意生产模式已经不再是完全由人类主导,而是往机器自主生产或人机协作的方向发展。在当前的广告创作流程中,人工智能与人的协作体现在机器承担了前期数据收集、分析和归纳的角色,为创意人员提供了更广阔的思考空间,创意人员在此基础上进行中期的创作。而在广告创作的后期,机器则可以进一步对作品进行分类与分析,并根据受众的个性化需求将其分发至不同平台,从而显著提高了广告创作的质量和效率。

人工智能技术的应用为广告创意的来源开辟了新的渠道。除了传统的广告公司和创意团队,越来越多的科技企业和创新机构也开始介入广告创意领域,推出了基于人工智能的创意生成服务。这些新兴的创意来源丰富了广告生产主体的选择,推动了广告创意的多样化和创新性。

总的来说,人工智能的加入并未取代广告工作者的创作力,反而为他们带来了更多可能性。技术的便捷性和高效性使得广告生产主体的多元化成为不可避免的趋势,这种多元化不仅是技术与人的互动,也是技术与社会、媒体、经济利益等各种力量相互作用的结果,同时也是社会对广告产业发展的期望和需求的体现。

### (二)生产方式渐趋程序化

人工智能的应用重构了传统的广告运作流程,提升了广告生产的效率,重塑了广告传播模式,同时推动了程序化内容创意生产成为新的应用趋势。在人工智能技术的背景下,广告生产方式的变革主要体现在程序化内容生产上。这种方法依赖于预先设计的模型和算法程序,根据用户属性、场景匹配等多种因素,将产品信息、文案、标识等广告创意元素进行适宜的排列组合,从而实现高效的广告投放。

在计算机诞生之前,广告设计主要依赖手工完成,生产周期长且效率低。随着计算机的普及,各种设计软件和硬件的出现大大提高了设计效率,但仍存在频繁调整设计以满足用户需求的问题。这一时期,广告创意基本由广告主确认,广告代理公司负责制作广告并在电视、互联网等媒体上进行投放。这种以广告主为中心的创作生产模式忽视了用户的需求,生产流程各环节独立,沟通较少,呈现出单向线性模式。广告创意的生产周期长,流程复杂,不同平台的投放需要人工调整,且生产批量定制化难以实现,导致生产效率低下,人力成本增加。

随着大数据技术和人工智能的迅速发展,程序化生产在广告领域越来越受欢迎。这种生产方式将个性化定制与大规模生产相结合,能够快速生产出符合个性化需求的内容。例如,谷歌的人工智能程序 AlphaGo 展示了程序化生产的潜力。它由两个主要部分组成:一个是基于海量素材的大型数据库,根据不同标准进行分类;另一个是页面设计部分,负责平面作品的设计与生产。该系统能够根据需求将作品的各组成元素进行拆分,然后根据风格要求重新排列组合,从而设计出符合要求的作品。

程序化生产的优点在于消除了传统广告生产中的经验主义思维,形成了与消费者的双向互动闭环。首先,通过分析消费者数据,了解其需求和喜好,然后通过人工智能技术辅助创意创作,实现广告创意与消费者需求的匹配。接着,通过程序化的作品生产,快速选择模板,将广告元素进行重组,实现一次制作、多次输出,大大提高了广告制作效率。尽管程序化生产已经在广告产业中展现出显著优势,但目前仍处于初级阶段。虽然降低了成本,实现了广告创意的批量生产,但仍存在一定的局限性。例如,机器生成的创意缺乏人文色彩,难以体现广告的艺术性,无法完全取代人的创造力。因此,在未来的发展中,程序化创意需要在智能化的同时注重人文精神的体现。要找到技术和人文之间的平衡点,坚持以人为中心,发扬创意的艺术性,同时善用智能技术,以实现广告创意的更高水平和更广泛应用。

### (三)实现个性化定制

个性化定制是指根据用户的个人偏好、行为和特征,以及实时的上下文信息,为用户量身定制并提供个性化的服务和体验。在广告业中,个性化定制是人工智能技术带来的重要变革之一。通过深度挖掘用户数据,并利用智能算法进行分析和预测,广告内容、形式和推送时机得以个性化定制。这种方法能够更精准地吸引目标受众,提高广告效果和用户体验。个性化定制的核心在于对用户数据的深度分析。通过收集和分析用户的历史行为数据、兴趣偏好、购买记录等信息,可以深入了解用户的喜好、需求和行为特征。这些数据包括用户在社交媒体上的互动、搜索引擎的搜索记录、网站浏览历史等多方面的信息。基于这些分析结果,人工智能技术可以应用各种智能算法进行数据挖掘和预测。例如,机器学习算法可以从海量数据中学习用户的行为模式和偏好,深度学习算法可以识别用户的特征和情感倾向,推荐算法可以根据用户的历史行为和兴趣,为其推荐个性化的广告内容。

根据用户数据和智能算法的分析结果,广告主可以针对不同用户群体定制不同的广告内容。例如,根据用户的兴趣爱好和购买历史,向其推送相关的产品广告。根据用户的地理位置和上下文环境,调整广告内容和形式,增加其吸引力和点击率。个性化定制还包括根据用户的活跃时间和偏好,优化广告的推送时机。通过分析用户的上网习惯和行为规律,选择最佳的推送时机,可以提高广告的曝光率和转化率。个性化定制不仅是一次性的静态推送,还包括对用户反馈和行为的实时监测和优化。根据用户的实时反馈和行为数据,及时调整广告内容和推送策略,以提升广告的效果和用户体验。

综上所述,个性化定制在广告业中通过深度分析用户数据、应用智能算法、定制广告内容和优化推送时机等方式,实现了对广告体验的个性化定制,提高了广告的效果和用户满意度。

### (四)广告创意的创新

人工智能的应用为广告创意的创新提供了更多可能性和机遇。创意创新在广告业中至关重要,它能够吸引受众注意力、提升品牌认知度、增加用户参与度,并最终促进销售增长。通过深度学习、自然语言处理、计算机视觉等技术,人工智能可以帮助广告创意人员更快地获取灵感、提高创意效率、拓展创意思路,从而推动广告创意的创新。

首先,人工智能技术可以通过分析海量用户数据,发现用户的行为模式、兴趣偏好和消费习惯,从而为广告创意的生成提供数据支持。通过对用户数据的深度挖掘,广告创意人员能够更好地理解受众的需求和心理,从而创造出更具吸引力和影响力的广告内容。其次,人工智能技术可以利用机器学习和深度学习等算法,分析大量广告素材和历史案例,为广告创意提供灵感和创意方向。例如,智能算法可以自动生成广告文案、设计元素、音频和视频效果,为广告创意人员提供丰富的创意资源和创意思路。此外,人工智能技术可以通过自然语言处理和情感分析技术,分析用户在社交媒体、评论和反馈中的情感倾向,从而了解用户对广告内容、品牌形象和产品的态度。这些情感分析的结果可以为广告创意的调整和优化提供参考,使广告更加贴近用户的情感需求。人工智能的计算机视觉和虚拟现实技术还可以为广告创意提供更丰富的呈现形式和体验。例如,通过虚拟现实技术,广告可以呈现出更具沉浸感和互动性的体验,吸引用户的注意力和参与度。最后,人工智能技术可以实现对广告效果的实时监测和优化。通过分析用户的实时反馈和行为数据,及时调整广告内容和推送策略,使广告创意更加贴合用户的需求和期待,提升广告的效果和用户体验。

综上所述,人工智能技术为广告创意的创新提供了丰富的可能性和机遇。通过数据驱动的创意生成、智能算法的辅助创作、自然语言处理和情感分析、计算机视觉和虚拟现实技术的应用,以及实时反馈和优化等方式,人工智能推动了广告创意的不断创新和提升。

# 第二节　人工智能在广告业中的应用

## 一、人工智能在广告创作中的具体应用

### (一)广告文案创作

#### 1.自然语言处理技术助力广告文案创作

在广告文案创作过程中,自然语言处理(NLP)技术主要通过文本生成模型来实现。文本生成模型,如 GPT-3,通过预训练和微调,可以生成具有高

度连贯性和创造性的广告文案。这些模型通过学习大规模的文本数据,掌握语言结构和风格,从而能够根据输入的关键字或短语生成相应的广告文案。这种自动化生成过程不仅提高了文案创作的效率,还为创作者提供了丰富的创意灵感来源。

首先,文本生成模型通过预训练阶段,学习大量的文本数据,这些数据涵盖了各类文体和主题,如新闻报道、小说、广告文案等。在预训练过程中,模型学习语言的基本结构、词汇的使用以及不同类型文本的写作风格。这使得模型能够在生成新文本时,具有较高的语言流畅性和逻辑连贯性。此外,模型还能够根据不同的输入信息,调整生成文本的风格和语调,从而满足不同的创作需求。

其次,在微调阶段,模型会根据特定领域或特定任务的数据进行进一步训练。为了生成广告文案,模型会学习大量的成功广告案例,从中提取出有效的广告策略和表达方式。这一过程使得模型能够更好地理解广告文案的创作技巧,如怎么吸引注意力、如何传达产品的独特卖点以及如何激发购买欲望。通过这种有针对性的训练,模型生成的广告文案不仅在语言上更加精准,而且在内容上更具说服力。

最后,在对创作过程的辅助方面,广告创作者可以通过交互界面输入一些基本信息,如产品的特点、目标用户群体、市场定位等,模型会基于这些信息,自动生成初步的广告文案。创作者可以对生成的文案进行选择和修改,最终形成符合需求的广告内容。在这个过程中,模型生成的文案不仅提供了多种选择,还可以启发创作者的灵感,帮助其突破传统思维局限,探索新的创作方向。NLP 技术还可以根据实时反馈,不断优化广告文案。通过对用户互动数据的分析,如点击率、转化率等,模型可以调整生成策略,使其更加符合受众的喜好。例如,某一类文案在特定人群中的表现尤为突出,模型会记录这种模式,并在未来的文案生成中加以应用,从而提升广告效果。这种数据驱动的优化过程,使得广告文案的创作变得更加科学和高效。总的来说,NLP 技术在广告文案生成过程中的应用,不仅大大提高了创作效率和质量,还为创作者提供了强大的工具和灵感来源。通过预训练和微调,文本生成模型能够生成高度连贯性和创造性的广告文案,满足不同场景和需求的创作要求。

**2.情感倾向性分析推动广告文案智能化处理**

情感分析是自然语言处理技术的一个分支,通俗来讲就是对文字表达的观点和情感进行分析总结。通过情感分析技术,广告创作者可以识别和理解受众对特定文本的情感反应,从而优化广告文案的情感表达。目前比较常用的情感分析方法:一个是运用情感词典,建构情感词,情感短语等评判标准,来判定句子的情感倾向并进行分类归纳;另一个是以机器学习为基础建立模型,被较多地用于广告领域,了解用户对品牌、产品或广告的看法及态度。在广告创作中,会综合运用自然语言处理技术并结合大数据,对大量的数据以及评价等进行分析,以便快速了解消费者的诉求以及对产品的喜好。

首先,情感分析技术通过机器学习算法,能够识别和分类文本中的情感成分。具体来说,情感分析模型通常会通过大量的标注数据进行训练,这些数据包含了不同情感类别的文本样本,如积极、消极和中性。模型学习这些样本中的情感特征,能够准确地预测新文本的情感倾向。在广告文案创作中,这种能力尤为重要,因为广告的目的是激发消费者的情感共鸣,从而促进产品或服务的销售。

其次,情感分析技术可以帮助广告创作者进行情感测试和反馈。在广告文案的初步创作完成后,创作者可以利用情感分析工具对文案进行评估,检测其情感倾向是否符合预期。如果文案的目标是传递一种积极向上的情感,但情感分析结果显示其倾向于中性或负面,那么创作者就可以根据这一反馈对文案进行调整,增加积极情感的元素,确保文案能够有效地引起受众的正面情感反应。

最后,情感分析技术可以进行情感优化,通过分析大量成功的广告文案,如广告中使用的情感词汇、句式结构或故事情节,提取出常见的情感模式和表达方式,供创作者在新文案中借鉴。情感分析技术还可以在广告发布后的反馈阶段发挥作用。通过分析受众对广告文案的实际反应,如社交媒体上的评论、用户的点赞和分享等,情感分析技术能够实时评估广告的情感效果,并提供相应的优化建议。如果分析结果显示某些文案引起了负面情感反应,创作者可以迅速调整广告策略,改进文案内容,避免负面情感的扩散。这种实时监控和调整的能力,使得广告创作过程更加灵活和高效。总之,情感分析技术在广告文案创作中的应用,极大地增强了文案的情感表达效果。通过识别和理解受众的情感反应,广告创作者能够更精准地调整文案内容,确保其能够引起受众的共鸣和情感共振。这种数据驱动的情感优化过程,不仅提高了广告的吸引力和说服力,还提升了广告的整体效果。

### (二)广告图像创作

广告能够通过图像传递信息,例如,平面广告是一种传递产品和品牌信息的有效方式,充当广告主与受众互动的中介。由于图像类广告具有较强的视觉冲击力且制作相对便捷,因此受到广告主的青睐。在人工智能技术的加持下,图像类广告的生产变得更加迅速、便捷。

#### 1.计算机视觉推动广告图像创作的发展

对图像的识别与处理是人工智能技术的重要应用领域之一。计算机视觉是一门研究机器视觉与图像处理相结合的学科,其原理是利用各种成像设备对视觉进行模拟,使计算机拥有能够对目标进行识别、追踪等能力的机器视觉,并在此基础上进行图像处理。简单来说,计算机视觉旨在赋予计算机类似人类"眼睛"的功能,其最终目标是实现对图像的理解和分析。

计算机视觉技术在广告图像创作中的应用正在迅速改变广告业的面貌。计算机视觉通过图像识别和生成技术,能够自动生成高质量的广告图像。深度学习模型如生成对抗网络(GAN),能够学习和模仿大量图像数据,从而生成具有创意和视觉吸引力的图像。例如,通过输入品牌的视觉元素、产品特点和市场定位,GAN可以生成与品牌形象高度一致的广告图像。这种自动化的图像生成不仅提高了广告创作的效率,还为创作者提供了丰富的创意素材。计算机视觉技术还可以进行风格迁移,将品牌的视觉风格应用到新生成的图像中,使得广告图像在视觉上一致且有吸引力。

计算机视觉技术在个性化广告图像创作中也发挥了重要作用。通过分析用户的视觉偏好和行为数据,计算机视觉技术能够生成高度个性化的广告图像,以满足不同用户的需求。例如,计算机视觉技术可以分析用户在社交媒体上的互动、浏览的图片类型和偏好,进而生成具有针对性的广告图像。这种个性化的图像不仅能够提高用户的点击率和转化率,还能增强用户体验,提升品牌忠诚度。计算机视觉技术还可以实时监控和分析广告图像的效果,通过用户反馈数据不断优化图像内容和设计,使得广告效果最大化。这种数据驱动的个性化创作和优化过程,推动了广告图像创作的发展,使广告更加精准和有效。

**2.计算机视觉在广告图像中的应用:AI 户外广告项目**

AI 户外广告项目是计算机视觉技术在广告领域的一项创新应用。通过智能分析和实时动态创作,为户外广告带来了新的可能性。该项目旨在通过先进的计算机视觉技术,提升户外广告的精准度和互动性。传统的户外广告往往缺乏实时性和个性化,而 AI 通过实时数据分析和视觉优化,使广告内容能够动态适应受众和环境的变化,增强广告的吸引力和效果。

AI 利用计算机视觉技术对广告牌周围环境进行实时图像识别和分析。系统通过摄像头捕捉周围的图像数据,并利用深度学习算法识别图像中的人物、车辆、天气、光照等元素。这些数据能够帮助系统了解当前的广告环境,为后续的广告内容优化提供基础。根据实时图像识别结果,AI 能够动态调整广告内容。例如,在人流量较大的时段,系统可以优先展示针对行人设计的广告内容;在车流量高峰期,展示适合驾驶员和乘客的广告。这种个性化展示大大提高了广告的相关性和吸引力。计算机视觉可以实时监测天气和光照条件,并根据这些因素优化广告展示效果。例如,在光线较强的情况下,系统可以调整广告的亮度和对比度,确保广告内容在任何光照条件下都清晰可见;在下雨天,可以展示与雨具相关的广告内容。这种环境适应性优化确保了广告的高曝光率和有效性。

AI 项目可以通过计算机视觉技术实现广告内容的动态创作与实时更新。系统可以根据实时图像数据,生成和更新广告内容。例如,当系统识别到广告牌附近有一群儿童时,可以自动切换到与儿童相关的产品广告;当检测到有情侣经过时,可以展示浪漫主题的广告。这种动态内容创作与更新机制使广告更加生动和富有互动性。AI 系统通过计算机视觉技术识别用户的表情和情感反应,实时分析广告的受众反馈。例如,当系统识别到观看广告的行人表情愉悦时,可以记录下这一反馈,并优先展示类似风格的广告;

如果识别到负面表情,则调整广告内容以提高受众的满意度。基于实时监测的数据,AI系统可以进行深度数据分析,识别影响广告效果的关键因素,并提供优化建议。系统可以分析某一广告在不同天气条件下的效果差异,建议广告主在特定天气条件下投放特定类型的广告,或根据受众年龄和性别特征,优化广告内容以提高目标受众的吸引力。

### (三)广告视频创作

随着人工智能技术的迅猛发展,智能识别处理技术正在改变视频创作的方式。通过应用计算机视觉、自然语言处理和深度学习等技术,视频创作变得更加智能化、高效化和个性化。人工智能介入广告创作的各个流程,从剧本创作到拍摄再到后期制作,全面提升了广告的生产模式。视频广告与人工智能技术的结合已成为不可避免的发展趋势。

#### 1.智能识别处理技术成为视频创作新途径

在智能视频内容生成上,智能识别处理技术能够通过分析大量的视频数据,自动生成高质量的视频内容。例如,基于深度学习的生成对抗网络(GANs)可以创作出逼真的视频场景。这样的技术使视频制作不再依赖于大量的人力和时间投入,可以快速生成符合特定需求的视频内容。广告公司可以利用这些技术生成高度定制化的视频广告,从而提高广告的吸引力和效果。自然语言处理(NLP)技术可以理解和生成文本,从而帮助创作视频脚本。通过分析已有的剧本和故事结构,NLP技术能够自动生成新的剧本,或对现有剧本进行优化。这种自动化的剧本创作可以大大提升视频创作的效率,确保视频内容的连贯性和创意性。

在视频编辑与优化上,计算机视觉技术可以自动识别视频中的关键场景和人物,从而实现智能剪辑。例如,系统可以识别出视频中的精彩瞬间,自动剪辑并生成高光集锦。此外,计算机视觉还可以应用于特效处理,如自动添加视觉效果、滤镜和动画。这些智能剪辑与特效处理技术不仅提高了视频制作的效率,还能保证视频质量的一致性和专业性。在个性化视频创作上,智能识别处理技术可以根据用户的兴趣和行为数据,创作个性化的视频内容。通过分析用户的观看历史、搜索记录和社交媒体行为,人工智能能够生成与用户兴趣高度匹配的视频。这种个性化创作不仅能提高用户的观看体验,还能增加视频的播放量和用户黏性。实时互动视频是智能识别处理技术的另一种创新应用。通过计算机视觉和实时数据分析,人工智能能够在视频播放过程中识别用户的反应,并做出相应的内容调整。例如,在直播视频中,系统可以根据观众的表情和互动行为,实时调整直播内容,增强观众的参与感和互动体验。智能识别处理技术不仅提高了视频创作的效率和质量,还为用户提供了更丰富的观看体验。智能识别处理技术通过分析视频播放数据、用户反馈和社交媒体互动,评估视频的效果。人工智能能够识别影响视频效果的关键因素,如观看时长、用户留存率和互动频率,并提供优化建议。通过这种数据驱动的效果评估,视频创作者可以不断改进内容,提高视频的吸引力和传播效果。

**2. 智能识别技术在广告视频创作中的应用**

百度研究院 2020 年开发的 VidPress(智能视频合成平台)是一个利用智能识别技术来优化广告视频创作的平台。VidPress 通过先进的计算机视觉和自然语言处理技术,自动化地生成高质量的广告视频,显著提高了创作效率和内容精准度。[①]

首先,VidPress 利用计算机视觉技术对大量的视频素材进行分析。计算机视觉技术通过图像识别和深度学习算法,能够识别视频中的关键元素,包括人物、物体、场景和动作。具体来说,系统会对视频进行逐帧分析,提取每一帧中的视觉特征,并将其与预先训练的模型进行匹配,从而识别出视频中的核心内容。例如,在广告视频中,VidPress 可以识别出产品外观、使用场景、用户表情和品牌标志等重要元素。通过这种方式,VidPress 从海量视频素材中提取出具有广告价值的片段,进行进一步处理。

其次,VidPress 结合自然语言处理技术,对文本内容进行深入理解和处理。自然语言处理技术通过对广告文案、用户评论和产品描述等文本数据的分析,提取出关键信息和情感倾向。VidPress 能够理解广告视频需要传达的信息和情感,并将其与视频中的视觉元素相结合,生成内容丰富、情感共鸣强烈的广告视频。例如,VidPress 可以分析用户评论中对某款产品的积极

---

① 曹越.人工智能技术对广告创作的影响研究[D].徐州:江苏师范大学,2021:26-27.

反馈,并将这些反馈以字幕或语音的形式融入广告视频中,使视频内容更加贴近用户需求和情感体验。

最后,在实际应用中,VidPress 展示了其在广告视频创作中的强大功能。例如,在推广一款新型智能家居产品时,VidPress 首先通过计算机视觉技术分析现有的视频素材,识别出智能家居设备的外观、使用场景和用户互动等关键元素。接着,系统利用自然语言处理技术,分析产品描述和用户评价,提取出产品的核心卖点和用户的情感反馈。然后,VidPress 将这些视觉和文本信息结合起来,自动生成多个版本的广告视频。这些视频不仅展示了产品的功能和优势,还通过情感化的表达方式,增强了用户的共鸣和购买欲望。

# 二、人工智能在广告投放中的具体应用

## (一)受众分析与定向投放

### 1.数据驱动的受众分析

数据驱动的受众分析是一种基于大数据和人工智能技术的受众研究方法,通过收集、处理和分析海量的用户数据,实现对受众群体的深入理解和精准定位。数据驱动的受众分析依赖于多样化的数据源。用户的在线行为数据(如浏览记录、搜索记录、点击行为)、社交媒体数据(如社交关系、用户评论、分享行为)、移动设备数据(如地理位置、应用使用情况)、传感器数据(如智能家居设备数据)等都是数据源的组成部分。人工智能技术在广告投放中的应用已经成为现代营销策略的核心要素,通过大数据分析和机器学习算法,人工智能技术能够精准识别和分析广告受众的行为、兴趣和偏好,从而优化广告投放策略,提高广告的效果和投资回报率。

首先,通过多渠道的数据收集和整合,构建全面的用户画像。人工智能通过对用户数据的整合和分析,能够识别出用户的行为模式和兴趣偏好。例如,基于用户的浏览和购买历史,人工智能可以预测用户未来的购物需求,从而向其推送相关的广告。这种预测分析不仅提高了广告的相关性和用户体验,还大大增加了广告的点击率和转化率。

其次,机器学习算法在数据驱动的受众分析中起着关键作用。通过聚类分析、分类算法和协同过滤等技术,人工智能能够将用户群体进行细分,并识别出不同群体的共性特征。例如,基于聚类分析,广告平台可以将用户划分为不同的细分市场,如时尚爱好者、科技发烧友、健康生活倡导者等。每个细分市场中的用户具有相似的行为模式和兴趣倾向,广告主可以针对这些特征设计和投放更具针对性的广告内容。此外,随着移动互联网的发展,用户行为数据产生速度加快,数据驱动的受众分析需要具备实时性和动态性。因此,流式数据处理技术和增量学习算法成为必要手段,以实现对实时数据流的持续监测和分析,及时发现用户的新行为和趋势。

最后,作为我国电商巨头之一的淘宝,每天处理海量用户数据,包括用户的浏览商品、搜索关键词、购物车添加、购买记录、评价内容等。这些数据被系统自动收集并存储,通过大数据技术进行清洗和整合,形成详尽的用户画像。每个用户画像包含了用户的购物习惯、偏好商品类别、品牌倾向、价格敏感度等多维度信息。通过机器学习算法,淘宝将用户分为多个细分市场。如通过聚类分析,系统识别出一群经常浏览和购买运动服装的用户,并将其标记为"运动爱好者"群体。进一步地,基于这些用户在平台上的行为数据,智能模型能够预测他们未来可能感兴趣的商品,例如,新款跑鞋或健身器材。在广告投放时,淘宝利用这些分析结果,为每个用户推送个性化的广告内容。对于"运动爱好者"群体,广告可能会展示最新的运动服装品牌折扣、新品发布以及相关的运动健康资讯。这种高度定制化的广告不仅提高了广告的相关性和用户体验,还显著提升了广告的点击率和转化率。同时,淘宝还通过实时数据分析和用户反馈,持续优化广告内容和投放策略。例如,通过监测广告的点击率、停留时间和购买转化率等指标,AI 系统能够动态调整广告投放的时间、频率和内容。这样的实时优化机制确保了广告资源的高效利用,并最大化了广告的投资回报率。

### 2. 智能化的定向投放

基于受众分析的结果,人工智能技术可以实现智能化的定向投放,将广告精准地展示给目标受众群体。系统可以根据用户的地理位置、设备类型、兴趣偏好等因素,选择最合适的投放渠道和时间段,以确保广告在最适宜的时机、地点呈现给目标受众。其中,机器学习算法在智能化定向投放中起着关键作用。通过监督学习和无监督学习,AI系统能够对用户群体进行细分,并预测每个用户的未来行为,从而实现高度精准的广告投放。这种智能化的定向投放能够显著提高广告的曝光率和转化率,从而提升广告主的投资回报率。

京东作为我国领先的电商平台,通过"京准通"广告投放平台,利用人工智能技术实现了高度精准的定向广告投放。该平台从用户的个人信息(性别、年龄、地理位置等)、行为轨迹(浏览历史、搜索习惯、购物记录等)、兴趣偏好(用户的浏览和购买行为)、社交互动(评价、点赞、分享)等多个维度进行分析,实现对目标受众的精准定位和广告的智能化投放。基于用户画像和机器学习算法,京东实现了智能化的定向广告投放。"京准通"广告系统能够根据用户的兴趣和行为,为每个用户推送高度相关的广告内容。当用户在京东平台上进行搜索时,广告系统会根据用户的搜索关键词和历史搜索行为,推送与之相关的广告内容。例如,用户搜索"手机",系统会展示最新的手机产品广告和相关促销信息;京东在其首页、分类页面和商品详情页面展示个性化广告。广告系统根据用户的浏览历史和购买记录,选择最接近的广告进行展示。例如,对于经常购买母婴产品的用户,系统会展示母婴用品的广告。当用户浏览商品页面或购物车页面时,系统会基于协同过滤算法,推荐用户可能感兴趣的商品广告。例如,用户浏览某款智能手表,系统会推荐其他类似或相关的智能手表广告。京东还利用视频广告吸引用户注意力。通过深度学习分析用户的观看习惯和兴趣偏好,系统推送与用户兴趣高度相关的视频广告内容。京东还利用相似受众功能,通过分析已有客户的特征,寻找具有相似兴趣和行为模式的新用户,帮助广告主扩大目标受众范围,进一步提升广告的覆盖面和效果。这种智能化的广告投放模式,不仅提升了广告的点击率和转化率,还增强了用户体验和满意度,为广告主带来了更高的投资回报率。

### (二)实时竞价与程序化广告

#### 1. 实时竞价技术

实时竞价(RTB)是一种通过实时竞争和实时决策来购买在线广告位的技术和策略。它基于广告主和广告交易平台的实时数据和算法,以及广告位上的实时用户数据,实现精确的广告投放和成本控制。

首先,RTB 通过实时收集和分析用户行为数据,能够精准地识别目标受众,并根据用户的兴趣、行为和上下文信息,实现个性化的广告投放。这种定位精准性不仅提高了广告的效果和点击率,还有效降低了广告投放的浪费成本,确保每一次广告展示都能最大化地达到预期效果。其次,RTB 通过实时竞争的方式购买广告位,使广告主能够根据广告位的实时价值进行竞价,从而确保价格效率和广告投放的成本控制。相比传统的固定价格购买模式,RTB 不仅提供了更加灵活和有效的广告投放策略,还鼓励了广告市场的竞争性和透明度。最后,RTB 技术还支持动态创意优化,根据实时数据调整和优化广告内容,进一步增强了广告的吸引力和用户参与度。

总体而言,RTB 作为数字广告市场的创新技术,通过数据驱动的精准定位、实时竞争的价格优化和动态创意的个性化优化,显著提升了广告投放的效率和效果,推动了整个广告行业向智能化和自动化方向迈进。

### 2. 程序化广告

程序化广告是一种通过自动化技术实现广告购买和展示的方式。相较于传统的广告购买方式,程序化广告利用算法和机器学习技术,自动完成广告位的选择、出价、购买和展示等环节。

首先,广告主设定广告投放目标,包括目标受众、投放区域、预算限制等。系统利用机器学习算法,分析海量用户数据,自动选择最优的广告位和投放时间。例如,系统可能会发现在特定时间段内某类用户的购买意图较强,从而在这些时间段内增加广告展示频次。其次,程序化广告还支持动态创意优化(DCO),根据用户行为和兴趣实时调整广告内容。目前大多数电商平台都在使用这种方式,根据用户的浏览和购买历史,动态展示个性化的产品推荐广告。如果用户曾浏览过电子产品,系统会优先展示相关产品的广告,而非其他类别的产品。通过这种方式,广告内容更加贴近用户需求,提升广告的吸引力和转化率。最后,程序化广告是借助技术提供详尽的广告效果评估工具,帮助广告主监测广告的表现,包括曝光量、点击率、转化率等关键指标。广告主可以根据这些数据,实时调整广告投放策略。例如,电子商务网站可以通过 A/B 测试不同的广告创意,找出最有效的广告内容和形式,进一步优化广告投放效果。

通过数据驱动的精准定位和自动化的广告购买过程,程序化广告大幅提升了广告投放的效率和效果。广告平台通过实时竞价技术,实现了广告位的高效分配和预算优化,帮助广告主在合适的时间将广告展示给最有可能转化的用户。而程序化广告则通过自动化技术和机器学习算法,优化了广告投放过程,实现了个性化的广告内容展示。实时竞价与程序化广告为广告主提供了强大的工具和方法,显著提升了广告投放的效果和投资回报率。

# 三、人工智能技术在广告效果评估中的应用

## (一)数据挖掘与广告效果预测

### 1.数据挖掘技术在广告效果评估中的应用

数据挖掘技术在广告效果评估中发挥着广泛且深远的作用。它通过处理和分析海量数据,挖掘出隐藏的模式和关系,为广告主提供有价值的见解。广告主可以利用数据挖掘技术从多个数据源获取信息,包括广告投放平台、社交媒体、用户互动行为、网站流量日志等。例如,电子商务巨头亚马逊通过数据挖掘技术,详细分析用户的浏览历史、购买记录、点击行为等,以预测不同广告内容的效果。通过聚类分析技术,亚马逊能够将用户分成不同的群体,每个群体代表一种消费行为模式或兴趣偏好。通过关联数据挖掘,亚马逊还能够识别出用户在浏览和购买过程中存在的潜在联系,例如哪些商品常常被一起购买,哪些广告内容能够激发用户的购买欲望。

数据挖掘还涵盖时间序列分析和异常检测等技术,用于追踪广告效果的时间变化和识别异常情况。例如,广告主可以利用时间序列分析技术观察某一广告活动在不同时间段的表现,以调整投放策略,最大化广告效果。异常检测则有助于广告主识别广告效果中的异常波动,如某一时间段内广告点击率异常升高或下降,从而快速采取应对措施。此外,数据挖掘技术还可协助广告主进行跨渠道分析,综合评估不同广告渠道的效果。例如,广告主可以比较电视广告、在线广告、社交媒体广告等不同渠道的效果,找出最有效的广告组合策略,提高整体广告投放效果。

### 2.机器学习模型在广告效果预测中的应用

在数据挖掘的基础上,机器学习模型被广泛应用于广告效果的预测。通过构建和训练各种机器学习模型,广告主可以利用历史数据和实时数据,预测广告的点击率、转化率和用户互动情况。例如,谷歌的广告平台利用多种机器学习算法,如回归分析、决策树、随机森林等,建立了复杂的预测模型。这些模型通过不断学习和优化,能够精确预测不同广告创意、投放时段和目标受众的效果。

机器学习模型的应用不仅限于预测广告点击率和转化率,还可以用于优化广告投放策略。比如,利用强化学习算法,广告主可以动态调整广告出价策略,实现广告预算的最佳分配。强化学习通过不断试验和反馈,找到最优的广告投放策略,从而在保证广告效果的同时,最大化广告主的投资回报率。此外,深度学习技术在广告效果预测中也发挥着重要作用。深度学习通过构建多层神经网络,能够处理和分析大量非结构化数据,如图像、视频、文本等。广告主可以利用深度学习技术,分析社交媒体上的用户评论、视频观看行为等,从中提取出有价值的信息,用于广告效果的预测和优化。机器学习模型还可以帮助广告主进行实时广告投放优化。通过实时监测广告效果数据,机器学习模型可以快速调整广告投放策略,如调整广告展示频次、改变广告创意、优化目标受众等,确保广告效果的持续优化。

综上所述,数据挖掘与机器学习在广告效果评估中具有不可忽视的作用。通过利用数据挖掘技术,广告主可以从海量数据中提取有价值的信息,发现用户行为和兴趣的潜在模式,优化广告策略。机器学习模型进一步提升了广告效果预测的精度和实时性,帮助广告主实现精准投放和动态优化。

### (二)情感分析与品牌形象评估

### 1.情感分析在广告效果评估中的应用

情感分析是一种利用自然语言处理(NLP)和机器学习技术,分析用户在社交媒体、评论和反馈中的情感倾向,评估广告效果的重要方法。广告主可以收集用户在社交媒体上的评论、论坛帖子、产品评价等文本数据,利用NLP技术进行情感分析。了解用户对广告内容、品牌形象和产品的态度,从而优化广告策略。例如，耐克在推出新广告后，利用情感分析技术，分析社交媒体上用户的评论和反馈，了解用户对广告的情感反应。通过识别积极、消极和中立的情感，耐克及时调整广告内容和传播策略，提升用户的品牌认同感和广告效果。

情感分析不仅可以识别用户评论中的情感倾向（积极、消极或中立），还可以分析情感的强度。例如，情感分类技术可以将用户评论分为"非常积极""积极""中立""消极""非常消极"等多个类别，从而更细致地了解用户的情感反应。此外，通过情感强度分析，广告主可以了解用户情感反应的强烈程度。例如，同样是积极评论，"非常喜欢"和"还不错"在情感强度上存在显著差异。通过这些细致的情感分析，广告主可以更准确地评估广告效果，优化广告内容和传播策略。例如，可口可乐在推出新广告后，利用情感分析技术，分析全球范围内的社交媒体评论和反馈。通过情感分析技术，可口可乐能够实时了解用户对广告的情感反应，识别出不同地区和文化背景用户的情感倾向。例如，在北美市场，用户对广告表现出高度的积极情感，评论中充满了对品牌的喜爱和认同，而在亚洲市场，用户的情感反应则较为复杂，部分用户表现出对广告文化元素的不满。基于这些情感分析结果，可口可乐调整了广告策略，在不同市场采用不同的广告内容，提升了广告效果和用户满意度。

### 2. 品牌形象评估与广告策略优化

品牌形象评估的一个重要方面是品牌知名度和认知度的分析。广告主可以通过用户调研、问卷调查和焦点小组等方法，了解用户对品牌的认知程度。例如，可口可乐在进行品牌形象评估时，通过在线问卷调查，了解用户对品牌的认知和记忆情况。调研结果显示，绝大部分用户都能迅速识别出可口可乐的品牌标志，并且对品牌有着深刻的记忆。这表明可口可乐的品牌知名度非常高，广告对品牌认知度的提升起到了积极作用。除了品牌知名度和认知度，品牌态度和忠诚度也是品牌形象评估的重要内容。广告主可以通过情感分析和用户调研，了解用户对品牌的情感态度和忠诚度。例如，可口可乐通过用户调研和情感分析，发现大部分用户对品牌持积极态度，愿意推荐给朋友和家人。通过分析用户的品牌忠诚度，可口可乐可以制定更有效的广告策略,进一步提升用户的品牌忠诚度。

星巴克曾经在推出新广告后,通过情感分析和用户调研,了解广告对品牌形象的影响。调研结果显示,新广告不仅提升了用户对星巴克品牌的认知度,还增强了用户的品牌忠诚度和情感连接。许多用户表示,新广告让他们对星巴克的品牌文化和价值观有了更深入的了解,更愿意继续支持和购买星巴克的产品。基于这些评估结果,星巴克进一步优化了广告策略,加强了品牌文化的传播,提升了品牌形象。

因此,情感分析和品牌形象评估在广告效果评估中发挥着重要作用。通过利用情感分析技术,广告主可以深入了解用户对广告内容、品牌形象和产品的情感态度,从而优化广告策略,提升广告效果。品牌形象评估则通过分析用户对品牌的认知和态度,全面了解广告对品牌形象的影响,为广告主提供数据支持和决策依据。

# 第三节　人工智能对广告业的影响

## 一、广告自身:传统广告局限性的突破

人工智能技术下广告行业的变革使得广告对速度、规模以及个性化的需求被放大,广告人需要实时的数据反馈并及时进行广告优化再投放,因此广告制作的时间压力越发严峻。下面主要从传统广告创作模式的改变、传统广告运作的革新、传统广告业务流程的优化三个方面,分析人工智能技术如何突破广告自身的局限性。

### (一)传统广告创作模式的改变

在传统的广告运作流程中,广告创作通常是一个单向的、线性的过程,其主要环节包括调查、策划、创意、制作、投放和评估。具体流程可以概括为:首先,通过小样本洞察市场和用户需求,提炼出合适的广告策略,然后,在策略的指导下进行头脑风暴,产生广告创意并制作,接着,选择合适的

广告媒介进行投放,最后,对广告效果进行评估。这一流程呈现出明显的单向线性特征,各个环节时间与模块划分明确。

由于传统广告的转化率难以测量,广告主更关注广告的曝光量而非实际转化效果。虽然广告的曝光量可以进行粗略统计,但广告的转化数据难以追溯和量化。传统广告的曝光度受到媒体固定受众的限制,难以准确量化,只能根据过往经验进行估计,且无法对受众进行细分。受技术限制,传统广告缺乏精准和定向的能力,广告主通常只能根据经验选择适合的场景进行营销活动。在创意方面,信息主要以单向方式传递给受众,缺少互动性和体验性的元素。创意制作对从业人员的水平要求较高,且创意的好坏难以通过受众反应进行测量,多数情况下只能直接呈现给浏览者。

随着人工智能和大数据技术的发展,这一模式正在发生深刻的变革。现代广告创作引入了算法和机器学习技术,通过分析海量用户数据和行为模式,自动生成和优化广告内容。人工智能可以在短时间内生成多种创意方案,进行测试,实时调整和优化广告效果。广告主可以利用社交媒体平台和自主广告工具直接与受众进行互动,并创作出更加个性化、创新性的广告内容。用户生成内容也成了广告创作的重要组成部分,通过用户参与的方式,广告主能够更好地与受众建立联系,并在广告创作过程中获得更多的创意灵感。此外,程序化广告购买平台使广告投放更加精准和高效,通过实时竞价和智能出价策略,广告主可以最大化投资回报率。这些技术的应用不仅提高了广告创作的效率和精准度,还使广告内容更加个性化和动态化,显著提升了用户体验和广告效果。

因此,传统广告创作模式的改变不仅加速了广告行业的数字化转型,也为创意的涌现和传播提供了更加广阔的空间。

**(二)传统广告运作的革新**

传统广告运作的革新主要体现在其创作时效性增强、发布形式多元化、反馈数据精准化等方面。

**1.广告创作时效性增强**

对广告而言,如何在热点产生的第一时间迅速进行头脑风暴,产出创意并创作发布是决定广告受欢迎程度的关键。然而,传统广告创作时效性差的问题尤为凸显,主要有以下几点原因:首先,传统广告成本高昂,包括人力成本和制作成本等。人工效率难以保证在热点出现时及时跟进,同时又能生产出优质的创意。因此,传统广告在创作生产中往往无法在第一时间发布,等到内容发布时,热点可能已经退去,受众也可能已经失去兴趣。其次,传统广告的生产程序冗长且复杂。随着网络媒体的发展,受众不再是被动接受广告,而是广告的主宰者。他们对广告的要求发生了转变,可以随时获取信息,同时即时满足需求的广告成为新的期望。依附于传统广告公司生产的传统广告,已经无法满足受众的实时性诉求。传统广告的发布需要层层把关和多重处理,当广告最终发布时,受众的即时需求可能已经改变。

相比之下,人工智能技术使广告能够快速生产和输出,通过整合数据与信息进行创作。人工智能可以通过自然语言处理和图像识别技术,自动生成和优化广告创意。人工智能根据用户的兴趣和行为,可以自动撰写广告文案、设计广告图片,甚至制作广告视频,这大大缩短了广告的制作周期,提高了广告创作的效率和质量。同时,人工智能可以实时监测广告的投放效果,通过数据分析和反馈,动态调整广告的内容和策略,确保广告效果的持续优化。相比传统广告需要长时间的策划和制作周期,技术驱动的广告创意与发布优化具有更高的时效性和灵活性,能够更快速地响应市场变化和用户需求。虽然目前人工智能技术在复杂创意上仍有局限,只能应用于简单的文字撰写和图片设计,但这已经在很大程度上解放了广告创意人的劳动力。争分夺秒的广告创作与投放已成为大势所趋,人工智能技术的加持使广告生产的时效性得以突破束缚。

### 2.广告发布形式多元化

人工智能技术的应用大幅度改变了广告的发布形式,使其呈现出前所未有的多元化特征。在人工智能技术赋能下,广告形式更加丰富多样。原生广告、信息流广告、程序化广告以及 AR/VR 广告等新型广告形式层出不穷。原生广告是一种融入内容流或用户体验中的广告形式,与周围内容风格和功能一致,不显眼且不打扰用户。人工智能通过分析用户的行为和兴趣,能够生成符合原生广告形式的内容,使广告更具有吸引力和用户接受度。例如,社交媒体平台上的推广帖子或新闻网站上的推荐内容,都是原生广告的典型例子,原生广告与平台内容无缝融合,提高用户体验。

信息流广告是通过在网页、应用或社交媒体的信息流中以卡片或条目形式展示的广告。信息流广告嵌入在社交媒体或新闻客户端的内容流中,根据用户的兴趣和行为进行精准投放。人工智能通过实时数据分析和用户行为模式,能够优化信息流广告的展示方式和内容选择,以提高广告的点击率和用户互动。这种形式的广告适应了移动设备用户快速浏览信息的习惯,增加了广告与用户之间的接触点和交互机会。程序化广告利用大数据技术,在实时竞价平台上自动购买和优化广告位。人工智能通过分析广告位的实时价值和用户的实时数据,能够帮助广告主在毫秒级别内做出最优化的广告投放决策。这种广告形式不仅提高了广告投放的效率和精确度,还使广告主能够根据广告效果实时调整投放策略,最大化广告投资回报率。

增强现实(AR)和虚拟现实(VR)技术为广告带来了全新的互动和体验方式,使广告表现方式更加丰富和沉浸。AR广告通过手机摄像头实时捕捉现实场景,并在屏幕上叠加虚拟信息,例如,产品演示、虚拟试穿等,增强用户的互动体验和参与感。宜家通过其AR应用程序让用户在购买家具之前,在家中预览家具摆放效果,提高了用户购买体验。VR广告则利用头戴式显示器等设备,让用户沉浸在虚拟世界中与广告内容互动,例如,虚拟旅游体验或虚拟现实展示。耐克通过VR广告展示其最新款跑鞋,让用户在虚拟跑道上感受鞋子的舒适度和性能。人工智能在这些广告形式中的应用,能够实现内容的实时生成和个性化调整,以及用户行为的实时分析和反馈。相比传统广告单一的展示方式,这些新型广告形式更能吸引用户的注意力,提供更个性化和互动的广告体验。

综上所述,人工智能技术下的广告发布形式相比传统广告更加多元化。通过精准投放、新型广告形式和创意优化,大幅度提升了广告的投放效果和用户体验。这些新形式不仅提高了广告的吸引力和互动性,也增强了广告投放的效果,满足了当代消费者的需求。

### 3. 广告反馈数据精准化

传统广告的反馈渠道存在诸多局限性,影响了广告效果的评估和优化。

传统广告主要依赖于电视、广播、报纸、户外广告牌等媒体形式,这些渠道通常只能提供非常有限的反馈数据。广告主难以准确评估广告的受众范围、受众反应和广告效果,通常只能依靠市场调研、销售数据等间接指标进行评估。由于缺乏实时和具体的反馈数据,广告主难以在短时间内调整广告策略和创意,从而无法快速响应市场变化和用户需求。此外,传统广告的反馈渠道通常是单向的,受众无法与广告内容进行互动,这进一步限制了广告效果的提升。

人工智能技术的应用为广告反馈渠道带来了革命性的突破,使广告主能够获得实时、精准的反馈数据。通过数据分析、机器学习和自然语言处理,可以实时监测用户的浏览行为、点击行为、购买行为和社交媒体互动。广告主可以通过这些数据,准确评估广告的受众范围、受众反应和广告效果。例如,广告主可以实时查看广告的点击率、转化率、互动率等关键指标,了解广告在不同受众群体中的表现。人工智能还能够分析用户的评论、反馈和情感,帮助广告主了解受众对广告内容的具体看法和情感反应。人工智能使广告反馈渠道变得双向化,用户可以通过互动广告直接反馈意见和建议,广告主可以根据这些反馈,快速调整广告内容和策略。

在人工智能的支持下,广告主不仅可以获得实时反馈数据,还可以通过数据分析和机器学习,进行广告效果的持续优化和策略调整。人工智能可以根据实时反馈数据,自动调整广告的内容、形式、投放时间和投放渠道。例如,人工智能可以根据用户的浏览和互动行为,动态优化广告的展示频次和位置,确保广告能够在最合适的时间和场景中展示给目标受众。通过A/B测试和多变量测试,人工智能可以评估不同广告创意和投放策略的效果,找到最优的广告组合。广告主可以根据这些数据分析结果,及时调整广告预算和策略,最大化广告的投放效果和投资回报率。相比传统广告的反馈渠道闭塞和反应迟缓,人工智能驱动的反馈优化和策略调整具有更高的时效性和精准性,使广告主能够更快速地响应市场变化和用户需求,实现广告效果的持续提升。

人工智能技术的应用,突破了传统广告反馈渠道的局限性,使广告主能够获得实时、精准的反馈数据,进行持续优化和策略调整。人工智能通过实时监测用户行为、情感分析和互动反馈,为广告主提供了更全面和深入的广告效果评估。通过数据分析和机器学习,广告主可以动态优化广告内容和投放策略,实现广告效果的最大化。

### (三)传统广告业务流程的优化

技术的赋能使媒体平台产生了极大的变化,为广告内容的分发和展示形式带来了更多可能性。从关注广告传播的规模、实现广告最大程度的曝光,到注重最大化回报以实现精准投放,再到以用户体验为中心,传统广告运作体系正在逐渐被重构。人工智能技术对广告行业的变革势在必行。传统的广告公司可以将业务分为客户、创意、执行等部门,各部门各司其职。人工智能应用下,传统的广告业务链将有所变动。一类是人工智能成立独立的技术部门,向各个业务环节赋能;另一类是将人工智能技术人员分配至客户部门,以便让人工智能人员参与广告业务的全过程,充分发挥作用。

人工智能对广告业务流程的优化极大地提升了广告公司的运作效率。人工智能将促成以下四个方面的优化:一是消费者分析的智能化,过去的消费者分析主要依靠小样本的问卷调查、访谈等数据与广告从业者的经验进行判断,而人工智能能够快速收集数据,并对数据进行实时处理,智能化地生成消费者分析结果,进行受众筛选;二是设计的智能化,包括基础风格设计和简单的设计处理;三是广告文案的智能化,主要体现在结构化的短文案(如弹幕、标题等)的生成上;四是广告投放与优化的智能化,人工智能驱动下的广告投放实现了基于消费者的精准投放,在对投放结果的优化上实现了智能应对与处理,形成从广告投放到创作的一个不断优化调整的闭环。

## 二、生产理念:创作理念与用户理念的变革

### (一)由受众中心转向用户中心

在传播学中对受众的研究,提到了"受众中心论"[①],指出一切传播活动应该围绕"受众"这个中心展开。用户中心理念则适用于当下移动媒体平台不断发展的阶段,指在内容创作和生产的过程中应该树立"用户本位"的理

---

① 邵培仁.传播学[M].北京:高等教育出版社,2000:204.

念,要依据已有的数据分析用户的需求,为用户生产个性化的内容。两种理念的相同之处是都弱化了传播者的主导地位,强调用户或受众的重要性。他们的不同之处是"受众中心"强调受众单向接收的特点,而"用户中心"更强调用户的主动性,突出其互动性、参与性特征和个性化、独特化需求。

随着人工智能和大数据技术的迅速发展,广告行业正朝着以用户为中心的模式转变。这一变革强调个体用户的行为模式、兴趣爱好和需求,通过精密的数据分析和智能算法实现广告的精准投放和个性化定制。广告不再被视为单向的信息传递推广工具,传统的以受众为中心的广告形式逐渐演变成加强与用户之间的互动和交流。这种转变注重于提升用户体验和满意度,提高了广告的有效性和触达率,通过为用户提供有价值且贴心的广告内容,来拉近品牌与消费者间的紧密关系,从而精确地调整广告内容和投放时机。

### (二)由创作作品转向制作产品

创作作品指的是以创作者为主导,通过小规模的"手工作坊"进行创作。制作产品则强调用户的重要性,强调用户的主体地位,满足用户的个性化需求。随着人工智能技术在传媒领域的应用,计算机开始取代广告创作者的部分岗位,"手工作坊"转变为"智能工厂",广告创作不再只靠人脑完成,转而与机器协作。人工智能、算法和大数据在广告创作中得到了广泛应用,将广告人从烦琐重复性高的工作中解放出来,使他们能够从事更深入,更具有创造性内容的创作。机器和人协同工作促使广告的创作以更加高效的方式为用户提供千人千面的内容。在这个过程中,广告创作的生产理念逐渐由创作作品转向制作产品。

这种转变意味着广告不再只是简单的信息传递或形象展示,而是更加注重产品的实际功能和用户体验。广告不再局限于传统的广告形式,而是将创意与技术相结合,创造出具有实际应用价值的产品。例如,一些品牌通过创造智能设备、App 应用程序或互动体验,将广告变成了可以直接使用或与之互动的产品。这种转变使广告更具吸引力和影响力,同时也为品牌带来了更多的商业机会和市场竞争力。

### (三)由分众理念转向个性化定制理念

传统广告常采用分众理念,即将受众按照一定的特征或属性进行分组,然后针对不同的受众群体制定相应的广告策略,满足用户群体的信息需求。个性化定制理念是指广告创意人要千人千面,进行个性化的广告创作,满足用户千人千面的个性化诉求。随着技术的发展和数据的积累,广告行业正逐渐转向个性化定制理念。智能算法和大数据分析技术是个性化广告创作的基础,算法根据用户的社交平台数据信息进行用户画像的描绘,再与用户所在的场景进行匹配,为用户制定不同的标签,从而生产个性化的创意内容。

在技术的支持下,广告创意人的创作理念正在从传统的"分众"模式转向"个性化定制"的方向。这一转变意味着广告不再仅仅是面向群体的传播,而是更加注重个体的需求和兴趣。个性化定制理念通过深度挖掘用户数据和行为,实现对每个用户的精准定位和个性化推荐。在过去,广告常常采用广播式的传播方式,通过大规模投放来覆盖尽可能多的潜在客户。然而,随着数据科技和人工智能的进步,广告行业逐渐意识到,消费者在信息获取和购买决策过程中更加重视个性化的体验和信息定制化。因此,广告创意人开始利用数据分析工具和智能算法,深入了解每位消费者的兴趣爱好、购买习惯及行为特征,以此为基础设计和推送更加贴合用户需求的广告内容。个性化定制不仅提升了广告的精准度和效果,还能够加强品牌与消费者之间的互动和信任。消费者更倾向于与那些理解和满足他们个体需求的品牌进行互动,从而增加了品牌的认知度和忠诚度。

## 三、创作主体:角色认知与职业技能发生改变

### (一)重新定义广告创作主体

随着人工智能技术的快速发展,广告创作的主体角色正在经历深刻的转变。传统上,广告创作主体主要由创意团队和营销人员组成,他们依赖于自身的创意能力、市场洞察和品牌理解来开发广告内容。然而,随着人工智能的应用,广告创作主体的定义和功能正在逐步演变。

首先,人工智能改变了广告创作者的角色定位和职责范围。传统上,广告创作者主要负责创意和内容的开发,而现在,他们需要与人工智能专家、数据科学家和技术工程师等新兴角色密切合作。这些新角色不仅负责开发

和维护智能算法,还能够解读和应用数据分析结果,为广告创作者提供智能化的支持和指导。其次,人工智能技术的普及促使广告创作者转变为技术驱动的创意领导者。人工智能技术的广泛应用使得广告创作者能够更灵活地调整和优化广告策略,快速响应市场变化和消费者需求。这种技术驱动的转变不仅提升了广告创作者的创意能力和执行效率,还推动了广告行业向更为智能化和数据驱动的方向发展。最后,人工智能技术使得广告创作者能够更高效地开发和优化广告内容。人工智能不仅能够通过大数据分析快速识别消费者的偏好和行为模式,还能够自动生成和优化广告文案、设计和布局。

总体来说,人工智能的发展不仅影响了广告创作的方式和效率,还重新定义了广告创作者的角色和职能。从传统的创意开发者到技术驱动的创新者,广告创作者正逐步演变为能够充分利用人工智能技术优势的多维专业团队的核心成员。

### (二)重构广告创作者的职业能力结构

#### 1. 技术与创意的融合

随着人工智能在广告行业的深入应用,广告创作者的职业能力结构正在经历一场深刻的重构。传统广告创作者通常依赖于创意和艺术感,通过洞察消费者心理和品牌需求,打造富有情感和视觉冲击力的广告内容。然而,随着 AI 技术和大数据的介入,未来的广告创作者不仅需要在创意层面上保持敏锐,还必须具备更强的技术能力和数据驱动思维。

广告创作正在从单纯的艺术创意向"技术+创意"的复合型方向发展。例如,创作者必须能够利用数据分析工具深度挖掘消费者的偏好、行为模式及市场趋势,提供更加精准、个性化的广告内容。同时,机器学习算法可以帮助广告创作者实时优化广告投放策略,通过不断调整广告创意,确保其能够根据不同平台和受众群体做出灵活反应。除了数据分析能力外,广告创作者还需要掌握一定的编程技能。编写简单的代码、与技术团队协作开发智能广告系统,已经成为现代广告创作过程中的一部分。例如,广告自动化工具能够通过程序化广告投放实现规模化营销,而这些自动化功能的有效运作,则需要创作者理解和运用技术,以确保广告精准到达目标用户群。

这种技术与创意的融合对广告创作者提出了更高的要求。他们不仅需要保持对艺术和创意的敏感,还要具备分析复杂数据、理解技术工具甚至编写代码的能力。创意思维与技术技能的结合,不仅提升了广告创作的效率,也极大地增强了广告的精准性和效果。未来的广告创作将更加智能化、数据化,要求创作者们在不断创新的同时,掌握新的技术工具,适应快速变化的行业环境。

## 2. 数据驱动的创作能力

在人工智能和大数据的支持下,广告创作正向数据驱动的方向发展。传统广告创作依赖于创意人的直觉和经验,而现代广告创作则依赖于数据的分析和应用。广告创作者需要具备从海量数据中提取有价值信息的能力,并将这些信息转化为创意策略。例如,通过数据挖掘,创作者可以识别受众的兴趣和行为模式,从而制定更加精准的广告策略。此外,广告创作者还需要掌握数据可视化技能,将复杂的数据分析结果以直观的方式呈现给客户和团队成员。数据驱动的创作能力不仅提高了广告的精准性和有效性,也使广告创作过程更加科学化和系统化。

## 3. 多学科跨界合作能力

未来的广告创作需要更多的跨学科合作。广告创作者不仅需要与传统的文案、设计师合作,还需要与数据科学家、程序员、用户体验设计师等多领域的专家合作。跨学科的合作要求广告创作者具备沟通协调能力,能够与不同领域的专家有效交流,理解他们的专业语言和思维方式。例如,在一个广告项目中,创意团队需要与数据科学家合作,分析用户数据,找到最佳的创意方向,然后与程序员合作,将创意实现为可交互的广告形式,最后与用户体验设计师合作,确保广告在不同平台上的良好体验。多学科跨界合作能力使广告创作过程更加全面和高效。

## 4. 持续学习与适应能力

人工智能技术和广告行业的快速发展要求广告创作者具备持续学习和适应的能力。技术的更新换代和市场的变化使得广告创作需要不断更新知识和技能。广告创作者需要保持对新技术、新工具和新趋势的敏感度,积极学习和应用。例如,随着虚拟现实和增强现实技术在广告中的应用,创作者需要学习如何将这些新技术融入广告创作中,提升广告的互动性和沉浸感。广告创作者还需要具备适应能力,能够快速响应市场变化和客户需求,灵活调整创作策略和方法。

通过技术与创意的融合、数据驱动的创作、多学科跨界合作以及持续学习与适应能力,广告创作者的职业能力结构正在重构。这不仅提升了广告创作的效率和效果,也为广告行业的发展注入了新的动力。面对智能技术的挑战,广告人除了具备专业知识、文字表达能力、审美创意能力,在数据、信息技术等方面的能力也应当进行深造学习。广告人才的培养要从专业性转向复合型,打通广告与技术专业之间的限制,形成自身的竞争优势。广告创作者需要不断提升自身的综合素质,迎接人工智能时代的挑战与机遇。

# 四、创作方式:创作技术与创作效率发生改变

## (一)创作技术智能化

传统广告创作技术依赖于人员密集的创作过程,从信息收集、创意构思到设计和制作,每一步都需要大量的人员投入。创意人员根据市场调研和消费者行为分析来制定广告策略,进行头脑风暴,创作广告文案和视觉设计。传统广告的制作周期较长,流程复杂,通常需要多个部门的协调和合作,包括市场调研部门、创意部门、设计部门和媒体购买部门。创意的好坏很大程度上取决于广告从业人员的经验和创意能力。由于缺乏实时数据的支持,传统广告难以快速响应市场变化和消费者需求。此外,传统广告的投放和效果测量也受到技术限制,广告效果的反馈周期较长,难以实现即时调整和优化。

与传统广告创作相比,智能化创作技术依托人工智能和大数据技术,实现了广告创作的自动化和高效化。智能化创作技术通过机器学习和自然语言处理等手段,能够快速收集和分析海量数据,生成有针对性的广告文案和设计。智能技术可以进行消费者行为分析、市场趋势预测,帮助广告主制定精准的广告策略。智能化创作不仅缩短了广告制作的周期,还提高了广告创意的多样性和精准性。通过程序化购买和实时竞价技术,广告可以实现精准投放,实时监测和调整广告效果。智能化创作技术还具备强大的数据

分析能力,能够实时追踪广告效果,进行数据驱动的优化调整,从而最大化广告的转化率和投资回报率。

传统广告创作技术和智能化创作技术各有优势,但在现代广告环境中,二者的融合将成为趋势。传统广告创作强调创意人员的独特见解和创意能力,能够在广告中融入更多的情感和故事性。而智能化创作技术则通过数据分析和自动化工具,提升了广告制作的效率和精准度。未来的广告创作将结合两者的优势,通过智能技术提供的数据支持,创意人员可以更好地理解消费者需求,进行更加个性化和精准的创作。同时,智能化工具的应用可以解放创意人员的重复劳动,使其能够集中精力在更具创意和战略性的工作上。广告创作将从依赖单一的人工创作,转向人机协作,共同完成高效、高质量的广告作品。

### (二)创作生产高效化

人工智能极大地提升了广告创作的效率,一方面是生产速度的提升,另一方面是单位时间内生产数量的提升。人工智能在广告创作中的应用大大缩短了广告制作的时间。传统广告创作往往需要经过数据收集、创意生成、设计制作、审批与修改等多个环节,每个环节都可能耗费大量时间。人工智能技术通过自动化和智能化处理,显著加快了这些环节的速度。首先,传统的市场调研和数据分析需要大量的时间和人力投入。人工智能技术可以通过大数据分析工具和机器学习算法,从多种数据源(如社交媒体、搜索引擎、电商平台)快速收集和分析数据。这不仅提高了数据收集的速度,还提高了数据分析的精度。例如,Netflix 利用人工智能分析用户观看行为,快速生成个性化推荐,从而提升用户满意度和广告效果。其次,传统广告创意往往需要创意团队进行多次头脑风暴和反复修改。人工智能技术能够自动生成初步的广告创意和设计方案,大大缩短了创意生成的时间。人工智能驱动的广告创意工具可以在几分钟内生成多种广告文案和设计模板,创意人员可以此基础上进行优化和调整,显著提升创意生成速度。最后,在传统广告创作过程中,审批和修改通常需要经过多个层级,耗费大量时间。人工智能技术可以通过自然语言处理和图像识别技术,自动进行初步的审核和优化,减少了人工审核的时间,提高了整体效率。

　　除了提升生产速度,人工智能还显著增加了单位时间内广告创作的数量。AI 技术能够在短时间内生成大量广告创意和设计,满足大规模广告投放的需求。首先,人工智能可以在极短时间内生成数千种不同的广告文案和设计方案。以麦当劳为例,他们使用 AI 创意生成平台,在几小时内产生了上百种广告创意,并迅速筛选出最符合市场需求的方案,从而在同一时间内完成大量广告创作。其次,AI 驱动的设计工具可以自动生成多种设计模板,并根据用户反馈进行快速调整和优化。这样的工具使设计团队能够在短时间内完成多种广告设计,提高了设计生产的数量和效率。例如,Adobe 公司的 Sensei AI 技术帮助设计师快速创建和调整广告设计,提高了设计产量和质量。最后,人工智能技术可以根据用户数据实时生成个性化的广告内容,满足不同用户的需求。这种个性化广告不仅增加了广告的数量,还提高了广告的相关性和效果。比如,Spotify 是一个流媒体音乐服务平台,提供免费和付费两种服务,免费用户在使用 Spotify 的服务时将被插播一定的广告,Spotify 利用 AI 技术为每个用户生成个性化的广告内容,显著提高了广告的点击率和转化率。

　　可口可乐公司在其广告创作中大量采用了人工智能技术,实现了高效的广告生产和投放。在数据收集阶段,可口可乐通过社交媒体和在线销售平台获取了海量的消费者数据,并利用机器学习算法进行分析,挖掘消费者的偏好和行为模式。然后,在创意生成和设计阶段,他们使用了技术驱动的创意生成工具,快速产生了多个广告创意和视觉设计。这些工具不仅帮助创意团队节省了大量的时间,还提高了创意的多样性和针对性。最后,在广告投放和效果监测阶段,可口可乐采用了程序化广告购买和实时竞价技术,确保广告能够精准投放到目标受众手中,并通过实时数据反馈不断优化广告策略。通过智能化技术的全面应用,可口可乐不仅提升了广告创作和投放的效率,还显著提高了广告的转化率和市场影响力。因此,人工智能技术极大地提升了广告创作的效率,从生产速度和生产数量两个方面带来了显著的优势。

## 五、创作作品：表现方式与表现效果发生改变

### （一）传统表现方式被延伸

传统广告表现方式主要包括电视广告、广播广告、印刷广告（如报纸和杂志广告）、户外广告（如广告牌和公交站广告）等。这些形式在其时代具有广泛的影响力，但也存在明显的局限性。首先，传统广告主要是单向传播，信息从广告主传递给受众，缺乏互动性。受众只能被动接收广告内容，无法即时反馈或互动。其次，传统广告通常通过大众媒介传播，难以精确定位特定受众。广告主只能依赖于媒介的受众群体，广告效果的精准度较低。传统广告的效果主要依靠销售额、品牌知名度等间接指标，难以精确量化和追踪广告带来的直接转化效果。

随着人工智能和大数据技术的发展，传统广告表现方式得到了极大的延伸。首先，程序化广告利用大数据和机器学习技术，实现广告的精准投放。广告主可以根据用户的数据，精准定位目标受众，实时竞价并投放广告。与传统广告相比，程序化广告提高了广告投放的精准度和效果。其次，互动广告通过引入互动元素，如点击、滑动、选择等，使受众能够参与其中，提升广告的参与度和记忆度。互动广告不仅打破了传统广告的单向传播模式，还通过实时反馈机制，使广告主能够快速获取受众的反应和数据，优化广告策略。最后，个性化广告利用人工智能和大数据技术，根据用户的个体特征、行为数据和兴趣偏好，定制专属的广告内容。这种广告形式不仅提高了广告的相关性和吸引力，还增强了用户的品牌认同感和忠诚度。

视频广告的多样化也是广告表现方式延伸的重要方面。短视频平台如抖音和快手的兴起，使短视频广告成为新的热点。短视频广告通过生动、有趣的内容，迅速吸引用户的注意力，并通过用户的点赞、评论、分享，实现病毒式传播。此外，直播广告也是视频广告多样化的表现之一。通过与主播的互动，用户可以实时了解产品信息，并直接下单购买。这种广告形式不仅提高了用户的参与度和购买欲望，还通过实时互动，提高了广告的可信度和影响力。社交媒体平台的崛起使得广告表现方式变得更加多样化和个性化。在社交媒体上，广告不再局限于传统的文字、图片或视频形式，而是通

过多种互动方式来吸引和参与用户。例如,社交媒体广告可以通过投放滑动卡片广告、互动式视频、即时投票或问答形式的广告等,增强用户参与感和互动性。此外,社交媒体平台还支持定向广告投放,基于用户的兴趣、行为和地理位置等因素,精准地推送广告内容,从而提高广告的效果和投资回报率。这种多样化的广告表现方式不仅满足了用户个性化的需求,也为广告主提供了更多创新的营销手段,促进了品牌与消费者之间的互动和情感连接。人工智能技术下广告表现方式的多样化极大地延伸了传统广告的表现形式。人工智能和大数据技术驱动下的程序化广告、互动广告和个性化广告,不仅弥补了传统广告的局限性,还提高了广告投放的精准度、参与度和效果。增强现实、虚拟现实、社交媒体和视频广告等新兴技术的应用,使广告表现方式更加丰富和沉浸,进一步推动了广告行业的创新和发展。

### (二)表现效果的升华:互动与感官的增强

随着技术的不断进步,广告在互动性和感官体验方面得到了显著提升。传统广告通常以单向的信息传递为主,受众只能被动接受内容,缺乏参与感。然而,现代广告通过引入互动元素(如点击、滑动、选择等),有效地促使受众积极参与,增强了他们对广告内容的理解和记忆。例如,互动式广告可以引导受众主动探索产品信息,甚至参与小游戏,从而提升广告的参与度和传播效果。

广告表现效果的另一个重要提升体现在感官体验的增强上。随着技术的发展,广告可以通过多种感官来传递信息,进一步吸引受众的注意力,并在情感上产生更深的共鸣。视频广告通过视觉和听觉的双重刺激,生动展示了产品特点和使用场景,激发受众的视听感官。而增强现实和虚拟现实技术的应用,更是让广告具备了沉浸式体验的特质。例如,一些汽车品牌利用虚拟现实技术,让受众仿佛置身于真实的驾驶场景中,体验驾驶带来的乐趣和刺激。这种多感官的增强不仅增加了广告的吸引力,还能深入触动受众情感,产生持久的影响。

因此,互动性的增强让广告不再是单纯的信息传递工具,而是通过与受众建立紧密互动,提升了广告的参与度和认知效果。同时,感官体验的升级通过多维度的感官刺激,使广告更具沉浸感和吸引力,从而帮助品牌在受众心中留下深刻印象。借助这些技术进步,品牌不仅能够更有效地塑造自身形象,还能与受众建立更强的情感联系,进而提升品牌忠诚度和用户黏性。这些创新不仅推动了广告的发展,也为品牌营销带来了广泛的可能性和更大的影响力。

# 六、受众群体:信息接收与艺术审美发生改变

## (一)信息接收方式的转变:可循环、差异化

过去,受众群体的信息接收方式通常是单向的、线性的。通过传统媒体如电视、广播等渠道将广告推送给受众,而受众则被动接收广告信息。然而,随着技术的发展和媒体形态的多样化,受众群体的信息接收方式发生了转变,呈现出可循环的特点。首先,可循环性体现在信息的传播途径上。现代的受众群体不再局限于传统媒体,而是通过多种渠道获取信息,如社交媒体、视频网站、电子邮件等。这些信息传播途径构成了一个开放的网络,信息可以在其中不断循环流动,受众可以通过不同的渠道多次接触同一条信息,从而更加深入地理解和消化广告内容。其次,可循环性体现在受众对信息的反馈和互动上。现代广告已不再是单向的信息传递,而是与受众建立起双向互动关系,这一转变显著改变了广告行业的格局。受众通过评论、点赞和分享等方式积极参与广告内容,能够直接向广告主提供反馈意见。这种反馈机制至关重要,广告主可以根据受众的反应及时调整和优化广告策略,形成信息不断优化和再投放的闭环过程。借助先进的数据分析和人工智能技术,所有反馈数据经过分析、计算、分类和优化处理,逐渐形成了"投放—反馈—优化—再投放"的循环模式。

另一个重要变化是受众接受信息的差异化。传统广告通常采用一刀切的方式,将相同的广告内容传播给所有受众,忽略了他们之间的差异性。然而,随着数据技术和智能化工具的应用,广告主现在能够更精确地了解受众的特征和偏好,实现信息的差异化传播。首先,在广告内容的个性化方面体现差异化。通过数据分析和人工智能技术,广告主可以根据不同受众群体的特征和行为习惯,量身定制个性化的广告内容,使其更具针对性和吸引力。例如,电商平台可以根据用户的购买历史和浏览行为,向其推送符合其

兴趣的广告,从而提高广告的点击率和转化率。其次,差异化还体现在广告传播渠道的选择上。现代广告不再局限于传统的媒体渠道,而是通过多种渠道和平台进行传播,如社交媒体、搜索引擎和视频网站等。广告主可以根据不同受众群体的偏好和习惯,选择最适合的传播渠道和平台,以达到最佳的传播效果。例如,针对年轻人群体,可以选择在社交媒体平台上进行广告投放,而针对商务人士,则可以选择在专业的商业网站或行业论坛上进行广告推广。

综上所述,从传统的单向广告到互动、反馈驱动的新模式,已经深刻改变了广告的实践方式。先进技术的整合使得个性化广告内容的创作和差异化传播策略成为可能,确保广告不仅被看到,而且能够有效地触及和影响不同的受众群体。这种转变标志着现代广告实践的显著进步,大幅提升了受众参与度和广告效果。

### (二)艺术审美的转变:个性化、分众化

随着社会的进步和文化多样性的增加,艺术审美在广告创作中展现出了更为明显的个性化和分众化特征。个性化审美意味着广告创作需更注重个体的独特需求和偏好,而非传统的大众化美学标准。传统广告倾向于采用通用的风格和内容来吸引广泛受众,但现代社会的受众希望看到更符合个人兴趣和个性的广告作品。因此,广告主需要通过深入的数据分析和市场调研,定制符合不同受众审美偏好的广告内容。例如,在时尚领域,品牌可以根据消费者的购物习惯和风格喜好,推出个性化的广告宣传片,突出独特的设计和品牌故事,从而提升广告的吸引力和转化率。

个性化审美还体现在广告创作的多样性和创新性上。现代广告不再局限于传统的视觉和文字表达方式,而是通过多种艺术手段和媒介展示创意和品牌价值。例如,利用增强现实技术、虚拟现实技术,广告创作可以为受众提供沉浸式体验,让他们在虚拟环境中体验产品的独特魅力。这种个性化的审美体验不仅增强了广告的互动性和参与感,还能有效地吸引和留住受众,提高广告的效果和影响力。艺术审美的分众化则要求广告创作更加精准地定位目标受众。传统广告常采用广撒网的方式,试图覆盖尽可能多的受众,但这种做法效果有限。在分众化审美的背景下,广告主需要更准确

地识别和定位目标受众,通过细分市场和个性化营销,提供符合不同受众需求和偏好的广告内容。例如,运动品牌可以根据不同年龄、性别和兴趣爱好的消费者,推出针对性的广告活动和产品推荐,以提高广告的相关性和转化率。

此外,分众化审美还要求广告传播渠道的多样化。现代社会的信息传播渠道日益丰富,不同受众在不同媒介平台上活跃。广告主需要根据受众的媒介使用习惯,选择最适合的传播渠道和平台,以达到最佳的传播效果。例如,年轻一代可能更倾向于通过社交媒体获取信息,而老年人则更喜欢传统的电视和报纸。广告主可以根据这些差异制定不同的广告传播策略,在不同平台上投放符合各自审美需求的广告内容。

综上所述,艺术审美的个性化和分众化是现代广告创作的关键趋势。个性化审美要求广告创作关注个体的独特需求和喜好,通过多样性和创新性的手段提供个性化的审美体验;而分众化审美则要求广告创作精准定位目标受众,通过细分市场和多样化的传播渠道提供符合不同受众需求的广告内容。这两种审美趋势不仅提升了广告的吸引力和效果,也推动了广告创作的不断创新和发展。

# 第四节　人工智能在广告产业应用中存在的问题

在广告创作中,人工智能技术的应用虽然带来了诸多优势,但也存在一些问题和挑战。这些问题涉及技术层面、伦理层面以及创意层面。

## 一、技术层面的问题

### (一)数据质量和隐私问题

#### 1. 数据质量问题

数据质量对人工智能在广告创作中的应用至关重要。高质量的数据是训练有效和精确的机器学习模型的基础。然而,广告公司面临的数据质量问题主要包括数据的准确性、完整性、一致性和及时性。大数据的价值不在于数据量的庞大而在于如何充分发挥它的价值。①

首先，广告公司通常从多个渠道收集数据，这些数据包括用户的浏览历史、点击行为、购买记录等。如果数据来源存在错误或数据采集过程中出现误差，就会影响模型的准确性。例如，错误的用户行为数据可能导致广告推荐系统向不相关的用户推送广告，从而降低广告的效果。其次，广告公司需要全面的数据来了解用户的行为和偏好，但有时数据可能会不完整。例如，某些用户可能选择不分享他们的浏览历史或购买记录，或者数据采集过程中出现技术问题导致数据丢失。不完整的数据会使模型无法全面了解用户，从而影响广告的精准投放。再次，广告公司通常需要整合来自不同平台的数据，如网站数据、社交媒体数据和电子商务平台数据。不同平台的数据格式和结构可能不同，数据的一致性问题会导致数据整合的困难。例如，不同平台可能使用不同的用户标识符，导致同一用户的数据无法正确匹配和整合。最后，广告行业需要实时数据来及时调整广告策略。然而，数据的延迟获取会影响广告的及时性和精准度。例如，如果广告公司使用的是几个月前的数据，可能无法反映用户当前的兴趣和需求，从而影响广告的效果。可见，准确的数据能确保广告目标精准达成，完整的数据有助于全面了解受众，一致性数据保证分析结果可靠，而及时的数据则决定了广告策略的时效性和效果。因此，广告公司需要通过有效的数据管理和技术工具，确保数据质量，以支持精准的广告定位和有效的营销策略。

### 2. 隐私问题

在当今数字化时代，广告行业对大数据的依赖已达到前所未有的程度，以数据驱动的精准营销成为实现广告效果最重要的手段之一。然而，这种数据驱动的模式也引发了广泛关注的数据隐私问题。数据隐私问题不仅涉及个人信息的保护，还涉及广告主和数据使用者在收集、存储、处理和共享数据过程中可能存在的潜在风险和不当行为。

---

① 钟夏泉.大数据与用户画像在计算广告发展中的应用[D].广州：华南理工大学,2017:18.

首先,个人信息的收集和使用是数据隐私问题的核心之一。在广告领域,为了更精准地定位和吸引目标受众,广告公司常常收集大量用户个人信息,如姓名、年龄、性别、兴趣爱好、购买行为等。这些信息如果未经合法授权或明示同意,其收集和使用就可能侵犯用户的隐私权。此外,如果广告公司过度追踪用户的行为和偏好,将严重侵犯用户的隐私权,引发用户的强烈反感。许多广告公司利用用户的在线行为来精确定位广告投放目标,然而,如果这种做法缺乏透明度并未经用户明确同意,可能会被用户视为侵犯其隐私的行为。用户希望他们的个人数据和行为受到尊重和保护,因此,广告公司应当遵循合规的数据收集和使用标准,以确保用户在广告投放过程中的隐私权利得到有效的保护和尊重。

其次,数据泄露和安全性问题也是广告行业面临的重要挑战。由于数据的敏感性和广告公司在数据管理方面的不足,数据泄露和安全漏洞可能会对用户隐私造成严重威胁。尽管有各种数据安全措施,但数据泄露事件时有发生,一旦用户数据被未授权的第三方获取,可能会导致用户信息的不当使用和滥用。广告公司和数据处理平台必须采取严格的安全措施来保护数据的存储和传输安全,以防止数据泄露和黑客攻击的风险。因此,数据监管问题也日益突出。

最后,数据隐私问题不仅是广告行业面临的重大挑战,也是社会和法律制度关注的焦点。为了在数据驱动的广告市场中取得成功,广告公司必须加强数据保护意识,采取有效的技术和法律措施,保障用户数据的隐私和安全,同时遵守相关的法律法规,以维护消费者信任和品牌声誉。

**(二)算法偏见和透明性问题**

**1. 算法偏见问题**

算法偏见是指由于训练数据、模型设计或数据处理过程中存在的偏差,导致人工智能系统在决策或预测时产生系统性错误。这种偏见在广告创作中的影响尤为显著,因为广告推荐系统直接影响到广告的展示对象和方式。

人工智能模型依赖于大量的历史数据进行训练。如果这些数据本身存在偏见,例如,数据集中某类用户群体的数据量明显少于其他群体,模型就可能会在预测时对这类群体产生偏见。以广告推荐系统为例,如果训练数据中女性用户的购买行为数据远少于男性用户,模型可能会低估女性用户的消费潜力,从而在广告展示时倾向于忽略女性用户。这种偏见不仅会降低广告的覆盖面和效果,还可能引发性别歧视等社会问题。

算法设计中的偏见也会导致不公平的广告推荐。例如,某些广告推荐系统可能默认采用特定的特征或规则,而这些特征或规则可能对某些群体不利。假设一个广告系统优先考虑用户的地理位置来推荐本地商家的广告,如果设计中没有考虑到流动人口或居住在偏远地区的用户,这些用户就可能会被系统忽视,无法获得相应的广告信息。此外,在数据清洗、预处理和特征工程等过程中,数据科学家可能会无意间引入偏见。例如,在处理用户行为数据时,如果对某些异常数据或缺失数据的处理方式不当,可能会导致模型对某些群体的行为特征理解不准确,从而影响广告推荐的公平性和准确性。算法偏见不仅影响广告创作的公平性,还可能损害品牌声誉,降低用户对广告的信任度。因此,广告公司需要在数据采集、模型设计和数据处理的各个环节中积极识别和消除偏见,确保广告推荐系统的公正性和有效性。

**2. 透明性问题**

人工智能系统的透明性指的是系统的操作过程和决策依据对用户和开发者是可解释和可理解的。透明性问题在广告创作中同样具有重要影响,因为它关系到用户对广告系统的信任和广告公司的合规性。许多人工智能模型,尤其是深度学习模型,由于其复杂的内部结构和非线性的特征,使得其决策过程难以解释。例如,一个深度学习广告推荐系统通过大量的神经元和层次结构来处理数据,生成推荐结果。虽然这些结果在大多数情况下是有效的,但用户和开发者很难理解系统为何会做出某个特定的推荐。缺乏解释性可能导致用户对广告推荐系统的不信任,因为他们不知道系统如何处理他们的数据,以及为什么会收到某些广告。

提高人工智能系统的透明性通常需要公开某些算法和数据处理流程,但这可能会与用户隐私保护产生冲突。例如,解释某个广告推荐的原因可能需要公开用户的部分行为数据,而这些数据可能涉及用户的个人隐私。

如果广告公司未能在透明性和隐私保护之间找到平衡点,可能会引发法律和伦理问题,影响公司形象和用户信任。随着全球对数据隐私和人工智能伦理的关注增加,各国相继出台相关法律法规,要求企业在使用人工智能技术时保持透明。例如,我国的《中华人民共和国个人信息保护法》《中华人民共和国数据安全法》、欧盟的《通用数据保护条例》等,要求数据处理过程必须透明,用户有权了解个人数据的使用情况。这要求广告公司在满足用户知情权和透明性要求的同时,遵守数据保护法规。这一要求对企业提出了更高的合规性挑战,迫使其在人工智能系统设计和运营中更加重视透明性。因此,广告公司在使用人工智能技术时,必须平衡系统的透明性与算法的复杂性、隐私保护以及法规要求。这不仅有助于提高用户对广告推荐系统的信任,还能确保公司运营的合法性和合规性。

## 二、伦理层面的问题

### (一)道德与伦理风险

人工智能生成的广告内容可能会利用用户的情感和心理弱点,进行过度营销或诱导消费,这在道德上具有很大的争议。通过数据分析,人工智能系统可以了解用户的心理状态、情感波动和消费倾向,从而生成高度个性化的广告内容。虽然这种做法可以显著提高广告的点击率和转化率,但也可能侵犯用户的自主选择权。用户在不知不觉中被广告内容所影响,做出不理性的消费决策,这不仅对用户的经济利益造成损害,还可能影响他们的心理健康。例如,一些不法商家利用未成年人认知能力较弱、自我保护意识不强的特点,在网络平台上不断推送游戏广告,通过宣传和消费诱导设置陷阱,骗取未成年人的钱财。这些广告往往利用各种消费套路,诱导未成年人沉迷网络游戏,损害其经济利益和心理健康。有些网络游戏内容充斥血腥、色情和暴力等不良内容,对未成年人的身心发育造成严重不良影响。这种利用用户情感弱点进行营销的做法,无疑是对用户自主权的侵犯。广告公司在追求商业利益的同时,应当遵循一定的道德准则,避免对用户情感和心理状态进行不正当的利用。

此外,算法偏见可能导致广告投放中的社会不公,主要是因为算法在决定广告投放时可能会偏向某些群体,忽略其他群体的需求或利益。这种偏见可能源于训练数据中存在的偏差或者算法本身设计的问题。例如,如果一个算法更倾向于向高收入群体推送高消费品牌的广告,而忽略低收入群体的消费需求,就会加剧社会中的经济不平等现象。同样,如果某个群体的数据在训练过程中被不公平地代表或忽视,算法可能会对这些群体做出不公平的广告投放决策,限制了他们获取信息和资源的机会。这种算法偏见不仅影响了广告效果的公平性,也加剧了社会中现有的不平等现象,从而对社会公正性构成挑战。

### （二）广告内容的真实性和可信度

广告内容的真实性和可信度是人工智能技术在广告创作中所面临的一项重要挑战。尤其是通过深度学习生成的图像和视频,可能会引发真实性和可信度的疑虑,进而影响广告的传播效果和信任度。

首先,人工智能技术可以通过深度学习生成逼真的虚假视频,例如一些AI平台上的换脸技术。这种技术可以将一个人的脸部特征合成到另一个人的视频中,使得合成视频看起来非常真实,几乎无法辨别。这种虚假视频可能被用于误导和欺骗消费者,例如,在广告中使用名人的虚假视频来宣传产品或服务,从而破坏了广告的真实性和可信度。广告公司必须意识到这种技术的潜在风险,采取相应的措施来确保广告内容的真实性和可信度。其次,人工智能生成的文本内容也可能存在真实性和可信度的问题。自然语言生成模型可以自动生成大量的文本内容,但这些内容可能缺乏事实依据,甚至与现实情况相悖。如果广告公司使用这些虚假的文本内容来宣传产品或服务,就会损害广告的信誉和可信度,进而影响消费者对广告的信任度。因此,广告公司在使用人工智能生成的文本内容时,必须审慎核实信息的来源和准确性,确保广告内容符合事实,避免误导和欺骗消费者。

## 三、创意层面的问题

尽管人工智能在广告创意生成中展示了强大的数据分析能力,但其在创新方面的局限性依然是一个显著的挑战。广告创意的创新性不仅仅依赖于数据分析和模式识别,更需要跨学科的思维和非线性的创意过程。这些是当前大多数人工智能算法所不具备的特征,因此导致人工智能生成的广告创意常常缺乏独特的思维深度和艺术感染力。

### (一)同质化的创意生成

创意同质化是人工智能应用于广告创作时存在的一个突出问题。首先,人工智能生成广告创意的方式通常是通过对历史数据和成功案例的分析来预测和生成内容。这种方法虽然有效,但却容易陷入"局部最优"问题,即算法倾向于生成与过去相似的创意,这种方法缺乏对新兴趋势和创新潜力的捕捉能力,容易导致广告创意的同质化问题。因此,生成的广告创意可能受限于过去的模式和趋势,限制广告创意的多样性。例如,一个广告生成模型可能会学习大量的成功优秀案例,倾向于使用类似的广告主题、文案结构或视觉风格,而忽视了新颖的创意表达方式,导致广告在形式上相似,缺乏独特性,降低了消费者的注意力和吸引力。其次,这种基于已有数据和模式的学习和生成,它可能会忽视到未来可能的市场变化和新兴消费者需求,其生成的广告创意往往缺乏独创性和新颖性,从而无法提供真正创新的广告创意,难以引领行业潮流和吸引消费者的注意力。

### (二)缺乏情感和情绪的表达

情感和情绪的表达不足是人工智能应用于广告创作中的另一个显著问题。首先,人工智能算法往往缺乏对情感和情绪的理解能力,导致生成的广告创意缺乏情感共鸣和情感连接。情感是广告传播中的重要因素之一,能够触动消费者的情感和情绪往往能够更好地吸引他们的注意力。然而,由于人工智能算法往往是基于数据分析和模式识别而设计的,其对情感和情绪的理解能力有限,难以准确地表达出情感丰富和情绪深刻的广告内容。其次,人工智能生成的广告创意往往缺乏真实性和情感表达的深度。由于人工智能算法通常是基于大规模数据的分析和模式识别而设计的,其生成的广告创意往往缺乏真实的情感表达。这些创意可能会显得机械化和生硬,无法真正触动消费者的情感和情绪。例如,在涉及情感深度和情绪体验的广告内容中,人工智能生成的创意往往表现得较为单薄和缺乏情感共鸣,无法真正打动消费者的心灵。

### （三）创意的深度和复杂度不足

创意的创新性常常涉及非传统的思维方式和深度的洞察力。跨学科的思维，如文化、社会心理学和艺术创作等领域的结合，往往能够为广告创意带来新的视角和创新点。然而，目前大多数人工智能算法局限于数值和结构化数据的处理，难以进行抽象和非线性的创意探索，因此在创意的原创性和独特性上表现不足。同时，人工智能算法通常倾向于生成符合普遍趋势和常规模式的广告内容，而缺乏对于创意深度和复杂度的挖掘和表现。这种趋势导致生成的广告创意往往局限于表面的内容，缺乏对于问题的深度挖掘和思考。例如，在涉及复杂社会议题或深刻人文内涵的广告内容中，人工智能生成的创意往往无法展现出足够的深度和复杂度，难以真正触及受众的内心。

# 第五节　广告业中人工智能应用的优化策略

## 一、技术层面的优化策略

### （一）优化算法与增强数据

优化人工智能算法和增强数据是提升广告创作效率和质量的重要策略。不断改进算法的深度学习模型和神经网络架构是其中的关键步骤，它们能够显著提高生成广告创意的准确性和多样性。如引入更复杂的生成对抗网络（GAN）模型，可以有效地生成更逼真和创新的广告内容。GAN模型通过竞争性学习机制，使生成器能够逐步提升生成的广告的质量和多样性，从而超越传统算法的限制，为广告创作注入更多新颖的元素和视觉效果。除了算法本身的优化，数据增强技术在提升算法泛化能力和广告创意多样性方面发挥了重要作用。广告公司可以通过收集更加多样化和代表性的广告数据集，扩充数据的规模和多样性，增强后的数据不仅能够提升算法的训练效果，还能够丰富广告创意的设计和内容表达，从而增加广告的创新性和吸引力。

通过优化算法和数据增强技术,可以有效地应对广告创作中的同质化和缺乏个性化等问题,还能够提升广告创意的创新度和时效性。随着市场和消费者需求的变化,广告公司需要快速响应和调整广告内容,以满足不同的市场趋势和消费者偏好。优化后的算法能够更准确地捕捉市场变化的信号,并生成与时俱进的广告创意,而丰富多样的数据则为算法提供了更广泛的信息基础,帮助广告公司更好地理解消费者行为和市场动态,从而有效提升广告创作的效率和质量,实现广告内容的个性化和创新化。

### (二)开发自动化工具

开发智能化的广告创意生成工具和编辑器对提升广告创作效率具有显著作用。这些工具利用先进的自然语言处理(NLP)和图像识别技术,能够根据广告主题、目标受众以及广告平台的要求,自动生成创意内容,并提供实时的反馈和建议。通过这些工具,广告公司能够极大地节省广告创作的时间和人力成本,同时增强广告创意的质量和多样性。

首先,基于NLP技术的创意生成工具可以自动分析和理解广告主题,并根据目标受众的语言偏好生成合适的广告文案。这种工具不仅能够快速产出大量的广告内容,还能确保文案的语法准确性和语义合理性,提高了广告的传播效果。其次,利用图像识别技术的创意生成工具可以自动生成视觉设计稿,从而使广告创意更加生动和吸引人。这些工具能够识别和分析不同类型的视觉内容,如图片、图表和图标,然后根据广告主题和品牌风格,自动生成具有视觉冲击力的设计稿。例如,一个智能的广告设计编辑器可以自动调整颜色、布局和视觉元素,以确保广告在视觉上达到最佳效果,同时保持品牌一致性和审美感。不断开发智能化的广告创意编辑器,可以赋予其更多的高级功能,如情感识别和情绪表达。这种编辑器可以通过分析文字和图像中的情感信号,自动调整广告内容的情感色彩和表达方式,从而使广告更贴近用户的情感需求和心理感受。例如,当广告需要传达欢乐和愉悦的情绪时,编辑器可以自动选择明亮的色彩和欢乐的场景,以增强广告的感染力和吸引力。

综上所述,开发智能化的广告创意生成工具和编辑器不仅提高了广告创作的效率和质量,还使广告公司能够更好地适应市场需求和消费者偏好的快速变化。这些工具的应用不仅在技术上推动了广告创意的创新和多样性,也在商业实践中展示了人工智能在提升广告行业竞争力方面的巨大潜力。

### (三)增强情感识别技术

在当今广告创意中,缺乏情感的问题是一个普遍存在且需要解决的挑战。情感识别技术的增强可以为广告创作带来显著的改进,从而更有效地触及消费者的情感需求和心理共鸣。那么如何增强情感识别技术,以提升广告创意的情感表达和感染力?

首先,情感识别技术的增强需要依赖于先进的自然语言处理(NLP)和语音处理技术。当前的情感识别算法已经能够识别和分析文本、语音中的情感色彩,但其精度和准确性仍有进一步提升的空间。通过引入更深层次、更复杂的深度学习模型,如长短时记忆网络(LSTM)和Transformer模型,可以更精确地捕捉和理解语言和语音中的情感表达,从而确保情感识别技术在广告创作中的准确性和可靠性。

其次,情感识别技术的增强需要更加多样化和广泛化的数据集支持。广告公司可以通过积累和收集不同场景、不同语境下的广告数据,并结合用户反馈和互动数据,构建更具代表性和多样性的情感识别训练集。这些数据集应包括不同文化背景、语言风格和社交媒体平台上的数据,以确保情感识别模型的泛化能力和适应性,从而使广告创作能够更精准地针对全球各地的用户群体。进一步地,情感识别技术的增强还需要与情绪智能的结合。除了简单地识别情感外,情绪智能技术可以分析和理解情感背后的情绪状态和心理动机。例如,深度情感理解技术可以识别用户在观看广告时的情绪变化,包括喜悦、紧张、兴奋等,从而在广告创作中针对性地调整情感表达策略,提升广告的情感影响力和用户亲和力。

最后,通过增强情感识别技术,广告创意可以更加深入地理解和反映用户的情感需求和心理状态,从而实现广告效果的最大化。

## 二、创意层面的优化策略

### (一)提升创意生成多样化

人工智能在创意生成方面的应用已经取得了一定的进展,但仍然存在诸多问题。首先,广告公司可以将人工智能技术与人类创意团队相结合,实现人机合作,充分发挥人工智能在数据处理和内容生成方面的优势,同时依靠人类的创意和洞察力来提升广告创作的独特性和创新性。其次,广告公司可以通过引入多样化的数据源和算法,来拓展人工智能在创意生成方面的可能性,利用生成对抗网络(GAN)等技术,促进创意的多样性和创新性。GAN 模型可以生成具有多样性和独特性的创意内容,从而避免广告创意的同质化和模式化。广告公司可以投入资源培训和优化 GAN 模型,以确保生成的广告内容符合品牌形象和市场定位。同时,利用实时数据流和反馈,动态调整 GAN 生成的广告内容,使其能够及时反映消费者的变化需求和市场动态。此外,广告公司还可以加强对人工智能技术的研究和开发,提升其在创意生成方面的智能化水平,以应对日益复杂和多样化的广告市场需求。通过以上策略的综合运用,广告行业可以更好地应对人工智能在广告创作中的创意局限性和创新性挑战,实现广告创作效率与质量的双提升。

### (二)加强创意的深度和复杂度

首先,为了加强广告创意的深度和复杂度,广告公司和技术开发者可以采取多种策略和技术手段。首先,结合自然语言处理(NLP)技术进行文案内容的分析和生成。NLP 技术可以帮助理解和生成具有语义深度和情感表达的广告文案。通过深入分析消费者的言语习惯、情感倾向和文化背景,NLP可以为广告创意注入更丰富的语言风格和情感元素。同时,利用情感识别和情感合成技术,使人工智能能够更好地理解和表达用户的情感需求。通过分析用户评论和反馈,识别用户的情感状态和情绪需求,根据不同情绪状态调整广告文案的语调和表达方式,以增强广告的情感共鸣和感染力。

其次,引入增强学习算法来优化广告创意生成的过程也是提升广告深度和复杂度的有效途径。增强学习是一种机器学习方法,通过与环境的交互学习来最大化预期的累积奖励。在广告创意生成中,增强学习可以用来优化广告的设计和内容,使其能够根据用户反馈和实时数据进行动态调整和改进。通过不断地试错和学习,增强学习算法可以帮助广告创意实现个性化定制,同时提升其在市场中的竞争力和有效性。

最后,结合这些技术手段,还可以探索创新的交互式广告形式和体验设计。例如,利用增强现实技术和虚拟现实技术创造沉浸式的广告体验,或者利用机器学习和大数据分析来实现个性化推荐和互动式广告内容。这些新兴技术不仅能够增强广告创意的深度和复杂度,还能提升用户参与度和品牌互动体验。

综上所述,通过引入复杂的生成模型、结合自然语言处理技术、采用增强学习算法以及探索创新的互动体验设计,可以显著提升广告创意的深度和复杂度。

### (三)完善创意评估和优化机制

为了提高广告创意的质量和效果,广告公司可以建立完善的创意评估和优化机制,从而不断优化和改进人工智能生成的广告创意。首先,可以引入数据驱动的评估方法,建立创意评估模型和指标体系,对广告创意进行量化评估和分析。通过收集和分析广告投放后的数据,包括点击率、转化率、用户反馈等指标,可以客观地评估广告创意的效果和影响力。基于这些数据,广告公司可以快速识别和优化表现较差的广告创意,以及挖掘表现优秀的创意元素,并为后续优化提供数据支持。其次,建立多维度的评估指标体系也是优化评估机制的关键。除了传统的点击率和转化率外,还可以引入用户情感反馈、品牌关联度、内容创新性等多个评估维度。例如,通过调查用户对广告的态度和情感反应,了解广告是否能够有效地引发目标受众的情感共鸣和注意力。同时,建立闭环式的创意优化机制,及时收集用户反馈和数据信息,对广告创意进行动态调整和优化。通过不断迭代和优化广告创意,提高其适应性和效果,从而实现广告创意的持续改进和优化。通过数据驱动的评估方法和多维度评估指标体系的建立,可以实现对广告创意效果的全面分析和优化。

## 三、伦理层面优化策略

在广告创作中,人工智能技术的应用不仅带来了效率的提升,还引发了一系列伦理和道德问题。为了解决这些问题,可从以下三个方面进行具体的优化。

### (一)加强隐私保护和数据安全

随着人工智能技术在广告创作中的应用不断深入,用户的个人隐私和数据安全问题日益受到关注。国家应加强合规性管理,制定和执行严格的数据管理和隐私保护政策,保障用户的合法权益和利益不受侵犯。广告公司需要提供透明的隐私管理选项,让用户能够方便地设置和管理他们的隐私偏好。例如,用户应该能够选择是否允许广告公司收集和使用他们的数据,查看广告公司收集了哪些数据,并随时撤回他们的同意。隐私偏好管理系统需要易于使用和访问,确保用户能够有效管理他们的隐私。

为了确保广告创作过程中的隐私保护和数据安全,广告公司可强化数据保护措施,包括加密存储、访问权限控制等,确保用户个人信息的安全和隐私不受侵犯。可以采用匿名化和去标识化等技术手段,对用户个人信息进行处理和保护,降低数据泄露和滥用的风险。同时,广告公司还需防范安全漏洞和数据泄露。数据泄露不仅会导致用户隐私信息的泄露,还会对公司造成严重的经济和声誉损失。广告公司应建立完善的数据安全措施,包括定期的安全审计、漏洞检测、访问控制和应急响应计划,确保用户数据的安全性。在广告创作过程中,广告公司必须严格遵守隐私保护法规,采用先进的隐私保护技术和措施,保障用户数据的安全和隐私。

### (二)确保广告内容的真实性和透明度

确保广告内容的真实性和透明度是建立消费者信任和品牌价值的重要方面。广告公司可以通过严格的审核和监管机制来确保广告内容的真实性。这包括确保广告所宣称的产品功能、性能以及承诺的服务与实际情况一致。通过实地调查、产品测试和第三方审核等手段,可以有效减少虚假广告和误导性宣传的出现,保障消费者权益和品牌声誉。此外,还应该建立广告内容的溯源和追踪机制,对广告创作过程进行记录和监控,保证广告内容的来源和制作过程可追溯和可控。提升广告内容的透明度和可信度,采用明确的标识和说明,告知用户广告内容的真实性和商业性质,增强用户对广告内容的信任和认同。例如,广告主的身份、产品或服务的实际特征、价格信息、促销活动的有效期等。特别是在使用数据驱动的个性化广告时，需要明确告知用户数据的收集和使用目的，以及提供用户选择是否参与的选项。通过透明的信息披露，消费者可以更加信任广告内容的真实性，同时也能够更好地理解和接受广告传递的信息。

综上所述，通过严格的审核和监管机制保障广告内容的真实性，以及通过透明的信息披露提高广告内容的透明度，可以有效建立和维护消费者对广告的信任。这不仅有助于提升品牌的市场形象和口碑，还能够促进广告行业的健康发展和消费者权益的保护。

### （三）注重社会责任和公共利益

注重社会责任和公共利益是广告行业可持续发展的关键因素之一。在人工智能技术应用于广告创作时，特别需要关注社会责任和公共利益，以避免对用户、社会和环境造成不利影响。

广告公司应当确保广告内容反映社会的价值观和道德伦理，避免传播有害信息或加剧社会矛盾。广告公司应精心挑选把关广告主题和内容，确保其广告作品不仅仅是商业宣传，而是对社会价值观的积极贡献。广告行业应当重视公共利益，传播有益于社会的信息和理念。例如，通过广告宣传环保意识、社会公益活动或健康生活方式，促进社会良好的价值观念和行为模式。这种做法不仅有助于提升广告行业的社会形象和品牌价值，还能够促进行业的健康发展，并增强公众的社会责任感。

在广告创作的执行过程中，广告公司可以制定和遵守相关的行业自律准则和道德标准，以确保广告创作符合社会责任和公共利益的要求。为了提升从业人员的伦理意识和社会责任感，广告公司可以加强内部员工的伦理教育和培训机制。这些培训内容可以涵盖伦理标准、行业规范以及案例分析，帮助员工理解和遵守相关法律法规和行业准则。公司领导和管理层应当树立良好的榜样，将社会责任纳入业务决策和战略规划中。通过开展公益活动、支持社会公益项目以及积极倡导环境保护等方式，广告公司可以激励员工积极参与社会责任实践，从而增强他们的社会责任感。随着新兴技术的快速发展，广告公司应当定期更新技术和伦理培训内容，关注行业发展趋势和技术变革对伦理标准的影响，帮助员工及时调整和应对挑战。

　　综上所述,广告业中人工智能技术的优化策略包括不断改进算法、加强数据增强技术、开发智能化工具、提升创意的深度和复杂度、完善创意评估机制、确保广告内容的真实性和透明度,以及注重社会责任和公共利益。这些策略不仅可以提升广告创作的效率和质量,还能够促进行业的可持续发展和社会价值的传递。

# 第六章
# 人工智能与出版业

出版业作为文化传播和知识传递的重要渠道,正经历着数字化转型的浪潮。面对信息爆炸和读者需求日益多样化的挑战,传统的出版模式显得捉襟见肘。在此背景下,人工智能技术的引入为出版业注入了新的活力。人工智能技术在出版业中的应用不仅限于自动化生产流程,还涉及内容生成、编辑校对、排版设计、市场分析和个性化推荐等多个方面。通过深度学习、自然语言处理和大数据分析等技术,人工智能在出版内容的生产和传播过程中发挥了重要作用,推动了出版业的创新与发展。

本章旨在系统分析人工智能技术对出版业的深远影响。首先,简要回顾出版业的历史与现状,探讨其发展过程中所面临的挑战。其次,详细讨论人工智能在出版内容生产中的具体应用,包括内容创作、编辑校对、排版设计等方面的技术实践。随后,分析人工智能在优化出版流程、提升生产效率、增强内容质量和满足市场需求等方面的积极影响。同时,也将探讨人工智能技术应用过程中所面临的挑战,如职业伦理、版权问题和数据隐私等。最后,通过对具体案例的分析,展望人工智能与出版业融合的未来发展趋势,并提出相应的优化策略和建议。在当今人工智能技术飞速发展的时代,深入研究其对出版业的影响,不仅有助于理解当前行业变革的驱动力,还能为出版业未来的发展方向提供洞见与启示。

# 第一节　出版业的历史与现状

出版业作为文化传播的重要载体,具有悠久的历史和深远的影响。自印刷术发明以来,出版业经历了从手工抄写到机械印刷,再到数字化出版的多次变革,不断推动知识的传播和社会的进步。在人工智能技术的推动下,出版业正面临着前所未有的机遇与挑战。本节将回顾出版业的发展历程,分析其现状及所面临的主要问题,为深入探讨人工智能在出版业中的应用奠定基础。

## 一、出版业的起源与发展历程

出版业经历了悠久而复杂的发展历程,从古代的手工抄写到现代的智能出版,出版业在不断创新和变革,以适应社会和技术的发展需求。

### (一)出版业的起源

在古代文明中,书籍和文献的传播主要依赖于手工抄写。早在公元前3000 年左右,苏美尔人就开始在泥板上记录信息。埃及的莎草纸和中国的竹简也被用来记录和传播知识。这一时期,书籍的制作成本高昂,主要由专门的抄写员手工复制,因此书籍的普及度极低,仅限于贵族和学者阶层。

雕版印刷术的发明不晚于隋代,这一发明和推广实现了书籍的批量复制,标志着出版业的重要进步。11 世纪,北宋时期的毕昇发明了活字印刷术,进一步推动了印刷技术的发展。活字印刷术采用可移动的字模,可以快速排列和重排,极大地提高了印刷效率和灵活性。

### (二)印刷革命与出版业的兴起

15 世纪中叶,约翰内斯·谷登堡(Johannes Gutenberg)在德国发明了金属活字印刷机。该技术采用独立的金属字模,可以自由组合和重复使用,极大地提高了印刷效率和质量,被视为出版业一次重大的转折点,为后面出版业的发展奠定了技术基础。他的第一部重要作品《谷登堡圣经》于1455 年印制完成,被认为是西方世界的第一本用机械印刷的大规模印刷书籍。

金属活字印刷机的发明解决了手工抄写和雕版印刷的诸多局限,使得书籍的生产成本大幅降低,出版速度显著提高,从而推动了知识的广泛传播和文化的发展。谷登堡印刷术很快在欧洲各地传播,意大利、法国、英国等国纷纷采用这一新技术。该技术不仅促进了文艺复兴的繁荣,也为后来的启蒙运动和科学革命奠定了基础。印刷书籍的普及使得知识不再局限于少数特权阶层,普通人也可以通过书籍获取知识,从而加速了社会的进步和变革。

### (三)近现代出版业的发展

19世纪,工业革命推动了印刷技术的进一步发展。蒸汽动力印刷机和旋转印刷机的发明,使得大规模印刷成为可能。蒸汽动力印刷机可以连续运转,大幅提升了印刷效率和产量。旋转印刷机则通过旋转滚筒印刷,适用于大规模的报纸和杂志出版。随着印刷技术的进步,专门从事书籍出版的出版社逐渐兴起。出版社不仅负责书籍的印刷,还承担编辑、排版、营销等职能,推动了出版业的专业化和商业化。版权法的制定和实施保护了作者的创作权益,促进行业内逐渐形成了版权保护、出版标准等规范,确保出版物的质量和市场秩序。在印刷媒介为主导的时代,媒介逻辑是线性的,其所传递的思想需要依序展开、层层递进,要求受众必须掌握一定的读写能力,能够理解背景信息与语境,同时具备相当的注意力。①

### (四)数字化时代的出版业

20世纪末,互联网和电子设备的发展催生了电子书和数字出版。亚马逊、谷歌等公司推出了电子书平台,读者可以通过电子设备随时随地阅读书籍。电子书降低了出版成本,也方便了读者的获取。数字出版不仅包括电子书,还涵盖了在线杂志、博客、网络文学等多种形式,极大地丰富了出版物的表现形式和传播渠道。

数字化平台使得自出版(也称为"自助出版")新模式成为可能,作者可以不依赖传统出版社,直接通过电子图书平台发布作品、出版书籍,从封面

① 王曜程.出版的演变与数字化新生[J].出版广角,2021(22):53-55.

设计到营销宣传,作者可全程参与出版过程。亚马逊的 KDP（Kindle Direct Publishing）和其他自出版平台为作者提供了广泛的发行渠道。众筹出版也是一种新兴的出版模式,作者可以通过众筹平台筹集出版资金,提前获得读者的支持。这种模式降低了出版的门槛,鼓励更多原创作品的出现。

### （五）现代出版业

现代出版业已超越传统的文字出版,图书和杂志中越来越多地融入音频、视频等多媒体元素,提供更加丰富的阅读体验。互动电子书、增强现实书籍等新形式不断涌现,跨平台出版的趋势也日益明显。同时,出版业的全球化趋势愈加显著,跨国出版社如哈珀柯林斯和企鹅兰登书屋在全球设有分支机构,推动了全球文化的交流与融合。这些出版社在不同地区进行本地化内容生产,以确保内容的适应性和吸引力。人民文学出版社通过版权输出、参加国际书展、与海外出版机构合作以及海外代理等方式,积极推动中国文学作品,特别是经典名著和当代作家的作品,进入国际市场。

技术的进步,如人工智能、大数据和区块链,将继续推动出版业的变革。智能出版不仅涉及内容生产,还包括智能化的编辑、校对、排版和营销。出版业的数字化转型将进一步深化,传统出版与数字出版的融合将更加紧密,带来更多的创新和发展机遇。现代出版业利用大数据分析读者行为,进行精准营销,从而提高出版物的市场影响力和销售量。基于数据分析和机器学习的个性化推荐系统能够为读者提供定制化的阅读建议,提升用户体验和满意度。此外,随着环保意识的增强,绿色出版和可持续发展也将成为出版业的重要趋势。减少纸张使用、推广电子书以及采用环保印刷材料等措施,正成为出版行业实现可持续发展的方向。

## 二、现代出版业的现状及面临的挑战

### （一）现代出版业的现状

#### 1. 数字化转型

现代出版业正经历一场全面的数字化转型,这场转型不仅改变了出版物的形式,也深刻影响了出版业的商业模式和运营方式。电子书的兴起是数字化转型的一个重要标志。电子书的发行降低了传统纸质书籍的印刷和物流成本,使得出版商能够以更低的价格提供给读者。此外,电子书的存储和传输更加便捷,读者可以通过电子设备随时随地进行阅读。艾瑞咨询的报告显示,2021年中国电子书市场规模已达到35亿元人民币,同比增长10.4%。此外,电商平台也在推动电子书市场的发展。以京东和当当为代表的电商平台不断优化电子书的阅读体验和购买渠道,促进了电子书的普及和销售。

除电子书外,在线杂志、博客和网络文学等数字出版形式也日益普及。在2024年3月22日中国互联网络信息中心(CNNIC)发布的《第53次中国互联网络发展状况统计报告》中指出,截至2023年12月,我国网络文学用户规模达5.20亿人,较2022年增长2783万人,占网民整体的47.6%。网络文学平台引入人工智能大模型,助力行业发展提质增效。可见,电子书在网络文学领域尤其受欢迎,成为许多读者获取文学内容的重要途径。数字出版不仅改变了内容的传播方式,也拓宽了读者获取内容的渠道。许多出版商建立了自己的在线平台,直接面向读者销售电子书和数字内容,这种直销模式不仅提高了销售效率,也使出版商能够更好地了解读者的需求和偏好。

数字化转型还体现在出版流程的各个环节。数字化工具的应用大大提高了编辑、排版和校对的效率。例如,自动化排版软件和智能校对工具能够快速完成大量工作,减少了人为错误。此外,大数据分析和人工智能技术的应用,使得出版商能够更准确地进行市场预测和读者行为分析,从而制定更为有效的出版策略。尽管数字化转型带来了诸多便利,但出版商也面临着技术依赖、数据隐私和版权保护等新挑战。因此,如何在享受技术红利的同时,妥善应对这些问题,成为现代出版业的重要课题。

**2. 多媒体融合**

随着科技进步,多媒体元素的融合成为出版物的一大特色。图书、杂志等出版物中越来越多地融入了音频、视频、动画等多媒体元素,为读者提供更加丰富和多感官的阅读体验。例如,互动电子书和增强现实(AR)书籍不仅包含传统的文本内容,还通过嵌入视频、音频和互动元素,创造沉浸式的阅读体验。这种多媒体融合的出版形式尤其受到儿童和教育领域的青睐,因为它能够生动呈现知识,吸引读者注意力,并增强学习效果。

AR 技术和 VR 技术的应用进一步推动了出版业的多媒体融合。AR 技术能够将虚拟图像叠加在现实环境中,使书籍内容变得更加立体和生动。例如,许多儿童图书和教育出版物采用 AR 技术,使书中的人物和场景能够"跳出"书本,与读者互动。这种技术不仅提高了读者的兴趣,也为出版商提供了新的创意和商业机会。VR 技术则能为读者提供沉浸式的虚拟阅读体验,使他们仿佛置身于书中的世界,这在旅游、历史和科幻类书籍中具有广阔的应用前景。

多媒体融合不仅改变了出版物的表现形式,也带来了新的商业模式。许多出版商通过制作高质量的多媒体内容,吸引读者订阅和购买。同时,多媒体内容的制作也促进了与影视、游戏、教育等领域的跨界合作,共同开发多媒体项目,扩大出版业的影响力和市场空间。然而,多媒体融合对出版商提出了更高的要求,需要他们具备跨领域的技术和创作能力。因此,如何在多媒体融合过程中保持内容的高质量和创新性,成为现代出版业面临的关键挑战。

### 3. 自出版与众筹出版

数字平台的兴起使得自出版成为可能,从而改变了传统出版的格局。自出版(也称为"自助出版")指的是作者通过数字平台直接发布作品,而不再依赖传统出版社。自出版平台,如亚马逊的 KDP(Kindle Direct Publishing),使得作者能够以低成本甚至零成本的方式将作品推向市场。这种出版模式不仅降低了出版的门槛,还使得作者能够更加自由地创作,不受传统出版流程和市场需求的限制。这一模式使得大量原创作品不断出现,丰富了市场上的内容供给。

众筹出版则是另一种新兴的出版模式,作者可以通过众筹平台筹集出版资金。这不仅降低了出版的经济风险,还允许作者通过早期的市场反馈优化作品内容。众筹出版平台在我国迅速崛起,为作者和出版商提供了新的融资和市场测试渠道。例如,摩点网是我国领先的文创众筹平台,广泛支持包括书籍在内的各种文化创意项目。作者可以在摩点网上发布自己的书籍项目,详细介绍内容、目标和计划,并通过集资获得出版所需的资金。

2023年众筹项目"挚爱梵高"在摩点网上发布,"短短30多天众筹金额已经超过100万"①,成功吸引了大量文学爱好者的支持,最终筹集到远远超出预期的资金,实现了书籍的高质量出版(图6-1)。

图6-1　众筹出版的《挚爱梵高》特装版

自出版和众筹出版的发展带来了出版业的多样性和创新性。然而,这也对内容的质量和可信度提出了挑战。由于自出版和众筹出版的审核机制相对宽松,市场上出现了大量质量参差不齐的作品。读者在面对海量信息时,难以辨别优质内容,可能影响阅读体验。为应对这一挑战,许多自出版平台开始引入用户评价和推荐系统,通过读者的反馈和评分,帮助其他读者选择优质作品。同时,这些平台也在不断优化内容审核机制,以提高出版物的整体质量。此外,自出版和众筹出版还面临版权保护和市场营销的问题。数字内容易于复制和传播,盗版现象依然严峻。自出版作者和众筹项目发

---

① 白辑瑞.一本艺术书众筹过百万,揭秘一家初创品牌的众筹生意经[EB/OL].(2023-05-05)[2024-08-05]. https://www.163.com/dy/article/I407BIE20512DFEN.html.

起者需要加强版权意识,利用数字版权管理(DRM)技术来保护自己的作品。在市场营销方面,自出版和众筹出版的作者通常缺乏传统出版商的资源和渠道,需要通过社交媒体和其他数字营销手段自主推广,这对作者的综合能力要求较高。整体来看,自出版和众筹出版作为现代出版业的重要组成部分,为行业注入了新活力,但也需要在质量控制、版权保护和市场营销等方面不断完善。

### 4.个性化推荐与精准营销

在大数据和人工智能技术的推动下,个性化推荐与精准营销已成为现代出版业的重要趋势。通过分析读者的行为数据和偏好,出版商能够为读者提供定制化的内容推荐,从而提升用户满意度和忠诚度。个性化推荐系统不仅改善了阅读体验,还显著增加了出版物的销售量。例如,当当网利用推荐算法,通过分析用户的购买历史和浏览记录,向用户推荐可能感兴趣的书籍,进而促进销售。精准营销则是基于大数据分析的另一种重要应用。出版商通过数据挖掘和分析,深入了解市场趋势和读者需求,从而制定更为有效的营销策略。例如,利用社交媒体平台和邮件营销,出版商可以向特定读者群体推送个性化的广告和促销信息,提升营销的精准度和有效性。此外,通过分析读者的反馈和评论,出版商可以及时调整营销策略和内容生产方向,提高市场响应速度。

个性化推荐与精准营销不仅提升了出版商的运营效率,也为读者提供了丰富且贴近需求的阅读选择。这一趋势在数字出版平台上尤为显著。在线书店、电子书平台和阅读应用程序纷纷采用个性化推荐算法,为用户提供量身定制的阅读建议。例如,豆瓣阅读和多看阅读通过大数据分析和算法推荐,向用户推送个性化书单和阅读内容,极大地提升了用户的阅读体验和出版商的运营效率。

### (二)现代出版业面临的挑战

尽管现代出版业在技术和市场方面取得了显著的进步,但也面临着一系列复杂的挑战。这些挑战不仅涉及市场竞争和商业模式的变化,还包括版权保护、内容质量、数据隐私以及职业伦理等方面的问题。

### 1. 市场竞争与营利模式

现代出版业正处于一个竞争异常激烈的市场环境中,传统出版商面临着来自数字平台和新兴出版形式的多重挑战。数字化转型和互联网的发展,使得新兴的数字平台如亚马逊、阅文集团和知乎书店迅速崛起,这些平台不仅拥有强大的技术支持,还具备庞大的用户基础和完善的销售渠道。传统出版商在与这些数字巨头竞争时,往往处于不利地位。数字平台通常能够提供更低的价格、更便捷的获取方式和个性化的推荐系统,这使得传统出版商在吸引和保留读者方面面临巨大压力。

此外,出版业的营利模式也在不断变化。随着电子书和数字内容的普及,传统的纸质书籍销售模式受到冲击。电子书的定价策略、订阅服务的兴起等新兴模式,给传统出版业带来了新的挑战。电子书和订阅服务通常以较低的价格吸引读者,这对依赖于纸质书籍销售获取利润的传统出版商来说,无疑是一个巨大的冲击。如何在纸质书籍和电子书之间找到平衡点,如何在数字化转型中保持营利,是传统出版商面临的重要问题。

### 2. 版权保护与知识产权

随着数字化出版的兴起,版权保护和知识产权管理变得愈发复杂。数字内容的复制和传播变得极其容易,盗版现象愈发严重。尽管数字版权管理(DRM)技术有所发展,但仍然难以完全杜绝盗版行为。电子书和其他数字内容一旦发布,可以立即被非法复制和分发,这给出版商和作者带来了巨大的经济损失。此外,数字内容的全球传播性使得版权保护问题更加复杂。不同国家和地区的版权法律和执行力度不同,使得跨国盗版行为难以有效遏制。即便在一些版权保护较为严格的国家,执法成本和法律诉讼费用也使得出版商在维权过程中面临重重困难。

### 3. 内容质量与可信度

数字化平台的低门槛使得大量未经严格审查的内容涌入市场,导致内容质量参差不齐。自出版和众筹出版的兴起,使得任何人都可以通过数字平台发布作品,这在丰富市场内容供给的同时,也带来了质量控制的问题。读者在海量信息中辨别优质内容变得困难,低质量内容的泛滥可能影响读者的阅读体验和信任度。同时,内容可信度的问题也日益突出。在自出版和众筹出版中,由于缺乏专业编辑的把关和审查,部分内容可能存在事实错误、抄袭甚至虚假信息。这种情况不仅损害了出版物的可信度,也对读者的知识获取和价值判断产生了负面影响。

**4. 技术依赖与数据隐私**

现代出版业越来越依赖技术和数据,这带来了新的风险和挑战。首先,技术故障和网络安全问题对出版业构成了威胁。数字平台和电子书的发行依赖于稳定的技术支持,一旦发生技术故障,可能导致出版物无法正常发行和销售。网络攻击和数据泄露事件也频频发生,出版商必须应对日益严峻的网络安全威胁。其次,数据隐私问题日益突出。出版商在进行个性化推荐和精准营销时,需要收集和分析大量用户数据,这可能涉及用户的隐私权。近年来,数据隐私泄露事件频发,引发了公众对数据安全的关注。如何在利用大数据提升运营效率的同时,保护用户隐私,成为出版商面临的重要问题。此外,个性化推荐和精准营销的过度使用,可能导致信息茧房效应,使用户只能接触到与自身兴趣相关的内容,缺乏多样化的信息和视角。出版商需要平衡个性化推荐与内容多样性的关系,提供更加广泛和丰富的阅读选择。

**5. 职业伦理与就业问题**

人工智能和自动化技术在出版业的广泛应用,对传统出版职业产生了深远影响。自动化排版、智能校对和 AI 写作等技术逐渐取代了许多传统的编辑、校对和排版工作,这导致相关从业人员面临失业和职业转型的压力。出版行业的职业结构正在发生变化,从业人员需要不断提升技能,以适应新的技术环境。人工智能生成内容的版权归属问题和职业伦理问题也需要深入探讨。人工智能技术可以生成大量内容,但这些内容的版权归属和创作权认定仍存在争议。职业伦理问题同样不容忽视,随着人工智能在内容生产中的应用日益广泛,如何确保内容的原创性和真实性,如何避免技术滥用,成为行业必须面对的道德和伦理挑战。

现代出版业在技术和市场方面取得了显著的进步,但也面临着一系列复杂的挑战。市场竞争、版权保护、内容质量、技术依赖和职业伦理等问题,考验着出版商的应变能力和创新能力。面对这些挑战,出版商需要不断适应和调整,以在快速变化的环境中保持竞争力和可持续发展。

## 三、数字化转型对出版业的影响

数字化转型是现代出版业面临的一场深刻变革,涵盖了从内容生产到分发的各个环节,并对整个行业的结构、运营模式和市场动态产生了广泛而深远的影响。数字化转型不仅改变了出版物的形式,还推动了出版流程的自动化和智能化,提高了生产效率和内容质量,扩展了市场范围和读者群体。

一方面,数字化转型显著改变了出版物的形式。传统的纸质书籍不再是唯一的出版物形式,电子书、在线杂志、博客、网络文学等数字内容迅速崛起,成为重要的出版形式。电子书的普及降低了出版成本,消除了物理印刷和物流环节,使得书籍可以更加便捷和迅速地传递到读者手中。数字出版物不仅在价格上更具竞争力,还在传播和获取方式上更加灵活,读者可以通过各种电子设备随时随地进行阅读。这种形式上的变革,不仅丰富了出版物的类型和内容,也拓宽了读者的获取渠道,增强了出版物的传播效果。

另一方面,数字化转型推动了出版流程的自动化和智能化,极大地提高了生产效率和内容质量。现代出版业借助数字化工具和技术,如自动排版软件、智能校对系统、内容管理系统等,大幅提升了编辑、排版和校对的效率。人工智能和大数据分析技术的应用,使得出版商能够更准确地进行市场预测和读者行为分析,从而制定更加有效的出版策略。数字化工具不仅简化了出版流程,还减少了人为错误,提高了内容的准确性和一致性。同时,人工智能技术在内容创作和个性化推荐方面的应用,使得出版商能够更好地满足读者的多样化需求,提高用户满意度。

然而,数字化转型也对出版业提出了一系列挑战。首先,出现版权保护和知识产权管理问题。数字内容的复制和传播极其容易,盗版现象屡禁不止,给出版商和作者带来了巨大的经济损失。尽管数字版权管理(DRM)技术有所发展,但仍难以完全杜绝盗版行为。其次,内容质量和可信度问题也日益凸显。数字平台的低门槛使得大量未经严格审查的内容涌入市场,读者在海量信息中辨别优质内容变得困难。内容的泛滥和质量的参差不齐,可能影响读者的阅读体验和信任度。最后,数据隐私和安全问题也成为出版商必须面对的重要挑战。在进行个性化推荐和精准营销时,出版商需要收集和分析大量用户数据,这可能涉及用户的隐私权。近年来,数据隐私泄露事件频发,出版商必须采取有效措施,确保读者数据的安全和隐私。

数字化转型还对出版业的商业模式和市场结构产生了深远影响。传统出版商面临着来自数字平台和新兴出版形式的激烈竞争。新兴的数字平台如亚马逊、苹果和谷歌等,不仅拥有强大的技术支持和广泛的用户基础,还具备完善的销售渠道和创新的商业模式,这些都给传统出版商带来了巨大的压力。数字平台通常通过更低的价格、更便捷的获取方式和个性化的推荐系统吸引读者,而传统出版商在吸引和保留读者方面面临巨大挑战。出版业的营利模式也在不断变化,电子书和数字内容的定价策略、订阅服务的兴起等新兴模式,给传统的销售模式提出了挑战。如何在纸质书籍和电子书之间找到平衡点,如何在数字化转型中保持营利,是传统出版商面临的重要问题。

总体而言,数字化转型对出版业的影响是全面而深远的。它不仅推动了出版物形式和出版流程的变革,还对行业的商业模式和市场结构产生了重大影响。然而,数字化转型带来的挑战也不容忽视。出版商需要在享受数字化带来的便利和优势的同时,妥善应对版权保护、内容质量、数据隐私和市场竞争等方面的问题,以确保行业的可持续发展。通过不断创新和调整,出版业能够在数字化转型中找到新的增长点和发展机遇,为读者提供更优质的内容和服务。

# 第二节　人工智能在出版内容生产中的应用

人工智能技术在出版内容生产中的应用正在重塑传统出版业的面貌。通过自然语言处理、机器学习和大数据分析等先进技术,出版内容的创作、编辑、审校和发布流程得到了极大优化。这些技术不仅提高了内容生产的效率和质量,还实现了个性化定制和智能推荐,满足了多样化的读者需求。同时,人工智能在市场分析和读者互动中的应用,为出版机构提供了宝贵的市场洞察,帮助其更精准地把握读者偏好和市场趋势。下面将详细探讨人工智能技术在各个内容生产环节中的具体应用及其带来的深远影响。

# 一、选题策划:多维数据使选题更精准

在出版业中,选题策划是至关重要的一环,它不仅决定了出版物的市场前景,也影响着出版商的经济效益和行业声誉。传统的选题策划主要依赖于编辑的专业知识、市场经验和直觉判断,这种方式存在明显的局限性。首先,编辑的个人经验和市场感觉具有很大的主观性,难以全面、准确地反映市场需求。其次,传统选题策划缺乏科学的数据支持,决策过程往往带有较大的不确定性和风险。此外,市场环境的快速变化使得依赖经验和直觉的选题策划难以及时捕捉到最新的市场趋势和读者需求。

随着大数据技术的兴起,选题策划正在经历一场深刻的变革。利用大数据分析,出版机构可以精准洞察市场趋势、读者兴趣和竞争环境,从而制定更加科学和有效的选题策略。通过对海量数据的分析和挖掘,出版机构能够发现新的市场机会,预测选题的潜在热度,并优化资源配置。大数据技术不仅提升了选题策划的精准度和效率,还推动了出版业从经验驱动向数据驱动的转变。

## (一)人工智能技术助力选题策划的基本思路

随着大数据技术的发展,人工智能技术为出版物选题策划的产生、运行、结果、再处理提供了技术支持。[①] 通过应用大数据、自然语言处理、机器学习等人工智能技术,出版商能够更精准地把握市场需求、分析读者行为、监控竞争动态,从而制定更加合理和具有市场竞争力的选题策略。

### 1.大数据分析提升选题科学性

首先,在数据收集与整理方面。大数据技术的核心在于对海量数据的收集、整理和分析。选题策划需要建立庞大的数据池,这些数据包括销售数

---

① 高清玉.出版选题策划的数据支撑体系研究[J].传媒论坛,2021(14):12-13.

据、读者反馈、社交媒体讨论、市场研究报告等。通过多渠道的数据收集，出版商能够获得全面的市场和读者信息。例如，销售数据可以揭示不同类型书籍的市场表现，读者反馈可以反映读者的真实需求和兴趣，社交媒体讨论可以捕捉到市场上的热点话题和趋势，市场研究报告则提供了行业整体的发展方向和预测。通过对这些数据的综合整理，出版商能够形成对市场的全面了解，为选题策划提供科学依据。

其次，在数据分析与洞察方面。在数据收集和整理的基础上，利用大数据分析技术可以对这些数据进行深入挖掘和分析。数据分析的主要任务是从大量数据中提取有价值的信息，包括对销售数据的统计分析、读者反馈的情感分析、社交媒体讨论的热点分析等。例如，通过对销售数据的统计分析，可以发现不同类型书籍在不同时间段的销售情况，从而识别出市场上的长期热点和短期趋势。通过对读者反馈的情感分析，可以了解读者对某些主题和内容的喜好和不满，从而优化选题方向。通过对社交媒体讨论的热点分析，可以捕捉到市场上新兴的兴趣点和潜在的选题方向。这些数据分析的结果为选题策划提供了可靠的依据和指导。

### 2. 自然语言处理提升选题精准性

自然语言处理（NLP）技术在选题策划中起着重要作用。文本挖掘和语义分析是 NLP 的关键技术，通过对大量文本数据的分析，可以提取出潜在的选题方向和内容热点。例如，通过对读者评论和反馈的文本挖掘，可以识别出读者最关心的主题和内容。这些主题和内容可以作为选题策划的重要参考。情感分析是 NLP 技术的另一重要应用，通过对读者反馈和评论的情感分析，可以了解读者对某些选题和内容的情感倾向。通过分析识别出读者对某些主题的正面和负面情感，从而调整选题方向，避免选择读者负面情感较多的主题。此外，通过对读者偏好的分析，可以识别出不同读者群体的喜好，从而制定个性化的选题策略，满足不同读者群体的需求。

### 3. 机器学习提升选题预测能力

机器学习技术在选题策划中的应用主要体现在预测能力的提升上。通过构建预测模型，出版商可以预测某些选题的市场表现和读者反响，从而制定更加科学和精准的选题策略。例如，通过对历史销售数据、读者行为数据和市场数据的综合分析,构建选题预测模型,可以预测某些选题在未来市场上的表现。这些预测结果可以为选题策划提供重要参考,帮助出版商优化选题决策,提高选题成功率。

机器学习的预测能力依赖于算法的优化和模型的训练。通过不断优化算法和训练模型,引入更多的数据维度和优化算法参数,可以提高模型的预测精度。此外,通过不断更新和训练模型,可以使其适应市场变化,从而保持预测能力的有效性和准确性。这些算法优化和模型训练的工作是提升选题策划预测能力的关键。

### (二)人工智能在选题策划中的具体应用

人工智能技术在选题策划中,通过大数据分析、自然语言处理和机器学习等技术,为出版商提供了强有力的技术支撑。通过精准的市场需求分析、深入的读者行为分析和竞争对手分析,制定更加科学合理的选题策略,从而提高选题策划的成功率和市场竞争力。

#### 1. 市场需求分析

多维数据在市场需求分析中发挥着至关重要的作用,通过对市场的全面数据收集和分析,出版商可以准确把握市场的脉搏,预测未来的趋势和热点。市场需求分析的核心在于理解读者的需求和偏好,这不仅仅依赖于销售数据,还包括社交媒体上的讨论、评论数据以及其他相关的市场信息。

首先,销售数据是市场需求分析的基础。通过分析图书的销售数据,出版商可以了解哪些类型的图书在市场上更受欢迎,哪些作者或主题具有较高的市场吸引力。例如,通过对畅销书的销售数据进行细致分析,可以发现畅销书通常具备哪些共同特征,如主题、风格、写作手法等。这些信息有助于出版商在选题策划时参考和借鉴,以提高新书的市场竞争力和吸引力。其次,社交媒体上的讨论和评论数据也是市场需求分析的重要来源。社交媒体平台上,读者的互动和讨论可以反映出他们对某些话题和书籍的兴趣和关注度。通过文本挖掘和情感分析技术,识别出读者最喜欢和最不喜欢的部分。出版商可以从社交媒体评论中提取出有价值的信息,了解读者对某些主题的看法和情感倾向。例如,豆瓣、简书等平台上的读者评论和讨论,可以为出版商提供第一手的市场反馈,帮助出版商在选题策划中更好地满足读者的需求。最后,行业报告和市场研究也是市场需求分析的重要工具。通过对行业报告和市场研究数据的分析,出版商可以了解市场的整体发展趋势和动态。市场研究报告可以提供关于不同类型书籍市场份额的详细信息,以及未来几年内的市场预测。这些数据可以帮助出版商制定更为科学和合理的选题策划方案。

综上所述,市场需求分析通过多维数据的综合应用,使出版商能够准确预测市场趋势和读者需求,提高选题策划的科学性和精准性。销售数据、读者行为数据、社交媒体评论和行业报告等多维数据的有效结合,使其在激烈的市场竞争中保持优势。

### 2. 读者行为分析

读者行为分析是选题策划中另一个重要应用领域,通过对读者行为数据的深入分析,出版商可以更好地理解读者的阅读习惯和偏好,从而制定更加精准的选题策略。读者行为数据包括阅读记录、购买行为、借阅情况等,这些数据可以揭示读者的兴趣和需求,帮助出版商进行有针对性的选题策划。

首先,阅读记录是了解读者行为的重要数据来源。通过对读者的阅读记录进行分析,出版商可以发现读者在阅读过程中的行为模式,例如,哪些章节最受欢迎,读者在什么时间段阅读频率最高,哪些书籍的阅读完成率较高。这些信息可以帮助出版商优化书籍内容和结构,提高读者的阅读体验和满意度。如果数据分析显示某些章节的阅读量特别高,出版商可以在选题策划中考虑增加类似主题的内容。其次,购买行为数据也是读者行为分析的重要组成部分。通过对读者的购买记录进行分析,出版商可以了解读者的购买偏好和消费习惯。例如,哪些类型的书籍销量较高,读者在购买时更倾向于选择新书还是经典作品,不同价格区间的书籍销量分布情况,等等。这些数据可以为出版商提供选题决策的重要依据,帮助他们在选题策划时更好地把握市场需求。再次,借阅情况也是读者行为分析的一个重要方面。通过分析图书馆和在线借阅平台的数据,出版商可以了解哪些书籍被借阅次数最多,读者在借阅书籍时的偏好和需求。这些数据不仅反映了读者的阅读兴趣,还可以揭示出市场上尚未被充分满足的需求。例如,如果某类书籍在图书馆中的借阅率很高,但市场上同类书籍的出版数量较少,出版商可以考虑在选题策划时增加该类书籍的出版。

### 3. 竞争对手分析

竞争对手分析是选题策划中不可或缺的一环,通过对竞争对手的全面数据分析,出版商可以了解市场动态,识别自身优势和劣势,从而制定更加科学合理的选题策略。多维数据的应用使得竞争对手分析变得更加精准和全面,包括对竞争对手的出版物销售数据、市场表现、选题策略等方面的分析。

首先,通过对竞争对手出版物的销售数据分析,出版商可以了解哪些书籍在市场上表现出色,哪些类型和主题的书籍更受读者欢迎。例如,通过分析某些畅销书的销售趋势,可以发现它们在市场上的热度和持续时间,这些信息有助于出版商在选题策划中借鉴和参考,提高自身出版物的市场竞争力。其次,市场表现是竞争对手分析的另一个重要方面。通过对竞争对手市场表现的数据分析,出版商可以了解竞争对手在市场上的地位和影响力。例如,通过分析竞争对手在不同市场区域和不同读者群体中的表现,可以识别出其市场优势和劣势。这样的分析有助于出版商在选题策划中进行差异化竞争,避免与竞争对手的直接对抗,寻找市场空白和新的增长点。此外,选题策略分析是最具策略意义的部分,通过对竞争对手选题策略的数据分析,出版商可以了解其选题方向和策划重点。例如,通过分析竞争对手的出版物类型、主题分布、出版频率等数据,可以发现其在选题策划中的策略倾向。这些信息有助于出版商在选题策划中进行策略调整,优化自身的选题方案。如果发现竞争对手在某一类型的书籍上投入较大,而该类型书籍市场表现不佳,出版商可以避免在此类选题上投入过多资源,反之则加大投入力度。最后,多维数据还可以帮助出版商进行竞争对手的动态监测和预警。通过对竞争对手的市场行为和策略变化进行实时监测,可以及时发现竞争对手的新动向和市场策略变化。例如,通过监测竞争对手的新书发布、市场宣传活动、读者反馈等数据,可以及时调整自身的选题策略,保持市场竞争优势。因此,竞争对手分析通过多维数据的综合应用,使出版商能够全面了解市场动态和竞争对手的策略,从而制定更加科学合理的选题策划方案。

### (三)人工智能技术助力选题策划的实践案例

#### 1. 亚马逊的选题策划案例

亚马逊作为全球最大的在线书店之一,其成功的一个关键因素是利用人工智能技术,不仅提升了用户的购物体验,还显著提高了选题策划的精准度和市场成功率。具体的实施过程可以分为三个主要阶段:数据收集与分析、选题预测与决策、个性化推荐与市场推广。

首先,亚马逊通过其庞大的用户基础和多样化的平台,收集大量的用户行为数据。这些数据包括用户的搜索历史、购买记录、浏览时间、评论和评分等。亚马逊利用大数据分析技术对这些数据进行深度挖掘和处理,识别出市场上的热点话题和读者的偏好,了解哪些题材和内容最受欢迎,以及读者对现有书籍的具体评价。这一阶段的关键在于数据的全面性和准确性,确保分析结果能够真实反映市场需求。其次,在数据分析的基础上,亚马逊利用机器学习算法构建选题预测模型。这个模型通过对历史销售数据、市场趋势和读者行为数据的综合分析,预测不同选题的市场表现。例如,亚马逊会模拟不同选题的销售情况,评估其市场潜力和风险。通过这种方式,亚马逊能够提前预见哪些选题有可能成为畅销书,从而进行有针对性的策划和资源分配。最后,亚马逊通过个性化推荐系统,将精准选题推送给潜在读者。这一系统利用推荐算法,根据读者的个性化数据,推荐与其兴趣匹配的书籍。例如,系统会根据读者的历史购买记录和浏览习惯,推送相关的书籍和新出版的选题。这个推荐过程不仅提升了用户的购物体验,也增加了新书的曝光率和销售量。推荐系统使得选题策划更加精准,出版商能够更好地把握市场需求,推出更加符合读者兴趣的书籍。利用数据分析和预测技术,亚马逊推出的《生命3.0:人工智能时代的人类》取得了巨大的市场成功,成为科技类畅销书。

#### 2. 阅文集团的选题策划案例

阅文集团通过引入人工智能技术,大幅优化了选题策划流程,提高了选题的精准度和市场适应性。首先,阅文集团整合了平台上的海量用户数据,利用自然语言处理(NLP)技术进行语义分析,提取用户的阅读行为、点击量、收藏、评论等数据,构建详细的用户画像。其次,通过机器学习算法,分析这些历史数据,预测未来的热门题材和市场趋势,形成数据驱动的选题策划基础。人工智能技术在数据清洗、处理和市场需求分析中的应用,使得选题策划更加科学和系统,减少了依赖主观判断的风险。

通过人工智能技术辅助的选题策划,阅文集团提升了其市场竞争力和用户满意度。人工智能生成的选题方向更贴合市场需求,部分作品在发布后迅速成为畅销书,验证了人工智能选题策划的有效性。可见,人工智能技术的应用不仅减少了编辑的工作负担,提高了选题决策的效率和准确性,也为未来选题策划提供了重要的数据支持和趋势预测。

## 二、内容创作:人机协作使创作更高效

### (一)人工智能技术助力内容创作的基本思路

内容编辑是出版工作的核心环节,直接影响出版物的质量。传统的内容编辑主要依赖编辑人员的工作经验和知识储备能力,这一过程不仅复杂且耗时,还增加了编辑人员的劳动强度,因此整体效率较低。然而,随着人工智能技术的引入,内容编辑变得更加智能化和高效化。在新的工作流程中,作者将书稿上传到指定的编辑平台,人工智能将会对稿件进行预审审核。对于未通过预审的稿件,人工智能会通过邮件形式说明原因并提出修改意见,而通过预审的稿件则由人工智能针对稿件中格式、字体、错别字等方面的问题进行初步审校,并对文字进行初步加工和排版。随后,稿件会被编辑处进行审核,此时编辑人员才正式介入内容编辑工作。稿件经过三审三校,方可出版发行。由此可见,在这种新的编辑流程中,烦琐的初级工作可以由人工智能自动完成,而关键流程则由编辑人员把控。这种编辑流程显著缩短了加工周期,减轻了编辑人员的工作负担,使他们能够将更多精力集中在关键环节,从而确保出版内容的质量。

在当代出版业中,人工智能技术正逐步成为内容创作的重要助力。其基本思路主要集中在提升创作效率和质量两个方面。首先,人工智能通过自然语言处理和机器学习技术,能够分析和理解大量的文本数据,从而生成语法正确、逻辑严谨的文章草稿,大大缩短了创作周期和成本。例如,智能

写作工具可以根据预设的算法和语言模型,自动完成稿件的初步撰写,为作者提供了一个快速起步的平台,使他们可以更专注于内容的深度和创新,而不必花费过多时间在基础的写作工作上。其次,智能化的内容创作工具具有高度的定制化能力,能够根据不同的需求和目标受众,生成符合特定风格和语言特征的内容。这种个性化的生成过程使得出版内容更加贴近读者的兴趣和需求,从而提升了内容的吸引力和可读性。例如,在市场营销领域,智能生成的广告文案可以根据消费者的个人偏好和行为数据,精准地调整语言风格和内容表达方式,以实现更有效的市场传播效果。同时,人工智能通过数据挖掘和情感分析等技术,深入挖掘和分析读者的偏好和市场趋势,为内容创作提供了宝贵的市场反馈和指导意见。基于大数据的分析,人工智能可以预测和识别出潜在的热门话题和流行趋势,帮助出版机构和作者抓住市场机会,及时调整内容策略。这种智能化的市场反馈机制不仅有助于提高内容的市场竞争力,还能够有效地降低市场风险和投资成本。

综上所述,人工智能在内容创作领域的应用不仅推动了出版业的技术进步,也深刻影响了内容创作的方式和效果,为未来出版业的发展开辟了新的可能性和前景。

## (二)人工智能在内容创作中的具体应用

人工智能在内容创作中的具体应用涵盖了多个方面,显著提升了内容生产的效率和质量。通过自然语言处理、机器学习和数据分析等技术,人工智能可以自动生成初步稿件、分析并优化文本内容、预测读者兴趣点,并实现多媒体内容的自动整合。人工智能技术不仅能够辅助作者和编辑快速完成创作,优化内容质量,还能通过情感分析和舆论导向判断,生成更贴近读者需求的内容。这些应用不仅加速了出版流程,还提高了内容的精准性和个性化,推动了整个出版行业的数字化转型。

### 1.自然语言处理提升创作效率

自然语言处理(NLP)技术在自动文本生成方面展现了显著优势。预训练语言模型(如GPT-4)能够根据输入的提示或主题自动生成连贯、流畅的文本。这不仅大幅提升了内容创作的效率,还能在短时间内生成大量高质量的内容。媒体公司利用这些人工智能模型来生成新闻稿、市场分析报告和博客文章,显著降低了人力成本并缩短了创作时间。此外,这项技术还被广泛应用于创意写作、技术文档和市场营销材料等领域。在写作辅助方面,人工智能同样表现出色。智能写作助手通过 NLP 技术提供语法纠正、风格建议和文本优化等功能,帮助作者提高写作质量和效率。以 Grammarly 为例,该类工具通过自动检测和纠正文本中的语法、拼写错误,并提供风格和结构上的优化建议,极大减少了编辑和校对的工作量,从而提升了整体写作水平。

**2.大数据分析优化内容质量**

大数据分析技术通过对海量数据的收集、整理和深入分析,能够显著优化内容质量,提升读者的阅读体验和满意度。通过对内容的词频、句子长度、段落结构等数据的分析,出版商可以识别出内容的语言风格、复杂度和可读性。例如,通过分析内容的词频和句子长度,出版商可以发现并改进过于冗长或晦涩的表达,提高内容的简洁性和可读性。

大数据分析技术通过统计和分析文本中词语出现的频率,可以识别出内容的关键词和核心主题。这对于确保内容的集中性和主题的一致性具有重要意义。例如,如果发现某些词语在不同章节中频繁出现,而与主题关系不大,出版商可以考虑对这些词语进行替换或减少使用,从而提高内容的聚焦度和连贯性。大数据分析技术通过分析文本中句子的平均长度和结构,可以识别出内容的复杂度和可读性。较长的句子和复杂的结构可能会增加读者的理解难度,降低阅读体验。出版商可以通过分析句子长度和结构,识别出哪些部分需要简化和优化。通过将长句拆分成短句,或通过调整句子的结构,使其更符合读者的阅读习惯,从而提高内容的可读性。大数据分析技术通过分析文本中段落的长度、层次和过渡,可以识别出内容的逻辑结构和流畅度。如果某些段落过长或过短,或者段落之间的过渡不够自然,出版商可以对这些段落进行调整和优化。增加过渡句或分段,使内容的层次更加清晰,逻辑更加严密,从而提高阅读体验。大数据分析技术通过分析文本的语法、词汇和语气,可以识别出内容的风格特点和一致性。出版商可以通过分析内容的语言风格,确保不同章节和部分之间的风格一致,避免出现风格突变或不协调的情况。通过对比分析畅销书的语言风格,出版商还可以借鉴和应用成功的风格特点,提升新内容的吸引力和市场竞争力。内容的重复和冗余不仅会降低阅读体验,还可能导致读者的厌烦和流失。通过内容数据分析,可以识别出文本中的重复和冗余部分,进行针对性的删减和优化。如分析相似句段和冗长描述,出版商可以精简和优化内容,使其更加简洁和高效,从而提升阅读体验和内容质量。

### 3. 机器学习提升创作能力

机器学习技术在开发智能创作工具方面发挥了关键作用。通过学习大量优秀的文本样本,人工智能可以为作者提供创意提示、段落扩展和语言润色等功能,从而提升其创作水平。例如,写作辅助工具 Shortly AI 利用机器学习技术,根据用户输入的简短提示,自动扩展生成完整的段落和文章,帮助作者快速构建内容,显著提高了创作效率。此外,机器学习在情感分析领域也有重要应用。通过分析用户评论和反馈,情感分析技术能够识别出用户对内容的正面或负面情感,进而帮助创作者优化创作方向和内容质量。情感分析为内容创作提供了重要的反馈机制,使创作者能够根据用户的情感反应不断改进内容。例如,短视频平台抖音运用情感分析技术,分析用户评论中的情感倾向,帮助创作者了解观众的反应,从而优化视频内容和创作方向。这一技术同样适用于出版业,帮助出版商分析读者对书籍内容的反馈,以此优化内容创作和选题策略。

### 4. 跨领域应用与创新

人工智能技术不仅限于文字内容创作,还可以拓展到多媒体内容的创作。通过生成高质量的图片、音频和视频内容,丰富内容创作的形式和表现力。比如,科大讯飞自研的 AI 绘画大师。该模型利用深度学习技术,将照片转换为不同艺术风格的绘画,为内容创作者提供了丰富的视觉素材和创作灵感。这种多媒体内容创作技术在广告、电影、游戏等多个领域展现出广泛的应用前景。

人工智能技术可以构建综合性的内容创作平台,集成多种创作工具和功能,提供一站式的内容创作支持。Canva 是一款集成了多种设计工具的内容创作平台,利用人工智能技术,提供自动化的设计模板、图像优化和排版建议,帮助用户快速生成高质量的视觉内容。这种内容创作平台不仅提高了创作效率,还优化了创作流程,帮助创作者更好地实现创作目标。

综上所述,人工智能技术通过自然语言处理、大数据分析、机器学习等手段,为内容创作提供了强有力的支持。通过自动文本生成、写作辅助、数据驱动、智能创作工具和情感分析等多种应用,大幅提升了内容创作的效率和质量。

### (三)人工智能技术助力内容创作的实践案例

#### 1.龙源数字传媒集团的"知识树"平台

龙源数字传媒集团是中国领先的数字出版和内容提供商,其旗下的"知识树"平台利用人工智能技术显著提高了内容创作效率和质量。"知识树"平台旨在通过大数据和自然语言处理技术,从海量文章中搜索和整合相关内容。这一功能对于编辑和创作者来说尤为重要。例如,当编辑需要撰写一篇关于"人工智能在教育领域应用"的专题报道时,编辑通过"知识树"输入关键词,平台迅速提供了多篇高质量的文章和研究报告,涵盖了从基础理论到实际应用的各个方面。这不仅缩短了编辑在资料收集上的时间,还确保了内容的权威性和准确性。

该平台不仅能搜索和汇总内容,还能根据编辑定义的部分内容,自动生成剩余的文本。这种智能生成功能是基于先进的自然语言处理(NLP)和机器学习(ML)技术,通过对已有文本结构和内容的理解,自动完成后续创作。在编写某科普书籍时,编辑仅需要输入基本框架和初步内容,平台根据这些信息自动生成了完整的章节。生成的内容经过初步审校后,质量达到了可供出版的标准,大幅缩短了创作周期。除了文本内容,"知识树"平台还能处理多媒体信息。它可以分析和理解图像、视频等内容,并将这些多媒体信息与文本内容进行有机结合,实现图文并茂的内容展示。如在制作一本关于环境保护的科普书籍时,编辑不仅需要文字内容,还需要配以相关的图片和视频。平台通过对关键词的多模态分析,自动匹配和生成了与内容相关的图片和短视频,使得书籍内容更加生动和直观。此外,"知识树"平台支持多人协同编辑,编辑人员可以在平台上实时更新和修改内容。平台还具有版本管理功能,可以记录每次修改的内容和时间,便于追踪和审校。在编写一本需要多人参与的学术文集时,不同领域的专家通过"知识树"平台在线协同创作,各自负责的章节能够实时同步更新,主编可以随时查看和调整内容,确保整本书的风格统一和内容连贯。因此,通过"知识树"平台,龙源数字传媒集团在内容创作上实现了显著的效率提升和质量保证。平台的智能化功能不仅减轻了编辑人员的工作负担,还提高了内容创作的速度和准确性,使出版物能够更快地进入市场,满足读者的需求。

## 2. OpenAI 的 GPT 系列模型

OpenAI 开发的 GPT 系列模型是自然语言处理领域的重要突破,其应用范围广泛,涵盖了从新闻报道到小说创作等多种文本生成任务。GPT-3 模型通过学习海量文本数据,能够生成高质量的自然语言文本。其强大的生成能力使其在新闻媒体、市场营销、教育和创意写作等领域得到广泛应用。OpenAI 的 GPT 系列模型不仅能够生成连贯的文章,还能进行复杂的对话和创意写作,显著提高了内容创作的效率和质量。

在 2020 年,英国 *The Guardian*(《卫报》)使用 GPT-3 模型生成了一篇关于人工智能的新闻文章。编辑团队给 GPT-3 提供了一些提示和指导,模型根据这些提示生成了完整的文章。尽管文章需要人类编辑进行润色和调整,但整体上展现了极高的写作水平。这一案例证明了 GPT-3 在新闻生成中的潜力和实际应用价值。GPT-3 在内容创作中的应用显著提高了生产效率和内容质量。媒体公司利用 GPT-3 生成新闻稿和市场分析报告,不仅减少了人力成本,还加快了内容生产速度。此外,GPT-3 在创意写作和教育领域的应用,也为作家和教育工作者提供了新的创作工具,激发了创作灵感和创新思维。这一技术的应用展示了人工智能在内容创作中巨大的潜力和广阔的应用前景。

由此可见,无论是"知识树"平台还是 GPT-3 模型,都显著提高了内容创作的效率。在"知识树"平台的应用中,编辑人员可以在短时间内完成高质量的内容整合和创作,而 GPT-3 模型则能够快速生成高质量的自然语言文本。这种效率的提升不仅减少了内容创作的时间成本,也提高了生产的灵活性和响应速度。两者在提升内容质量方面也表现出色。"知识树"平台通过对大量文献的分析和整合,确保了内容的科学性和准确性。GPT-3 模型通过学习海量文本数据,能够生成语言流畅、结构合理的高质量文本。这些技术的应用使得内容创作不仅更加高效,而且质量得到了显著提升。"知识树"平台主要应用于科技类图书和教育教材等领域,具有较强的专业性和科学性,而 GPT-3 模型则应用范围广泛,涵盖了新闻媒体、市场营销、教育和创意写作等多个领域,这种多样化的应用展示了人工智能技术在不同内容创作领域的适应性和灵活性。

# 三、评审评议:智能算法使审议更轻松

## (一)人工智能技术助力评审评议的基本思路

### 1. 智能评审与质量评估

传统的评审依赖于专家的判断,可能会使评审结果存在一定的主观偏差。人工智能技术通过智能评审辅助系统,提供客观、快速且高效的评审支持,显著提高了评审质量和一致性。基于自然语言处理(NLP)和机器学习(ML)技术,智能评审系统能够自动生成评审建议和反馈。系统通过分析文献的结构、内容和引用关系,识别出研究的创新点、研究方法是否科学、结论是否有效。例如,系统可以自动检查论文的逻辑结构和数据分析过程,识别出可能存在的问题和不足,并生成详细的评审建议。这些自动化的评审建议可以作为评审专家的参考,帮助他们做出更加客观和全面的评审判断。

人工智能系统通过构建多维度的评估模型,可以对文献进行综合质量评估和评分。评估模型通常包括创新性、科学性、完整性和实用性等多个维度。利用机器学习算法,系统可以根据历史评审数据和专家评分,自动学习各维度的评估标准和评分规则。例如,通过回归分析和聚类分析等方法,系统可以对每篇文献进行定量评分,并提供详细的评估报告。这种自动化的质量评估不仅提高了评审的一致性和公正性,还能大幅缩短评审周期。此外,人工智能技术在评审过程中还可以进行抄袭检测和重复度分析。基于文本相似度计算和语义分析,系统能够快速检测出文献中的抄袭和重复内容。例如,利用局部敏感哈希(LSH)等算法,系统能够对文献进行快速比对,识别出与已有文献的相似部分,并生成详细的抄袭检测报告。这种技术手段不仅提高了评审的公正性和透明度,还能有效防范学术不端行为。

综上所述,人工智能技术在内容评审中的应用,通过智能审校、质量评估和抄袭检测等方面，显著提升了评审效率和评审质量。借助 AI 技术，评审过程变得更加客观和高效，有助于维护学术研究的公正性和严谨性。

**2. 数据驱动的决策支持与预测分析**

数据驱动的决策支持与预测分析是人工智能技术在评审评议中的前沿应用。通过分析海量的评审数据和研究文献，系统能够提供科学的决策支持和未来趋势的预测分析，帮助评审专家和决策者做出更为准确和前瞻性的判断。人工智能系统通过数据挖掘技术，能够从海量文献和评审数据中提取出关键知识和规律，并构建知识图谱。知识图谱是表示领域知识及其相互关系的图形化模型，能够帮助评审专家直观地理解和分析复杂的学术关系。例如，系统可以通过实体识别和关系抽取，构建研究领域的知识图谱，展示不同研究课题、方法和结果之间的关系。这种图形化的知识展示方式，有助于评审专家全面了解研究领域的整体状况和发展趋势。

基于知识图谱和数据挖掘技术，人工智能系统可以为评审专家提供科学的决策支持。例如，系统可以分析不同研究方向的文献数量、引用频次和影响力，识别出研究热点和前沿方向。通过这种数据驱动的决策支持，评审专家可以更好地把握研究方向，合理分配资源，提高评审的科学性和效率。此外，系统还可以根据评审数据和专家反馈，优化评审流程和评审标准，持续提高评审质量。人工智能领域的机器学习算法设计（主要分为监督学习、无监督学习和强化学习三类）可通过挖掘数据的潜在规律来实现学术影响力的预测功能。[①] 通过对历史数据和当前研究动态的综合分析，人工智能系统能够预测未来一段时间内的研究热点和发展趋势。例如，利用时间序列分析和回归分析等方法，系统可以预测某一领域未来的研究方向和影响力，帮助评审专家和决策者提前规划和布局。这种预测分析不仅有助于评审评议的前瞻性和战略性，还能为学术界和产业界提供重要的决策参考。

**（二）人工智能技术助力评审评议的实践案例**

IEEE（电气电子工程师学会）作为一个具有较大影响力的国际学术组

---

① 张彤，尹欢，苏磊，等.人工智能辅助学术同行评议的应用及分类[J].中国科技期刊研究,2021(1):65-74.

织,早在几年前就开始探索利用人工智能技术优化学术论文评审流程。IEEE 的学术期刊和会议涵盖了广泛的技术领域,每年接收和审稿的论文数量庞大,需要高效而精确的评审流程来保证学术质量。传统的文献筛选工作需要大量的人力资源投入,效率低下且易受人为因素影响。为解决这一问题,IEEE 引入人工智能技术助力评审评议。

### 1. 智能化评审辅助系统

IEEE 利用人工智能技术开发了智能化的评审辅助系统,用于处理大量的投稿论文。该系统结合了自然语言处理(NLP)和机器学习(ML)技术,能够自动识别和过滤掉大部分低质量的论文投稿。为了进一步提高筛选的准确性,系统结合了 BERT 模型进行语义分析。BERT 模型通过双向编码理解文本的上下文关系,能够更准确地识别论文的核心内容和研究创新点。评审辅助系统利用这种语义分析技术,对初筛通过的论文进行更深层次的分析和筛选,确保最终送审的论文质量。这种智能化的评审辅助系统显著提高了初步评审的效率和准确性,为真正有学术价值的论文留出更多的时间和资源。

### 2. 基于数据驱动的评估模型

IEEE 采用了机器学习算法构建基于数据驱动的评估模型,用于对论文质量进行综合评估和排名。这些评估模型不仅关注论文的创新性和科学性,还综合考虑其在特定研究领域的影响力和实际应用价值。通过对大量历史数据、引用次数、领域内的研究趋势以及专家评审意见的分析,这些模型能够自动学习并动态调整评估标准,从而提升评审过程的公正性和一致性。

相比于传统的人工评审方法,基于机器学习的评估模型能够更为精准和高效地处理大量论文。在此过程中,模型可以发现论文中潜在的价值,不仅识别出具有前沿创新性的工作,还能够评估其对行业发展的长远影响。随着数据量的增加和模型的不断优化,系统还能够适应科研领域的快速发展,保证评估结果更具权威性和代表性。这种数据驱动的评估方式有效减少了人工评审中的偏见,确保了学术评审的透明度和公平性。

### 3. 抄袭检测和文献相似度分析

在论文提交和评审过程中，IEEE 采用先进的文本比对算法来进行抄袭检测和文献相似度分析。这些算法能够分析论文文本的语法、语义和结构，从而迅速定位潜在的学术不端行为。基于 SimHash（相似性哈希）和 LSH（局部敏感哈希）等技术，系统能够精确识别与已发表文献相似的部分，并生成详细的比对报告，为评审提供参考依据。

抄袭检测系统不仅检测明显的文本重复，还能够识别经过改写或段落重组的潜在抄袭行为，进一步提高了检测的准确性和覆盖范围。通过语义层面的分析，系统还可以识别含有相同思想或概念的相似文献，这样能够更全面地确保学术作品的原创性。自动化的抄袭检测技术为 IEEE 大幅提升了评审效率，减少了人工检测的主观性和误差，同时有效防止了抄袭、剽窃等学术不端行为的发生。这一技术不仅维护了学术界的诚信和规范，也帮助作者更好地遵循学术伦理，确保他们的研究成果能够在公平、公正的环境中得到评估和传播。

### 4. 人机协同的评审流程

IEEE 推行了一种人机协同的评审流程，将人工智能技术与专家评审结合，优化了学术论文的评审过程。具体而言，智能系统首先对提交的论文进行初步筛选和处理，利用自然语言处理、机器学习等技术对论文的质量、抄袭检测、创新性等多方面进行评估。这一步骤大幅提高了评审的效率，尤其是对大量投稿的初步筛选，有效减轻了人工审核的负担。

在智能系统完成初筛后，论文进入由专业领域专家进行的最终评审阶段。此时，人类专家不仅会对智能系统筛选出的优秀论文进行深入学术判断，还能识别出那些可能被机器遗漏的创新性或具有潜在学术价值的工作。这样，评审流程既充分利用了人工智能的速度和精确性，又保留了人类专家的学术洞见和专业判断能力，确保评审的公正性和全面性。这种人机协同评审模式，不仅提高了 IEEE 学术期刊和会议评审的整体效率和准确性，还有效提升了学术出版质量，促进了全球范围内的学术交流与合作。该模式的成功应用，不仅在学术领域具有重要意义，也为其他领域的评审流程提供了宝贵的借鉴。例如，类似的人机协作机制可以应用于项目评估、专利审查等需要高度专业判断的领域,进一步提升各行业的评审效率和公平性。

# 四、编辑校对:人工智能精准内容校对检测

## (一)人工智能技术助力编辑校对的基本思路

编辑校对是出版流程中的关键环节,对内容的准确性、流畅性和专业性起着至关重要的作用。相关数据显示,目前国内大多数出版机构的人均年发稿量均超过500万字符,编辑的工作负担较重而且传统的编辑校对工作依赖于编辑人员的经验和专业知识,流程复杂且耗时长,容易出现人为错误。[①]然而,人工智能技术的迅猛发展为编辑校对带来了新的契机。通过应用自然语言处理、大数据分析和机器学习等技术,显著提升了编辑校对的效率和质量。

### 1.自动纠错系统

自动纠错系统是人工智能技术在编辑校对中最常见的应用之一,其功能不仅仅局限于简单的语法和拼写错误纠正,还需要具备专业术语识别与维护、上下文理解和逻辑纠错的能力,以确保文本在语义和逻辑上的连贯性和合理性。这种能力的深入剖析涉及自然语言处理和人工智能领域的多个技术和方法。

(1)基于大数据和机器学习的语法检查。自动纠错系统的核心功能之一是语法检查,其依托大数据和机器学习技术,通过对海量文本数据的分析与训练,能够有效识别和纠正语法、拼写以及标点符号的错误。大数据技术为系统提供了丰富的训练数据,涵盖了各种文本类型和语言风格,从而提高了系统的泛化能力和纠错准确性。在数据收集阶段,系统依据网络文章、书籍、论文等多种来源收集海量文本数据。为保证数据的质量和多样性,系统对这些数据进行清洗和预处理,包括去除噪声、分词、标注等操作。经过预处理后的数据具有更强的代表性,帮助系统更好地理解语言模式。

在模型训练阶段,自动纠错系统使用先进的机器学习算法,如决策树、支持向量机和神经网络,对预处理后的数据进行训练。通过反复优化,系统

---

① 陈进才.人工智能时代出版流程再造的机遇与挑战[J].现代出版,2020(2):89-91.

能够识别出常见的语法和拼写错误,并学习如何正确纠正。例如,系统通过大量数据学习了主谓一致、时态一致等语法规则,能够精准识别并修正句子中的语法错误。在实际应用中,自动纠错系统实时分析输入文本,检测语法、拼写和标点错误,并提供修正建议。例如,对于句子"一些问题需要进一步研究、改革和完善",系统会识别出主宾不一致问题,并建议改为"一些问题需要进一步研究,从而改革和完善相关工作"。这一功能不仅显著提升了编辑和校对的效率,还帮助用户改善语言表达能力。

(2)专业术语的识别与维护。在科学、医学、法律等专业领域,自动纠错系统必须具备识别和维护大量专业术语的能力。这不仅要求系统能够准确识别文本中的专业术语,还需具备维护和更新专业术语库的能力,以确保纠错和校对功能的高效性和准确性。

首先,自动纠错系统如何识别专业术语是一个关键问题。在处理文本时,系统需要通过词汇的语境和使用方式来判断某个词汇是否为专业术语。这通常依赖于自然语言处理技术和机器学习算法的结合。例如,系统可以利用词向量模型(Word Embeddings)捕捉词汇之间的语义关系,从而精确识别文本中的专有名词、特定行业术语或科学术语。同时,系统还可以借助领域特定的词汇表或术语表,如医学、法律、工程等领域的术语数据库,来辅助识别复杂的专业术语。其次,维护和更新术语库对系统的持续优化至关重要。随着不同领域知识的不断更新,新术语不断涌现,旧术语的使用方式或定义也可能发生变化。因此,系统需定期更新术语库,以确保与最新的行业标准和术语使用趋势保持同步。这一过程可以通过自动化的数据抓取和处理来实现,例如,从学术期刊、行业报告、专业论坛等来源获取最新术语,并将其整合进系统的术语库中。此外,在维护术语库时,系统还需处理术语的多义性和上下文敏感性。同一术语在不同领域或语境中可能具有不同含义,因此系统必须具备根据具体上下文来正确理解和应用术语的能力。借助语言模型,系统能够进行上下文分析,确保对文本进行深层次的语义理解,从而提升术语使用的准确性。

综上所述,自动纠错系统在处理专业术语时,需要具备识别、更新和语境理解等综合能力。这些能力不仅提升了系统在内容编辑中的实用性和效率,也有效减少了因术语使用不当而产生的错误,从而显著提高了内容的质量和准确性。

(3)上下文理解与逻辑纠错。自动纠错系统不仅需要纠正语法和拼写错误,还必须具备上下文理解和逻辑纠错的能力,以确保文本的连贯性和逻辑性。借助自然语言处理(NLP)技术,系统能够理解文本的上下文,从而提供更准确的纠错建议。上下文理解包括词义消歧、句子结构分析和语义关系判断。例如,在句子"小亮说他不来吃晚饭了"中,系统需要通过上下文判断"他"是指小亮本人还是其他人。这种能力使系统能够识别指代错误或词义模糊的问题,并提出合适的修改建议。

逻辑纠错是自动纠错系统的另一项核心功能,它要求系统识别并纠正文本中的逻辑错误,如前后矛盾或因果关系错误。逻辑纠错不仅要求系统理解单句的语法,还需要对段落甚至整篇文章的逻辑结构进行分析。例如,针对句子"过了一会儿,汽车突然渐渐停下来了",系统需要识别出"突然"和"渐渐"之间的逻辑矛盾,并提出修改建议。通过结合多种NLP技术和机器学习模型,系统可以有效识别复杂的语法和逻辑错误。在处理复杂错误时,自动纠错系统首先分析文本的语义结构,识别出潜在的错误类型。然后,基于预训练模型提供相应的纠正建议。例如,对于句子"昨天,他去公园跳舞",系统需要判断时态是否一致,并建议修改为"他昨天去了公园跳舞",以确保时态正确。自动纠错系统的自我学习和持续优化也是提升上下文理解和逻辑纠错能力的重要手段。通过用户反馈机制,系统不断收集实际使用中的纠错结果和反馈,进而改进和优化纠错模型。通过对新数据地再训练和调整,系统能够适应语言的变化和新出现的错误模式,从而保持高水平的纠错能力。因此,自动纠错系统通过大数据、机器学习和自然语言处理技术,显著提升了编辑校对的效率和质量。基于上下文理解与逻辑纠错、语法检查、专业术语识别等多功能模块,自动纠错系统为现代文本处理提供了强大的技术支持。

### 2.敏感词识别与排查

(1)基于自然语言处理的敏感词检测。敏感词识别系统在编辑校对中扮演着重要角色,尤其在确保出版内容的合法性和合规性方面,发挥了至关重要的作用。基于自然语言处理（NLP）技术，敏感词检测系统能够自动识别和标记文本中的敏感词汇，从而帮助编辑人员快速、准确地进行内容审查。NLP技术通过对大量文本数据的分析和处理，构建出一个包含多种敏感词汇的词库，并利用词语在特定上下文中的使用模式和语义关系，进行敏感词的识别和判断。在实际应用中，敏感词检测系统首先对输入的文本进行分词和词性标注，然后通过词库匹配和上下文分析，检测出潜在的敏感词汇。分词和词性标注是NLP技术的基础步骤，通过将文本划分为独立的词语单元，并标注其词性，系统可以更准确地理解词语的语义和语法功能。在词库匹配阶段，系统将文本中的词语与预先构建的敏感词库进行比对，识别出与词库中词语匹配的部分。这一过程不仅包括对词汇的直接匹配，还涉及对同义词、变形词和相关词的识别，以提高检测的全面性和准确性。上下文分析是敏感词检测中的关键步骤，通过分析词语在特定上下文中的使用模式和语义关系，系统能够判断词语的敏感性。例如，同一个词语在不同的语境中可能具有不同的含义和敏感性，系统需要通过上下文分析，准确判断其是否为敏感词。敏感词检测系统的优势在于其高效性和准确性，通过自动化的检测流程，系统能够在短时间内完成大规模文本的敏感词识别，极大地提高了编辑校对的效率和质量。

（2）敏感词库动态更新和调整。敏感词库的构建是系统运行的基础，随着社会环境、法律法规和文化背景的不断变化，敏感词汇也在不断更新，系统需要具备动态更新和调整词库的能力，以确保识别的准确性和时效性。首先，动态更新依赖于大数据技术，通过对新闻报道、社交媒体、政策文件和学术文献等多种数据源的实时监测，系统可以自动收集和提取新出现的敏感词汇。这一过程包括数据抓取、预处理、关键词提取和语义分析等步骤。通过数据抓取和预处理，系统从多种来源获取文本数据，并对数据进行清洗和规范化处理，确保数据的质量和一致性。在关键词提取阶段，系统利用自然语言处理技术对文本进行分析，提取出潜在的敏感词汇和相关词语，并通过语义分析判断其敏感性和适用性。其次，为了提高敏感词库的动态更新能力，系统还需要结合人工审查和反馈机制。编辑人员和领域专家可以对系统自动提取的敏感词汇进行审查和确认，确保词库的准确性和权威性。

同时,系统可以通过用户反馈机制,收集和分析实际应用中的检测结果和用户反馈,用于改进和优化词库。例如,当用户发现某些敏感词漏检或误判时,可以将这些信息反馈给系统,系统会根据反馈进行调整和更新,确保其检测能力的持续提升。

此外,不同的出版物和内容类型对敏感词的要求和敏感性各不相同,系统需要具备适应不同场景和需求的能力。通过配置灵活的检测规则和参数,系统可以根据具体的应用场景和内容需求,调整敏感词的检测范围和策略。例如,在新闻报道中,系统可能需要更加严格和全面的敏感词检测,而在学术论文中,则需要更多地考虑学术表达的规范性和准确性。敏感词识别系统的动态更新和适应性,不仅保证了其在不同应用场景中的有效性和准确性,还增强了系统的灵活性和实用性,满足了多样化的内容审查需求。因此,敏感词识别与排查是内容编辑校对过程中不可或缺的环节。基于自然语言处理技术的敏感词检测,通过分词、词库匹配和上下文分析,能够高效、准确地识别文本中的敏感词汇。而敏感词库的动态更新和适应性,确保了系统在不断变化的社会环境和多样化应用场景中的有效性和时效性。通过这些技术手段,敏感词识别系统显著提高了内容审查的效率和质量,减少了人为错误和工作负担,为出版业提供了强有力的技术支持。

### 3. 内容一致性和风格优化

(1)基于语义分析的内容一致性检查。基于语义分析的内容一致性检查依托自然语言处理技术,通过对文本的深度语义分析,识别并纠正文本中的逻辑矛盾和一致性问题。这项技术能够理解文本的语义结构、词汇之间的关系以及上下文的依赖性,从而有效检测出前后矛盾、逻辑错误和重复的内容。在长篇文本,如科学论文或小说中,内容一致性尤为关键。通过构建语义网络,系统能够分析文本各部分之间的语义关系,确保术语定义、人物特征和时间线等关键信息保持一致。例如,在分析一篇科学论文时,系统可以识别出某一术语在不同章节中的定义是否一致,从而确保学术表达的准确性和一致性。对于小说创作,系统可以追踪人物设定和情节发展,避免出现前后矛盾现象。比如,如果一个角色在前文中被描述为具有某种特征,系统将确保在后续章节中该特征的描述保持一致,从而避免逻辑上的混淆。

此外,语义分析技术还可以检测出文本中的隐含逻辑错误。系统能够通过因果关系的分析,识别出不合逻辑的描述或推论。例如,在描述一个事件发生的顺序时,系统会确保因果关系符合常理,不会出现逻辑倒置或相互矛盾的情节。通过这些分析,内容一致性检查显著提升了文本的连贯性和逻辑性,确保内容的专业性和可信度。总体而言,基于语义分析的内容一致性检查不仅提升了文本的逻辑性,还能提高其整体表达的质量,有助于确保文本在专业领域或文学创作中的一致性和连贯性。

(2)风格优化和语气优化。风格优化和语气优化是编辑和校对过程中的重要环节,旨在提升文本的可读性和表达效果,确保文本的风格一致性以及语气的恰当性。借助自然语言处理技术,风格优化和语气优化系统能够分析文本的语言风格、句式结构和用词习惯,提供优化建议,确保文本在不同章节和部分之间保持风格统一,并符合预期的表达效果。风格优化通过对文本的句式、词汇和语气进行系统分析,识别出文本的整体风格特点。例如,系统可以分析句子长度、句式复杂度、主动与被动语态的使用比例,以及词汇的多样性和正式程度等方面,以确定文本的语言风格是否一致。在实际应用中,系统可以根据分析结果,建议作者或编辑对不一致的部分进行调整,以确保整体风格的连贯性。例如,对于学术论文,系统可能会建议采用更加正式、简洁和专业的语言,而对于文学作品或小说创作,系统则可能鼓励使用更生动、多样化的表达方式,以增强阅读体验。

语气优化是风格优化的重要组成部分,它通过分析文本的情感倾向和语气特征,帮助改善文本的情感表达。系统可以检测出哪些段落情感过于消极、不够热情,或与预期情绪不符,并提供积极、鼓励性的替代表达建议。例如,在营销文案中,系统可以识别出某些语言过于冷淡或缺乏激励性的表达,建议用更加积极和有感染力的语言,以增强情感共鸣。同样,对于客户服务邮件,系统可能会建议使用更加友好、礼貌的语气,而在新闻报道中,系统则会建议保持客观、中立的语调。在优化过程中,系统还可以通过情感分析技术识别文本中的情感表达强度和倾向,提供合适的调整建议。例如,在情感强烈的场合,系统可以建议使用更具感染力的词汇和表达方式,而在更严肃、正式的文本中,系统则会帮助保持专业、理性的语调。这种基于情感和语气的优化,有助于确保文本在特定情境和读者群体中的有效性。风格优化和语气优化不仅提升了文本的可读性,还增强了文本的专业性、一致性和情感感染力,使内容更具吸引力且能更精准地传达意图。通过这些优化工具,编辑人员可以更好地把握文本的风格和语气,使创作更加符合读者的期望,提高文本的整体质量和传播效果。

内容一致性和风格优化是编辑校对中的两大关键要素。基于语义分析的内容一致性检查能够确保文本在逻辑上的连贯性与一致性,增强内容的专业性和可信度。而风格优化和语气优化通过分析文本的语言风格和语气特点,提供有针对性的优化建议,确保文本风格的一致性和情感表达的恰当性,最终提高文本的可读性、感染力和整体质量。

### 4.协同编纂与知识补充

(1)基于人工智能的协同编纂。基于人工智能的协同编纂是现代出版业中的重要创新,它通过引入人工智能技术,实现了人机合作的高效内容创作。AI 系统通过自然语言处理(NLP)、机器学习和大数据分析等技术,能够自动生成和编辑文本,从而在内容创作过程中与人类作者和编辑紧密合作。AI 的协同编纂功能首先表现在自动生成基础性内容上。通过预训练语言模型,如 GPT-4,AI 系统可以根据输入的主题、提纲和关键词,自动撰写初步的文本内容。这种自动生成的文本通常覆盖基础信息和常见知识点,为人类作者提供了一个初始框架。例如,在编写科普书籍时,AI 可以生成基本的科学概念解释和数据说明,作者则可以在此基础上进行细化和个性化创作。这不仅大幅减少了人类作者的重复性劳动,也加快了内容创作的速度。

AI 协同编纂系统还能够在创作过程中提供实时的写作建议和改进意见。通过分析文本的结构、语法和逻辑,AI 系统可以检测出潜在的错误和不足,并提出优化建议。例如,系统可以建议调整句子结构以提高可读性,或提出替换词以增强表达效果。这种实时反馈机制不仅提升了文本的质量,也帮助作者不断改进写作技巧。在大型项目中,AI 的协同编纂功能尤为重要。比如,在编辑多卷本学术著作或系列丛书时,保持各卷内容的一致性和连贯性是一个巨大挑战。AI 系统可以通过对前后卷的内容进行语义分析,确保术语、人物设定和时间线的一致性,避免出现前后矛盾。AI 系统还能够通过分析整个项目的风格和语调,确保不同部分之间的统一性。例如,在编纂一部历史小说系列时,AI可以帮助维持人物性格和背景设定的一致性,确保各卷内容的连贯性和整体性。

(2)知识补充与即时翻译。人工智能技术在知识补充和即时翻译方面的应用,为编辑校对提供了强有力的支持。知识补充功能通过访问广泛的知识库和数据库,提供相关领域的最新信息和参考资料,帮助编辑人员更好地理解和处理专业化或边缘领域的内容。即时翻译功能则利用先进的翻译模型,实现高质量的跨语言文本转换,提升编辑工作的效率和准确性。知识补充功能的实现依赖于人工智能系统对大量专业文献和数据资源的整合和分析。通过访问在线数据库、学术期刊和专业网站,人工智能系统能够快速检索并提供相关领域的最新研究成果和参考文献。例如,在编辑医学文献时,系统可以自动提供最新的研究数据、药物信息和临床试验结果,帮助编辑人员补充和更新内容。这不仅提高了内容的科学性和权威性,也使编辑人员能够及时掌握领域内的最新动态和发展趋势。知识补充功能还可以帮助编辑人员在处理复杂和专业化内容时,提供必要的背景信息和解释。例如,在编辑法律文献时,系统可以提供相关法律条款和案例分析,帮助编辑人员更好地理解和处理法律术语和概念。通过这种方式,人工智能系统有效弥补了编辑人员在某些专业领域知识的不足,提升了内容的准确性和专业性。

即时翻译功能是人工智能技术在编辑校对中的另一重要应用。通过先进的机器翻译模型,如Transformer模型,系统能够实现高质量的跨语言文本转换。这对于多语言出版和国际合作项目尤为重要。例如,在翻译和校对外文文献时,人工智能系统可以快速、准确地将文本翻译成目标语言,并对翻译结果进行校对和优化。相比传统的人工翻译,AI翻译不仅速度更快,而且能够处理大量文本,显著提高了翻译工作的效率和质量。此外,即时翻译功能还支持多语言内容的同步编辑和校对。在国际合作项目中,不同语言的作者和编辑可以通过人工智能系统实现实时的跨语言交流和协作。例如,在多语言科学期刊的编辑过程中,系统可以自动翻译和校对各国作者提交的稿件,确保内容的一致性和准确性。通过这种方式,人工智能系统不仅促进了国际间的学术交流,也推动了多语言出版的发展。

综上所述,协同编纂与知识补充是人工智能技术在编辑校对中的重要应用领域。基于人工智能的协同编纂通过自动生成基础内容、提供实时写作建议和确保内容一致性,显著提升了内容创作的效率和质量。而知识补充与即时翻译功能,通过提供最新的参考资料和实现高质量的跨语言文本转换,为编辑人员提供了强有力的支持,提升了内容的准确性和专业性。

### (二)人工智能技术助力编辑校对的实践案例

#### 1.龙源数字传媒集团的"知识树"平台

作为一家以数字出版和传媒服务为主的企业,龙源数字传媒集团通过"知识树"平台引入先进的人工智能技术,大幅提升了编辑校对的效率和质量。该平台通过整合大数据、自然语言处理(NLP)和机器学习等先进技术,实现在编辑校对中的多方面应用。

首先,"知识树"平台在稿件的初步审核中发挥了重要作用。编辑人员将稿件上传至平台后,人工智能系统立即开始对文本进行初步审查,识别出常见的拼写错误、语法问题以及格式不规范之处。这一步骤不仅节省了大量的时间,还确保了基础错误在早期得到纠正,减少了后续编辑工作的负担。例如,系统会自动检查稿件的拼写错误,标记出需要修改的词汇,并提供正确的拼写建议。对于语法错误,系统通过自然语言处理技术,能够识别出主谓不一致、句子结构不合理等问题,并提出相应的修改建议。

其次,智能审校系统在"知识树"平台中的应用也体现了其对专业术语的识别和维护能力。在处理涉及特定领域的稿件时,系统能够自动识别专业术语,并通过内置的专业词汇库进行校对,避免将专业术语误识为错误。该词汇库通过机器学习和编辑人员的手动维护不断更新和扩充,以适应不同领域的专业需求。例如,平台在处理医学、法律等专业领域的稿件时,系统能够准确识别并维护术语的正确性,确保稿件内容的专业性和准确性。此外,"知识树"平台还具备逻辑纠错功能。系统利用自然语言处理和深度学习算法,对稿件的逻辑结构进行分析,识别出前后矛盾、因果关系错误等逻辑问题。例如,在某些复杂的学术论文或技术报告中,系统可以通过分析上下文逻辑,发现并纠正逻辑矛盾,确保文本的连贯性和逻辑性。这一功能在提升稿件质量的同时,也为编辑人员节省了大量的审校时间。

最后,"知识树"平台的协同编辑功能进一步优化了编辑校对流程。编辑人员可以通过平台与人工智能系统进行互动,共同完成稿件的审校工作。系统在初步校对后,将校对结果和建议反馈给编辑人员,编辑人员根据这些建议进行进一步修改和完善。这种人机协作的模式不仅提高了编辑校对的效率,还大大提升了稿件的质量和一致性。

总的来说,龙源数字传媒集团的"知识树"平台通过引入人工智能技术,实现了编辑校对过程的智能化和高效化。从初步审查、专业术语识别与维护、逻辑纠错到协同编辑,各个环节的智能化操作不仅提高了工作效率,还保障了出版内容的质量,为数字出版行业的发展提供了有力支持。

### 2. ProWritingAid 在美国的应用

ProWritingAid 是一款基于人工智能技术的写作辅助和编辑校对工具,凭借其强大的语法检查、风格优化和情感分析功能,成为许多作家和编辑的首选工具,在美国及至全球范围内广泛应用。该平台结合 NLP 和机器学习技术,为用户提供实时的写作建议和编辑校对功能,帮助作者和编辑人员提升文本质量和创作效率。

ProWritingAid 的核心功能之一是其强大的语法检查能力。平台通过分析海量英文文本数据,构建了一个覆盖广泛语言规则的语法检查模型。在实际应用中,用户将文稿输入 ProWritingAid 系统,系统自动进行语法和拼写检查,标出文本中的错误并提供修正建议。例如,系统可以识别出常见的拼写错误、标点符号误用和语法结构问题,并给出详细的修改意见。

ProWritingAid 还具备风格优化功能,能够分析文本的句子结构、用词和语气,简化冗长句子、替换重复词汇和调整语气。如在处理一篇新闻报道时,系统检测到文章中存在多个冗长的句子和被动语态使用频率过高的问题。ProWritingAid 会建议将一些复杂句子拆分成更短的句子,并用主动语态替换被动语态,使句子更加直接和有力。这一功能对于提升文本的可读性和清晰度具有重要意义,广泛应用于小说创作、学术写作和商业文案中。

ProWritingAid 不仅在语法和风格检查方面表现出色,还在内容一致性和情感分析方面具备独特优势。平台通过语义分析技术,能够检测出文本中的逻辑矛盾和一致性问题。例如,在长篇小说的编辑过程中,系统可以追踪人物性格和事件发展,确保前后描述的一致性,避免出现逻辑错误和矛盾。ProWritingAid 具备的情感分析功能,能够分析文本的情感倾向和读者反应,帮助作者调整文本的情感表达。例如,系统可以识别出文本中的情感高峰和低谷,建议作者在适当位置增强情感表达,提升故事的感染力和读者的共鸣。

此外,ProWritingAid 的即时反馈和多功能集成,使其在国际出版界广受欢迎。例如,在学术出版中,研究人员和编辑人员广泛使用 ProWritingAid 进行论文的初步校对和优化,确保文本的学术严谨性和语言准确性。在商业出版中,ProWritingAid 帮助文案作者提升广告和市场营销材料的质量,确保信息传达的清晰和有效。ProWritingAid 还在教育领域发挥重要作用,教师和学生利用该工具进行写作训练和作业校对,显著提升了写作技能和语言水平。

# 第三节　人工智能在出版流程中的优化

在现代出版业中,人工智能技术正逐步渗透并优化各个出版流程,带来了前所未有的变革。通过自然语言处理、机器学习和大数据分析等技术,人工智能在选题策划、内容创作、编辑校对、市场预测等环节实现了显著的效率提升和质量改进。智能化工具不仅能快速生成和优化文本,识别并纠正语法错误,还能分析市场趋势和读者偏好,为出版物的选题和营销提供精准的指导。AI 技术推动数字出版内容生产更智能化、高效化、个性化,AI 作为强劲推力重构数字出版内容生产流程。[①] 下面将详细探讨人工智能在出版流程中具体应用所带来的优化效果。

---

① 刘华东,马维娜,张新新.“出版+人工智能”:智能出版流程再造[J].出版广角,2018(1):14-16.

# 一、出版流程自动化

## （一）工作流程管理智能化

工作流程管理是现代出版业中关键的管理实践之一，它通过规范化和优化工作流程，提高生产效率和质量，从而对出版物的及时性和市场竞争力产生重要影响。下面将从三个关键方面详细论述工作流程管理在出版流程自动化中的作用及其实施方式。

### 1. 智能化任务分配

工作流程的第一个关键方面是任务分配的智能化。传统的出版流程中，编辑、校对、排版等环节需要经过人工的任务分配和调度，这不仅费时费力，还容易出现效率低下和资源浪费的问题。通过引入人工智能技术，可以实现智能化的任务分配，基于算法和数据分析，系统能够根据任务的复杂性、优先级以及员工的专业能力，自动分配最合适的人力资源。例如，利用自然语言处理技术，系统可以快速分析文本的内容和要求，自动将任务分发给适合处理特定领域或类型的编辑人员，从而节省了大量的人力成本和时间成本。

此外，自动化任务分配也能够提高任务执行的透明度和追踪能力。管理者可以实时监控每个任务的执行进度和质量，及时调整资源分配和工作优先级，以应对突发情况或市场需求变化。通过数据的积累和分析，系统还能生成详尽的任务执行报告和绩效评估，为管理决策提供科学依据，进一步优化整个出版流程的效率和成本控制。

### 2. 进度跟踪与资源管理的智能化

第二个关键方面是工作流程中进度跟踪与资源管理的智能化应用。出版流程中的每个环节都需要严格的进度控制和资源分配，以确保整体项目按时完成和质量达标。人工智能技术可以通过数据分析和预测能力，实现对工作流程的智能化管理。例如，智能调度系统可以根据历史数据和实时信息，预测出可能出现的延误和瓶颈，提前调整资源分配方案，确保整个出版流程的平稳进行。这种智能化的进度跟踪不仅提高了项目的可控性和稳定性，还能有效降低因为进度延误而引起的额外成本和风险。

同时,智能资源管理系统也能够优化人力和物力资源的使用效率。通过分析不同工作环节的资源需求和利用率,系统可以自动调整人员的分工和设备的使用,确保资源的最大化利用和成本的最小化。例如,基于数据驱动的人员排班系统可以根据员工的工作效率和偏好,合理安排工作时间和任务分配,提高员工的工作满意度和整体生产力。

### 3. 数据驱动的决策支持与持续优化

随着出版流程的数字化和信息化,大量的数据被生成和收集,这些数据不仅包括工作流程的执行情况,还涵盖市场反馈、读者偏好等信息。人工智能通过数据分析和机器学习技术,能够从海量数据中提取出有价值的信息和模式,为出版商提供决策支持和持续优化的可能性。例如,通过分析读者的反馈和阅读行为,系统可以生成精准的读者画像,为内容创作和市场推广提供指导。同时,结合市场趋势和竞争分析,系统可以预测出版物的市场需求和销售潜力,帮助出版商制定战略决策和市场定位策略。这种基于数据驱动的决策支持不仅提高了出版物的市场适应性和竞争力,还为持续优化工作流程提供了可靠的依据和路径。

综上所述,工作流程管理的智能化体现在智能化任务分配、进度跟踪与资源管理的智能化以及数据驱动的决策支持与持续优化三个关键方面。这些技术的应用不仅提升了出版流程的效率和质量,还为出版业的数字化转型和竞争优势提供了坚实的基础和支持。

### (二)版面设计与排版自动化

版面设计与排版是出版物视觉表现力的核心,直接影响读者的阅读体验和内容的传达效果。随着人工智能技术的发展,版面设计与排版的自动化正在逐步改变传统的制作方式,提升生产效率和设计质量。

### 1. 自动化设计工具与算法的应用

人工智能技术在版面设计中的应用主要体现在自动化设计工具与算法的应用。传统上,版面设计依赖于设计师的创意和手工操作,需要耗费大量的时间和资源。而现代的人工智能系统能够通过学习大量的设计样本和规则,自动生成符合要求的版面设计方案。例如,利用深度学习和计算机视觉技术,系统可以识别并优化文字和图像的布局,确保视觉上的平衡和美感。

这种自动化设计工具不仅能够提高设计效率,还能够保持设计的一致性和专业性,确保每一份出版物的视觉效果达到最佳状态。

此外,自动化设计工具还支持多样化的版面样式和主题选择。通过分析市场趋势和读者偏好,系统可以根据不同类型的出版物(如杂志、书籍或报纸)自动调整设计风格和格式。这种个性化的设计能够更好地满足不同读者群体的需求,提升出版物的市场竞争力和读者的阅读体验。

### 2. 文本处理与排版效率的提升

在数字化出版流程中,文本的处理涉及字体、字号、段落间距等多方面的排版要求。传统上,这些操作需要大量的人工干预和调整,容易出现错误和不一致性。而通过人工智能技术,智能排版系统可以基于自然语言处理和机器学习算法,智能地识别文本结构和语法规则,自动进行段落分隔、行间距调整、自动断句等操作,确保版面的整洁和可读性。这种自动化排版不仅节省了大量的人力资源,还大幅度降低了排版错误和重复工作的风险。同时,智能化的排版工具还支持多语言处理和跨平台兼容,使得出版物的生产更加高效和灵活。

### 3. 动态调整与个性化设计的实现

随着读者对视觉体验的需求不断提升,传统的静态模板往往无法满足多样化和个性化的需求。人工智能技术使得设计和排版可以根据读者群体的偏好和行为数据进行动态调整。例如,基于数据驱动的个性化设计系统可以根据用户的阅读习惯和兴趣推荐相关内容,并自动生成符合个性化需求的版面设计。这种个性化设计不仅能够提升读者的阅读体验,还能够增强出版物的吸引力和市场竞争力。通过智能化的数据分析和模式识别,系统能够实时调整设计方案,满足不同读者群体的多样化需求,为出版商带来更大的市场潜力和商业价值。

综上所述,通过自动化设计工具与算法的应用、文本处理与排版效率的提升以及动态调整与个性化设计的实现,显著提升了出版物的视觉效果和生产效率。这些技术的应用不仅符合现代出版业数字化转型的趋势,还为出版商创造了更多的商业机会,提高市场竞争优势。

## 二、数据分析与决策支持

数据分析与决策支持是现代出版业中不可或缺的组成部分,它通过深入分析市场趋势、读者行为和销售数据,为出版商提供科学的决策支持,帮助他们优化出版策略并提升竞争力。下面将从三个主要方面详细探讨数据分析与决策支持的实施及其影响。

### (一)市场需求预测

市场需求预测是出版业中至关重要的一环,它通过科学的数据分析和预测模型,帮助出版商在产品开发、市场推广和库存管理等方面做出准确的决策,从而降低市场风险,提高市场反应速度,增强市场竞争力。

#### 1.数据收集与整合

市场需求预测的第一步是有效的数据收集与整合。在数字化时代,出版商可以利用各种数据源,包括但不限于销售数据、市场调研、社交媒体分析和消费者反馈等。这些数据来源涵盖了从市场趋势到消费者偏好的广泛信息,为市场需求的分析提供了坚实的数据基础。

首先,销售数据是市场需求预测的重要组成部分。通过分析历史销售数据,可以识别出产品的销售周期、季节性变化和区域差异,为未来销售预测提供参考依据。例如,某类型书籍在特定时间段或地区的销售表现如何,以及受到何种因素的影响,这些都可以通过销售数据来解答。其次,市场调研和消费者反馈也是关键的数据来源。市场调研可以帮助出版商了解潜在市场规模、竞争态势和消费者行为变化,从而调整产品定位和市场策略。消费者反馈则直接反映了消费者对产品的偏好和需求,通过分析消费者评论、问卷调查和在线反馈,可以发现消费者的心理动机和购买意愿,为产品创新和市场定位提供数据支持。

在数据整合方面,现代技术使得各种数据源可以进行有效整合和处理。数据仓库和大数据分析平台能够将多个来源的数据进行统一存储和分析,通过数据清洗和挖掘技术,消除数据中的噪声和错误,确保分析的准确性和可靠性。数据整合不仅提升了市场需求预测的效率,还能够为决策制定提供全面的信息基础。

## 2. 趋势分析与预测模型建立

在数据收集与整合的基础上,市场需求预测的最终目的是趋势分析与预测。趋势分析通过对历史数据的深入研究和趋势识别,揭示出市场的演变规律和潜在的影响因素。这种分析不仅可以帮助出版商理解市场的变化趋势,还可以预测未来的市场需求和行为。

首先,时间序列分析是常用的趋势分析方法之一。它通过对历史数据进行统计和建模,识别出时间相关的趋势和周期性变化。例如,通过分析过去几年某类图书的销售数据,可以发现每年某个季节或特定时期的销售高峰,从而预测未来相似时段的市场表现。其次,回归分析和预测模型的建立也是市场需求预测中的关键步骤。通过建立数学模型,将市场需求与影响因素(如经济指标、竞争行为、市场推广活动等)进行量化分析和关联,从而预测出不同条件下的市场反应和需求变化。机器学习和人工智能技术的应用进一步丰富了预测模型的选择和优化,使用神经网络模型和决策树算法,处理复杂的非线性关系和多因素影响。最后,预测模型的评估和调整是保证市场需求预测准确性的关键步骤。通过对模型的实时监控和反馈调整,可以不断优化预测算法和参数设置,提高预测的精度和稳定性。这种持续的模型优化过程使得出版商能够更加敏锐地捕捉市场变化,及时调整战略和资源配置,以应对不断变化的市场环境。

## 3. 市场反馈与策略调整

市场需求预测的最终目的是指导出版商制定有效的市场策略和产品规划。在预测完成后,市场反馈和策略调整是确保预测结果落地的关键环节。可以进一步分为以下三个方面:

(1)实时监控与反馈机制。通过建立实时监控和反馈机制,出版商可以随时跟踪市场反应和产品销售情况。例如,利用实时数据分析平台和仪表板,可以实时更新市场需求的变化情况,及时发现和解决潜在的问题。

(2)策略调整与产品优化。根据市场反馈和预测结果,出版商需要灵活调整市场策略和产品规划。这包括产品特性的优化、定价策略的调整以及市场推广活动的重新规划,以确保产品能够快速适应市场需求的变化,并保持竞争优势。

（3）持续改进与学习机制。市场需求预测是一个持续改进的过程,出版商需要建立学习机制和反馈循环,不断优化预测模型和市场战略。通过分析历次预测的准确性和偏差,可以发现预测方法的改进空间,提升未来预测的准确性和实用性。

综上所述,市场需求预测通过数据收集与整合、趋势分析与预测模型建立以及市场反馈与策略调整三个主要方面的详细分析,为出版商提供了科学的决策支持和战略指导。有效的市场需求预测不仅能够降低市场风险和成本,还能够提升产品的市场适应性和市场竞争力,是现代出版业数字化转型中的重要环节。

### （二）销售数据分析

销售数据分析作为出版业中的重要组成部分,通过深入挖掘和分析销售数据,帮助出版商深入了解市场表现、消费者行为和竞争动态,从而优化销售策略、提升市场竞争力。

### 1. 销售趋势分析

销售趋势分析是销售数据分析的核心内容之一,它通过对历史销售数据的统计和分析,揭示出产品销售的变化趋势和规律。

首先,通过时间序列分析和趋势检测方法,可以识别出产品在不同季节、假日或特定时间段内的销售高峰和低谷。例如,某类图书在暑假和寒假期间的销售情况可能显著高于其他时段,而在年底的节假日购书需求也会有明显增加。通过分析这些周期性变化,出版商可以调整库存管理和市场推广策略,更好地满足消费者的需求。其次,销售数据分析还可以帮助识别出不同地区或市场段(如城市和农村、不同经济发展水平区域)的销售差异。通过地理信息系统(GIS)和区域分布图分析,可以发现销售热点和冷点区域,为区域性市场营销和库存调配提供依据。最后,销售数据分析还能够评估新产品上市后的销售效应。通过对比新产品上市前后的销售数据,可以分析新产品的市场接受度和消费者反应,评估市场潜力和产品生命周期,为产品策略调整和推广计划提供依据。有效的销售趋势分析不仅可以帮助出版商预测未来销售走势,还能够指导产品上市时间、定价策略和促销活动的制定,最大化销售收益和市场份额。

## 2.客户行为分析

除了销售趋势分析,客户行为分析也是销售数据分析中不可或缺的一部分,它通过深入挖掘消费者的购买行为和偏好,为个性化营销和客户关系管理提供数据支持。

首先,通过购买频率、购买金额和购买产品类别的分析,可以识别出不同消费者群体的购买行为模式。例如,某类读者偏好于购买系列书籍或特定主题的图书,而另一类读者更注重折扣和促销活动。通过深入了解消费者的购买偏好,出版商可以精确制定促销策略和产品组合,提高销售转化率和客户满意度。

其次,客户行为分析还可以评估客户的忠诚度和流失率。通过分析客户的回购率、退订率和社交媒体互动等指标,可以识别出忠诚度高的核心客户群体和流失风险较大的客户群体。这种分析有助于出版商采取针对性的客户保留措施,如个性化推荐、客户服务升级和忠诚度奖励计划,增强客户的品牌黏性和长期价值。

最后,客户行为分析还可以揭示出消费者的购物路径和决策影响因素。通过分析消费者在购买决策过程中的搜索路径、浏览行为和社交媒体影响力,可以发现影响消费者决策的关键因素和触发点。这种洞察可以帮助出版商优化产品展示页面、提升用户体验和购物便捷性,从而提高交易转化率和平均订单价值。因此,客户行为分析不仅可以帮助出版商深入了解消费者的购买动机和行为模式,还能够指导个性化营销和客户关系管理策略的制定,增强品牌与消费者之间的互动和信任。

## 3.竞争分析与定价策略优化

竞争分析与定价策略优化是通过比较同类产品的市场表现和定价策略,为出版商制定竞争策略提供数据支持。首先,通过分析竞争对手的市场份额、品牌定位和产品特性,可以评估自身在市场中的竞争地位和差异化优势。例如,通过市场调研和竞品分析工具,可以了解竞争对手在不同市场段的市场表现和消费者认知度,为制定差异化定位策略提供依据。其次,销售数据分析还可以评估不同定价策略对销售表现的影响。通过价格弹性分析和 A/B 测试等方法,可以确定最优的定价策略和价格水平,平衡产品成本和市场需求,最大化利润和市场份额。最后,竞争分析和定价策略优化需要持续监测市场反应和竞争动态。通过实时数据分析和市场反馈,可以调整定价策略、优化产品组合和推广策略,以应对市场竞争和消费者偏好的变化。

### (三)读者行为分析

读者行为分析作为出版业中的关键环节之一,通过深入挖掘和分析读者的行为模式和偏好,帮助出版商优化内容策略、推广策略和市场定位,从而提升读者满意度和销售业绩。

#### 1. 阅读偏好与内容个性化推荐

读者行为分析的首要任务是了解读者的阅读偏好和兴趣爱好,以便个性化推荐和内容定制。首先,通过分析读者的阅读频率、阅读时长和阅读渠道偏好,可以了解不同读者群体的阅读行为模式。例如,某些读者更倾向于在晚上使用电子阅读器阅读长篇小说,而另一些读者更喜欢在周末在纸质书中浏览杂志和报纸。这种深入了解有助于出版商优化内容发布时间和推广方式,提升阅读体验和满意度。

其次,通过分析读者对不同主题和内容类型的阅读偏好,可以识别出热门主题和潜在的内容需求。例如,某类读者对科幻小说、历史传记或健康生活类书籍的兴趣可能高于其他类别,而在特定季节或事件后,某些主题可能会迅速成为热点。通过这种分析,出版商可以精准制定内容采编策略,推出符合市场需求的畅销作品。

最后,基于阅读偏好和内容兴趣分析,出版商可以建立和优化个性化推荐系统。通过推荐算法和机器学习模型,根据读者的历史阅读数据和行为模式,为其推荐相关性高的新书、作者或主题,提升用户黏性和重复购买率。个性化推荐系统的优化需要不断迭代和数据反馈,以提供更准确的推荐服务,增强用户体验和市场竞争力。对用户进行有效的阅读偏好与内容个性化推荐分析,不仅能够提升出版物的销售和市场影响力,还能够深化出版商与读者之间的互动和沟通,建立长期稳定的读者关系。

#### 2. 跨平台阅读行为分析与多渠道互动

随着数字化阅读时代的到来,读者的阅读行为不再局限于传统纸质书籍,而是跨越多种数字平台和设备。首先,通过分析读者在不同阅读平台(如电子书、移动应用和网页阅读器)上的阅读行为,可以了解其跨平台阅读习惯和偏好。例如,某些读者更倾向于在移动设备上快速浏览新闻和短篇小说,而在平板电脑上更愿意深度阅读长篇小说或专业期刊。这种跨平台行为分析有助于出版商优化内容格式和发布渠道,以满足不同设备上的阅读需求。其次,读者行为分析还可以评估读者在社交媒体和在线社区中的参与程度和影响力。通过分析读者在社交媒体平台上的分享、评论和点赞行为,可以了解其对特定内容或作者的喜好程度,以及社交媒体活动对书籍销售和品牌影响的潜力。这种互动分析有助于出版商制定社交媒体营销策略和在线促销活动,增强品牌曝光度和社群影响力。最后,跨平台阅读行为分析还可以指导出版商优化用户体验和采用新技术应用。通过用户界面设计的优化和交互体验的改进,可以提升数字阅读平台的用户满意度和留存率。同时,利用人工智能和大数据分析技术,对阅读数据进行实时监测和预测,为内容定制和市场推广策略提供智能化支持。

综上所述,跨平台阅读行为分析与多渠道互动通过阐释阅读者行为分析在内容个性化推荐和多渠道互动方面的重要性及实施策略,为出版商提供了科学的决策支持和市场指导。

# 第四节　人工智能对出版业的积极影响

人工智能在出版业的应用为出版业带来了积极的影响,通过优化各个环节显著提升了整体效率和内容质量。从提高生产效率到增强内容质量再到优化读者体验,都展现出了其强大的潜力和价值。这种技术进步不仅使出版流程更加智能化和精细化,还推动了出版业的数字化转型和创新发展。下文将详细论述人工智能对出版业带来的多方面积极影响。

## 一、提高生产效率

提高生产效率是当今出版业面临的重要挑战之一,也是人工智能技术展现出强大潜力的领域之一。人工智能技术的广泛应用不仅可以显著缩短出版周期,还能有效降低人工成本,从而使出版商在快速变化的市场环境中保持竞争优势。

### (一)缩短出版周期

传统的出版流程通常涉及从内容创作到最终出版的多个环节,包括作者创作、编辑、校对、排版、印刷和分发等。这些环节中往往需要大量的人力和时间投入,而 AI 技术的应用可以显著加快整个流程。

#### 1.自动化文本处理与排版

在当今数字化和信息化的时代,人工智能在出版业的文本处理和排版领域展现出显著的潜力。通过自然语言处理(NLP)技术的应用,人工智能能够有效地识别、理解和处理大量的文本内容,从而在文本处理和排版方面带来了革命性的变化。

传统的文本编辑和校对过程往往耗费大量的时间和人力资源,同时也容易出现人为的错误。AI 通过自动化的方式可以快速而准确地识别和修正文章中的拼写错误、语法错误以及逻辑问题。例如,AI 可以利用语言模型和深度学习算法,分析文本的语法结构和语义逻辑,自动进行语法校对和语义分析,从而显著减少人工编辑和校对的工作量。这不仅提升了文本的质量和准确性,还大幅度缩短了编辑周期,使得出版物能够更快速地投放市场。

传统的排版工作通常需要依据不同出版需求和阅读设备的要求,手动调整文字、图像和版面布局,这不仅耗时耗力,而且容易出现误差。AI 技术可以根据出版物的特性和目标读者群体,自动调整文字和图像的位置、大小和排列方式,生成符合印刷和电子书格式要求的版面设计。例如,对于电子书的排版,AI 可以根据设备屏幕的尺寸和分辨率,智能地调整段落间距、字体大小和行距,以提升阅读体验和视觉吸引力。这种智能化的排版工具不仅能够节省大量的人力资源和时间成本,还能够有效地提高出版物的品质和市场竞争力。

#### 2.电子书制作与快速发布

随着数字化时代的来临,电子书的制作和快速发布成了出版业的重要发展方向之一。人工智能技术在这一领域展示了其强大的潜力和影响力,通过其高效的自动化处理和智能化技术,显著提升了电子书制作的速度和质量。

首先,AI 在电子书制作中的应用体现在其能够快速而精确地将文本内容转换为多种格式的电子书。传统的电子书制作过程可能需要人工逐页调整排版和格式,而 AI 可以基于预设的规则和算法,自动将文本转换为适应不同阅读设备和平台的电子书格式,如 Kindle 的 MOBI 格式、EPUB 格式等。这种自动化的转换过程不仅节省了大量的人力和时间成本,还减少了人为错误的可能性,保证了电子书的一致性和可读性。

其次,AI 在处理版权和数字版税问题方面也具有重要作用。电子书的制作和发布涉及版权管理和数字版税的复杂问题。AI 技术可以通过自动化的版权识别和管理系统,快速识别文本中的版权信息,确保电子书的合法性和权益保护。同时,AI 还能够自动计算和处理数字版税的支付,使得出版商和作者能够公平地分享电子书销售所得,简化了管理流程,降低了管理成本。

最后,快速的电子书制作和发布能力使得出版商能够更加敏捷地响应市场需求和读者反馈。随着市场的快速变化和读者的多样化需求,传统印刷出版的周期可能过长,无法及时满足市场的需求。AI 技术的介入使得出版商能够在短时间内制作和发布新书,迅速调整和优化产品策略,提高了市场反应速度和销售效果。例如,AI 可以通过分析市场趋势和消费者行为,预测热门题材和内容类型,帮助出版商制定更具针对性的电子书制作计划,从而增加销售量和市场占有率。

### 3. 优化供应链管理和市场预测

除了直接的内容处理和制作环节,AI 在供应链管理和市场预测方面的应用也对提高生产效率起到关键作用。人工智能技术通过其强大的数据分析和预测能力,为出版业带来更多的机遇。

首先,AI 在供应链管理方面的应用可以大大简化和优化整个出版流程中的物流和库存管理。AI 能够分析历史销售数据、市场趋势和消费者行为,识别和预测不同书籍和作品的需求周期和流行趋势。通过深度学习和机器学习算法,AI 能够从海量数据中提取关键信息,帮助出版商更加精确地预测市场需求。例如,AI 可以分析消费者的购买模式和偏好,预测特定作品或主题的热销程度,进而调整出版计划和库存管理策略。这种精准的市场预测能力不仅能够减少库存积压,还能够避免因为销售不畅而导致的资源浪费和损失,最大化利润和资源利用率。

其次,AI 在市场预测方面的应用也能够帮助出版商更快速地响应市场变化和竞争压力。随着市场环境的快速变化和消费者需求的多样化,传统的市场调研和预测方法可能显得过于缓慢和不精确。AI 技术可以通过实时数据分析和模型建立,快速识别市场趋势和竞争动态,为管理层提供及时的决策支持。例如,AI 可以基于实时的销售数据和社交媒体的用户反馈,预测新兴市场的增长潜力或旧书重新发行的市场需求,帮助出版商制定灵活的市场策略和产品推广计划。

最后,AI 在供应链管理和市场预测中的应用不仅仅局限于数据的分析和预测,还包括自动化的执行和优化过程。AI 可以与 ERP(企业资源计划)系统和物流管理平台集成,自动调整库存水平和订单处理流程,以适应市场需求的变化和优化供应链效率。这种智能化的管理和操作方式,大大提升了企业对市场动态的敏感度和响应速度,使得整个供应链更加灵活和高效。可见,AI 技术在优化供应链管理和市场预测方面为出版业带来了深远的影响和显著的效益。

## (二)降低人工成本

人工智能技术在降低人工成本方面的优势不言而喻,主要体现在以下三个方面。

### 1. 自动化校对和编辑

在当今信息爆炸的时代,文本的准确性和流畅性对于出版物的质量至关重要。传统的校对和编辑工作往往耗费大量的人力和时间,同时也存在人为错误的风险。人工智能技术的应用为校对和编辑工作带来了革命性的变革,通过自动化校对工具和编辑辅助系统,极大地提升了文本处理的效率和质量。

AI 在自动化校对方面的应用主要体现在其能够快速而准确地识别和修正文本中的各种错误。传统的人工校对过程容易受到时间压力和疲劳的影响,导致漏读和错误的发生。AI 技术基于深度学习和自然语言处理(NLP)算法,能够在瞬间扫描整篇文本,识别拼写错误、语法错误和标点符号的不当使用,实现高效的错误修正和标准化文本处理。例如,AI 可以通过比对文本与语言模型的规则,自动调整语法结构和句子的表达方式,使得文本更加通顺和易读,从而大幅度减少人工编辑的工作量和时间成本。

AI 在自动化校对和编辑方面的发展也促进了出版流程的数字化和智能化。随着出版物类型和数量的增加,传统的人力资源和编辑工作模式已经难以满足快速变化的市场需求。AI 技术的应用使得出版商能够在更短的时间内完成高质量的文本处理和编辑工作,提高了整体生产效率和出版物的市场竞争力。可见,AI 在自动化校对和编辑方面的应用为出版业带来了显著的效益和改进。

### 2. 智能化市场营销与客户服务

在现代商业环境中,市场营销和客户服务的智能化是提高企业竞争力的关键因素之一。人工智能技术在这些领域的应用,能够显著降低运营成本并提升服务效率,特别是在降低人工成本方面展现出巨大潜力。

首先,智能化的客户关系管理系统(CRM)在市场营销中起到了重要作用。传统的市场营销策略通常依赖于大量的人力资源进行市场调研、数据分析和客户维护,这不仅耗时耗力,还容易产生信息不对称和决策延误等问题。AI 驱动的 CRM 系统能够通过数据挖掘和分析技术,自动收集和分析消费者的行为模式和偏好,从而推送个性化的营销信息和服务内容。这种自动化和个性化的营销方式,不仅减少了对人工调研和分析的依赖,还提高了营销活动的精准度和效果。例如,通过分析消费者的浏览历史、购买记录和社交媒体互动,AI 可以预测消费者的需求和偏好,自动生成并推送符合其兴趣的产品推荐和促销信息,提升消费者的购买决策速度和满意度。

其次,AI 在客户服务中的应用进一步降低了人工成本。传统的客户服务通常需要大量的客服人员进行电话接听、邮件回复和在线聊天等工作,既耗费大量的人力资源,又难以保证服务质量的一致性。AI 技术可以通过智能客服机器人和自动化客服系统,实时响应客户的咨询和需求。智能客服机器人能够基于自然语言处理(NLP)技术,理解和分析客户的提问,并提供准确和及时的回答。这不仅减少了对人工客服的依赖，还大幅提升了服务效率和客户满意度。例如，在电商平台中，智能客服机器人可以 24 小时不间断地为客户提供咨询和售后服务，快速处理订单查询、退换货等常见问题，从而显著降低了人工客服的工作负担和运营成本。

最后，AI 在市场营销和客户服务中的应用还促进了业务流程的自动化和优化。通过深度学习和机器学习算法，AI 可以实时监测和分析市场动态和客户反馈，自动调整和优化营销策略和服务流程。这种智能化的业务流程管理，不仅提高了企业的运营效率和市场响应速度，还有效降低了因人工操作带来的误差和成本。例如，AI 可以自动分析市场活动的效果，调整广告投放策略和预算分配，从而实现资源的最优配置和投资回报的最大化。AI 技术在市场营销和客户服务中的应用，通过智能化的客户关系管理和自动化的服务流程，有效降低了企业的人工成本，提高了运营效率和服务质量。

### 3. 自动化数据分析与决策支持

人工智能技术在数据分析和决策支持方面的能力，也对降低人工成本产生了积极影响。人工智能技术通过大数据分析和机器学习算法，能够实时监测和分析市场动态、竞争对手的行动以及消费者的反馈，从而为管理层提供精准的决策支持和战略指导。这种基于数据驱动的决策能力，不仅显著降低了人工成本，还提升了企业的灵活性和市场适应能力。

首先，AI 技术能够大幅减少人工在数据收集和分析过程中的投入。传统的数据分析需要大量的人工操作，包括数据的收集、整理、分析和报告生成等环节，既耗时又容易出错。AI 技术可以通过自动化的数据抓取和处理工具，快速从多种渠道收集和整合海量数据。随后，利用先进的机器学习算法，AI 能够对这些数据进行深度分析，发现潜在的市场趋势和消费者行为模式。例如，AI 可以分析社交媒体上的消费者评论和互动，实时获取市场反馈，并预测未来的市场需求变化。这种自动化的数据处理和分析过程，不仅大幅减少了人工操作的复杂性和时间成本，还提高了数据分析的准确性和及时性。

其次，AI 在决策支持方面的应用，使得管理层能够更加精准和高效地制定战略和调整业务策略。传统的决策过程通常依赖于经验和有限的数据分析,难以全面和及时地把握市场动态和竞争态势。AI 技术通过综合分析内部业务数据和外部市场信息,能够为管理层提供全面、准确的决策依据。例如,AI 可以对竞争对手的市场活动和定价策略进行监测和分析,帮助企业制定更加具有竞争力的市场策略。同时,AI 还可以通过预测模型,评估不同决策方案的潜在影响和风险,辅助管理层做出更加明智和科学的决策。这种基于数据驱动的决策支持系统,不仅提升了企业的决策效率和准确性,还有效降低了因决策失误带来的成本和风险。

最后,自动化数据分析与决策支持系统的应用,还促进了企业业务流程的优化和资源配置的合理化。通过对市场动态和业务绩效的实时监控,AI 能够自动识别业务流程中的瓶颈和低效环节,提供优化建议和改进措施。例如,AI 可以分析库存数据和销售趋势,优化库存管理和供应链流程,避免库存积压和资源浪费。AI 还可以通过分析销售数据和消费者偏好,优化产品组合和市场推广策略,提高资源利用效率和市场响应速度。这种智能化的业务流程优化,不仅减少了人工干预和操作的成本,还显著提升了企业的运营效率和市场竞争力。

综上所述,AI 技术在自动化数据分析与决策支持方面的应用,通过实时监测和深度分析市场动态和业务数据,为企业提供精准的决策支持和战略指导,有效降低了人工成本,提升了企业的运营效率和市场适应能力。

## 二、提升内容质量

人工智能对出版业内容质量的提升主要体现在以下两个方面。

### (一)提高校对和编辑精度

提高校对和编辑精度在出版业中至关重要,因为文本的准确性和一致性直接影响到出版物的质量和读者的体验。传统的校对和编辑工作依赖于人工操作,容易因为疏忽或疲劳而产生错误。人工智能技术通过自然语言处理(NLP)和机器学习算法,显著提升了文本处理的精准度和可信度,成为提高校对和编辑精度的重要工具。

首先,AI 在检测和修正文本错误方面展现了强大的能力。传统的人工校对不仅耗时耗力,而且容易漏掉拼写错误、语法错误和标点符号的使用不当等细节问题。AI 技术通过 NLP 算法,可以自动扫描和分析大量文本,迅速识别出其中的拼写错误、语法错误以及标点符号错误。例如,AI 可以基于大量的语料库和语言模型,精确判断单词的拼写是否正确,句子的语法结构是否符合规范,标点符号的使用是否恰当。这不仅减少了人工校对的工作量和时间成本,还大幅提升了文本的准确性和一致性。

其次,AI 在逻辑错误的检测和修正方面也具有显著优势。文本的逻辑性和连贯性对于读者的理解和体验至关重要,然而,人工编辑在处理长篇复杂文本时,容易忽视或误解其中的逻辑关系。AI 技术通过语义分析和上下文理解,能够自动检测出文本中的逻辑错误。例如,AI 可以分析段落和句子之间的关联,识别出逻辑矛盾或不连贯之处,提出修正建议。AI 可以根据语义分析,优化句子结构和表达方式,使得文本更加流畅和易读。此外,AI 技术还能够帮助编辑保持一致的文本风格和品牌形象。不同的出版物可能要求不同的文体风格和语气,而保持这些风格的一致性对于品牌形象的维护非常重要。AI 可以通过分析文本的风格特征,如词汇选择、句子结构和语气等,自动识别并调整文本,使其符合预定的风格要求。例如,AI 可以根据预设的风格模板,建议替换某些不合适的词汇或调整句子的语气,从而确保整个出版物风格一致,增强品牌的专业形象和可信度。

最后,AI 在提高校对和编辑精度方面的应用,还推动了出版流程的自动化和智能化。随着出版物数量和类型的增加,传统的人工校对和编辑方式已经难以应对大规模、高频次的出版需求。AI 技术的引入,使得出版商能够在更短的时间内完成高质量的文本处理和编辑工作,提高了生产效率和市场竞争力。例如,AI 可以与现有的出版系统集成,实现自动化的文本处理流程,从初稿校对、语法检查到最终的风格调整,整个过程都可以在 AI 的辅助下高效完成。

综上所述,AI 技术在提高校对和编辑精度方面发挥了重要作用。通过自动检测和修正文本中的拼写错误、语法错误和逻辑错误,以及帮助编辑保持一致的文本风格和品牌形象,AI 不仅显著提升了文本的精准度和可信度,还推动了出版流程的自动化和智能化。

## (二)丰富创作内容和形式

AI 在文本生成方面的应用为内容创作带来了显著的创新。通过自然语言生成(NLG)技术,AI能够基于特定主题或读者需求,自动生成高质量的文本内容。例如,AI可以根据读者的兴趣和反馈,定制个性化的文章、故事或报道,满足不同读者群体的偏好。这种个性化内容生成不仅提高了读者的阅读体验,还增强了他们的参与感和忠诚度。此外,AI还可以根据市场趋势和读者需求,生成时效性强、贴近热点的内容,帮助出版商迅速响应市场变化,提升内容的吸引力和市场竞争力。

AI在多媒体内容生成方面展现出强大的能力。除了文本,图像和声音也是现代出版物中重要的组成部分。AI通过深度学习和图像处理技术,可以自动生成和优化各种视觉内容。例如,AI可以根据文本内容生成相应的插图、封面设计或信息图表,增强出版物的视觉效果和可读性。通过语音合成技术,AI还能生成高质量的有声读物,满足视力障碍读者或喜欢听书的读者需求。这种多媒体内容的生成和整合,丰富了出版物的表现形式,提供了更加多元和互动的阅读体验。

AI在大数据分析和内容预测方面的应用,为内容策划和创作提供了强有力的支持。通过分析海量的市场数据、读者反馈和社交媒体动态,AI能够精准预测未来的流行趋势和内容需求。例如,AI可以通过数据挖掘,发现某类题材或主题在特定人群中的受欢迎程度,帮助出版商提前布局、策划相关内容,从而抢占市场先机。通过对读者行为和偏好的深入分析,AI还能提供详细的市场洞察和建议,辅助出版商在内容创作和策划过程中做出更明智和精准的决策。

AI在丰富创作内容和形式方面的应用,还推动了出版流程的创新和优化。传统的内容创作和多媒体制作过程通常需要耗费大量的时间和人力资源,而AI技术的引入,使得这些过程变得更加高效和自动化。例如,AI可以通过自动化脚本生成和多媒体素材匹配,快速完成内容的初步创作和整合工作,大幅缩短出版周期和降低制作成本。这不仅提高了出版物的生产效率,还为出版商腾出更多资源和时间,投入更具创意和深度的内容开发中。

综上所述,AI在丰富创作内容和形式方面的应用,为现代出版业带来了诸多创新和变革。通过生成个性化的文本、图像和声音内容,AI不仅提升了读者的阅读体验和参与度,还为出版商提供了强有力的市场洞察和决策支持。

# 三、优化读者体验

人工智能对于优化读者体验的影响主要体现在以下两个方面。

## (一)提升阅读体验感和满意度

人工智能技术通过分析读者的阅读历史、偏好和行为模式,能够精确预测并推荐适合其兴趣的内容。个性化推荐算法和大数据分析的应用,使得AI可以实现对海量内容的智能过滤和搜索,从而提升读者的阅读体验感和满意度。

首先,AI通过个性化推荐算法实现精确的内容匹配。传统的推荐系统通常依赖于简单的规则或标签匹配,难以充分考虑读者的个性化需求和多样化兴趣。AI技术则通过协同过滤、内容过滤和混合推荐等高级算法,能够在分析大量数据的基础上,为每个读者生成个性化的内容推荐。协同过滤算法可以基于读者的阅读历史和相似用户的行为,推荐他们可能感兴趣的书籍和文章,内容过滤算法则通过分析内容的特征和读者的偏好,推荐与其过去阅读内容相似的作品。这种多层次的个性化推荐,不仅提高了推荐的准确性,还增强了读者的探索欲望和阅读深度。例如,亚马逊的个性化推荐系统,通过分析用户的浏览记录、购买历史和评分,对用户精确推荐相关书籍,大幅提高了用户的满意度和平台的销售额。同时,AI在数据分析方面的强大能力,使其能够实时更新和优化推荐系统。通过分析读者的实时行为数据,如点击、浏览、阅读时长和评价等,AI能够动态调整推荐策略,确保推荐内容的相关性和及时性。例如,当读者的兴趣发生变化时,AI可以迅速捕捉这一变化并调整推荐内容,从而保持高水平的用户满意度和黏性。此外,AI还可以通过A/B测试和多臂赌博机算法,自动优化推荐模型,找到最有效的推荐策略和参数设置,进一步提升推荐效果和用户体验。

其次,智能搜索技术的应用在现代出版业中发挥了重要作用,极大地提高了读者获取所需内容的效率和体验。其核心在于利用先进的自然语言处理(NLP)和语义分析技术,对用户输入的查询进行深度理解,并提供最相关的搜索结果。传统的关键字搜索只能匹配用户输入的词语,无法理解查询背后的真正含义。而智能搜索系统则可以解析用户输入的自然语言查询,识别其中的主谓宾结构、修饰语等,并通过上下文分析准确捕捉用户的搜索意图。例如,当用户输入"适合儿童阅读的科幻小说"时,智能搜索系统能够理解用户不仅在寻找科幻小说,还希望这些小说适合儿童阅读,从而提供更加精准的搜索结果。语义分析技术能够理解词语和短语之间的语义关系,不再局限于表面的匹配。例如,智能搜索系统可以识别同义词、反义词以及相关概念。当用户搜索"人工智能在出版业的应用"时,系统能够理解"AI 在出版中的作用"是相同的查询,并返回相关的文献和书籍。此外,智能搜索系统还能通过语义网络和知识图谱,关联相关主题和概念,扩展搜索结果的覆盖面,使得用户能够发现更多相关信息。

最后,自动摘要和内容预览功能也是人工智能技术优化读者体验的另一重要应用。自动摘要技术通过分析书籍内容,生成简明扼要的摘要,帮助读者快速了解书籍的核心内容和主要观点。正是这一功能促使 AI 在学术出版和数字图书馆中的应用尤为显著。例如,Springer Nature(施普林格·自然)和 Elsevier(爱思唯尔)等学术出版机构利用智能搜索和自动摘要技术,为研究人员提供高效的文献检索服务。研究人员可以通过输入复杂的查询条件,快速找到相关的研究论文和书籍,并为读者提供论文和书籍的概要,提高了内容的可访问性和阅读效率。这些技术不仅便于读者快速筛选和选择阅读材料,还能有效促进优质内容的传播和利用。此外,这些系统还支持多语言搜索和跨学科搜索,帮助研究人员在全球范围内发现最新的科研成果和跨领域的研究资源。

### (二)提供个性化阅读体验

在现代数字出版领域,提供个性化阅读体验是提升读者满意度和忠诚度的重要手段。除了内容推荐,人工智能技术还能够根据个体读者的反馈和互动,自动调整和优化阅读界面、阅读设置和内容显示方式,从而提供更加个性化和用户友好的阅读体验。

首先,AI 能够根据读者的设备偏好和阅读习惯,优化文本的排版和显示效果。不同读者可能使用不同的设备进行阅读,如手机、平板、电子书阅读器或电脑屏幕。每种设备的显示特性和屏幕尺寸不同,适合的排版和显示方式也有所差异。AI 技术通过分析读者使用的设备类型和屏幕特性,自动调整文本的字体大小、行间距、段落布局和色彩对比度,确保在不同设备上都能提供最佳的阅读体验。例如,AI可以根据屏幕尺寸自动调整文本的行宽和字体大小,使得阅读更加舒适和自然,减少眼睛疲劳度。同时,对于有视力障碍的读者,AI还可以提供高对比度模式或语音朗读功能,增强文本的可访问性。

其次,AI能够根据读者的阅读习惯,定制个性化的阅读设置和界面布局。不同读者有不同的阅读偏好和习惯,有些读者喜欢夜间模式,有些读者则喜欢白天模式;有些读者喜欢分章节阅读,有些读者则喜欢连续滚动阅读。AI技术通过分析读者的阅读历史和互动行为,能够自动识别其偏好,并相应调整阅读设置和界面布局。例如,AI可以根据读者的阅读时间和环境,自动切换夜间模式和白天模式,减少眼睛疲劳度,提高阅读舒适度。AI还可以根据读者的阅读速度和节奏,自动调整翻页方式和导航方式,使得阅读更加流畅和便捷。

再次,AI还可以通过实时反馈和互动,提供动态调整和个性化提示,进一步增强阅读体验。通过收集和分析读者在阅读过程中的反馈和互动数据,如阅读时长、点击行为、注释和标记等,AI能够实时调整和优化阅读界面和内容显示方式。例如,当AI检测到读者在某一章节停留时间过长时,可以自动提供相关背景信息或注释,帮助读者更好地理解内容;当AI发现读者频繁标记或注释某些段落时,可以提供相关主题的延伸阅读推荐,增加阅读的深度和广度。AI还可以根据读者的情感反馈,调整文本的语气和风格,提供更加符合读者心情和兴趣的阅读体验。

最后,AI在提供个性化阅读体验方面的应用,还促进了出版商和平台运营的优化。通过分析大量读者的反馈和互动数据,出版商可以了解不同读者群体的需求和偏好,优化内容生产和市场推广策略。例如,AI可以帮助出版商发现哪些界面设计和阅读设置更受读者欢迎,指导开发更加友好的阅读应用和平台。AI还可以通过分析读者的情感和行为模式,预测潜在的阅读趋势和需求,帮助出版商提前布局市场,提升竞争力。

综上所述,AI技术在提供个性化阅读体验方面发挥了重要作用。通过优化文本排版和显示效果,定制个性化阅读设置和界面布局,以及提供动态调整和个性化提示，AI 显著提升了读者的阅读舒适度和满意度。人工智能通过自动化流程管理、优化资源配置与成本控制、数据驱动决策和市场响应速度的提升，为出版业带来了显著的生产效率提升和运营成本降低。随着技术的不断进步和应用场景的扩展，AI 在出版业中的作用将进一步加深，为行业创新和可持续发展注入新的动力和可能性。

# 第五节　人工智能对出版业的挑战

## 一、数据隐私和安全问题

随着数字出版业的快速发展和人工智能技术的广泛应用，数据隐私和安全问题日益突出。在数据驱动的出版环境中，出版商需要收集和处理大量的用户数据，包括个人信息、阅读习惯和购买记录等。这些数据在帮助出版商提供个性化服务和提高市场竞争力的同时，也带来了严重的数据隐私和安全风险。

数据隐私问题主要涉及用户个人信息的保护。用户在使用数字阅读平台时，不可避免地会留下各种痕迹，这些数据一旦被不当使用或泄露，将对用户的隐私构成巨大威胁。数据安全问题则包括数据存储和传输过程中可能遭受的攻击和泄露风险。这些问题不仅影响用户的信任，也可能给企业带来法律和声誉上的严重后果。

### （一）数据隐私问题

数据隐私问题在数字出版业中表现为用户个人信息的过度收集、未经授权的使用以及数据泄露。出版商在追求个性化服务和精准营销的过程中，往往忽视了用户数据隐私的保护，导致用户信息在未获充分知情和同意的情况下被广泛使用，甚至被出售给第三方。数据泄露事件频发，进一步加剧了用户隐私风险。一些数字出版平台在未充分告知用户并获得其明确同意的情况下，广泛收集和使用个人数据，侵犯了用户的知情权和选择权。此外,有些平台虽然有隐私政策声明,但复杂的条款和缺乏透明的说明,使得用户难以真正了解其数据被如何使用。

### (二)数据安全问题

在数字出版行业,数据安全问题已成为一个不可忽视的挑战。随着出版商收集和处理的大量用户信息不断增加,确保数据的安全性和完整性变得尤为重要。数据安全问题通常集中在数据存储和传输过程中的保护措施不足,以及数据处理系统存在的安全漏洞。

首先,数据在存储阶段往往面临外部攻击的风险。黑客可以通过各种手段入侵出版商的服务器,窃取用户的个人信息、购买记录以及阅读习惯等敏感数据。如果出版商未能采取足够的加密措施和访问控制机制,黑客攻击成功的可能性将大大增加。其次,系统漏洞也为数据泄露提供了可乘之机。出版商的系统和平台如果未及时更新和修补,容易受到恶意软件和病毒的攻击。很多时候,黑客正是利用系统的安全漏洞,非法获得访问权限,从而获取、篡改或销毁重要的用户数据。一旦数据安全保护措施不到位,用户数据就极易被窃取、篡改或丢失,后果可能相当严重。除了对用户隐私造成直接损害外,数据泄露还可能导致出版商的声誉受损,用户信任度下降,甚至引发法律诉讼和巨额赔偿。因此,出版商必须高度重视数据安全问题,采取全面的防护措施,确保用户数据的安全性和隐私性。

## 二、内容质量和原创性问题

随着数字出版业的迅速发展,内容质量和原创性问题日益凸显,这些问题主要体现在以下三个方面。

### (一)内容同质化

在数字出版时代,内容同质化问题日益凸显,主要表现在出版物在主题、风格和表达方式上的高度一致性,导致市场上出现大量相似甚至重复的内容。这一现象的根本原因在于出版商过于依赖畅销书模式,盲目追求市场热点和流行趋势,忽视了对内容多样性和创新性的探索与发展。具体而言,许多出版商在选择作品时,往往倾向于选择那些符合既定市场需求和读者口味的作品,导致同质化的内容在市场上不断泛滥。此外,出版商对市场需求的理解往往停留在表面,缺乏对深层次读者心理和文化需求的洞察,使得出版物在内容创新和个性化方面的投入不足,难以推出具有独特视角和创新价值的作品。再者,缺乏有效的创新激励机制也是导致内容同质化的一个重要因素。在许多出版机构中,创作者的创作空间和创新动力受到限制,缺乏足够的激励和支持,导致其创作的作品往往沿用老套的题材和套路,缺乏新意和突破。这种状况不仅降低了读者的阅读兴趣和满意度,也抑制了整个出版行业的创新活力和发展潜力。

近年来,我国的网络小说市场发展迅猛,涌现出大量的作品和作者。然而,这一领域的内容同质化问题尤为严重。许多网络小说以类似的题材和情节展开,例如玄幻、穿越、修仙等热门类型的故事大同小异,难以为读者带来新鲜感。读者对千篇一律的故事情节逐渐失去兴趣,导致市场竞争加剧,影响了行业的可持续发展。以番茄小说网为例,其作品库中有大量以玄幻和修仙为主题的小说。这些小说在人物设定、故事发展和语言风格上高度相似,难以区分。这种同质化现象不仅降低了读者的阅读体验,还限制了作者的创作空间,削弱了作品的多样性和创新性。

### (二)低质量内容泛滥

目前,市场上充斥着大量内容质量低劣的出版物,这些作品往往缺乏严谨的编辑和审校过程,导致内容粗制滥造,语言表达不规范,甚至逻辑混乱。这一现象的产生有多方面的原因。首先,为了快速占领市场和追求短期利益,一些出版商和自媒体平台不惜降低内容门槛,大量发布未经严格审校的作品,忽视了内容的质量控制和编辑责任。其次,数字出版和自媒体的发展降低了出版的技术和资金门槛,为广大普通人提供了创作和发布内容的渠道,但也带来了内容质量参差不齐的问题。部分创作者急于求成,缺乏对作品精雕细琢的态度,在创作过程中未能投入足够的时间和精力,导致内容质量无法保证。在一些自媒体平台上,发布的文章存在内容拼凑、数据不实和观点片面等问题。许多文章为了博取点击率和阅读量,采用夸张的标题和不实的内容。为了快速吸引流量,采取低成本的内容生产方式,忽视了对信息的真实性和准确性的把关。这些低质量内容的泛滥,不仅误导了读者,还影响了平台的公信力,导致读者对平台的信任度下降。

　　低质量内容的泛滥不仅严重影响了读者的阅读体验,使得读者在海量信息中难以找到优质内容,还损害了出版业的整体声誉,降低了公众对出版物的信任度和期待值。这种现象长此以往,可能导致整个行业陷入恶性循环,进而影响出版业的健康发展和创新能力。因此,解决低质量内容泛滥的问题,提升出版物的整体质量,已经成为当务之急,也是确保出版业可持续发展的关键。

### (三)版权侵权与抄袭

　　版权侵权与抄袭是出版业中亟待解决的严重问题,这些行为不仅侵犯了原创作者的合法权益,还极大地打击了他们的创作积极性,削弱了整个行业的创新动力。侵权和抄袭现象的普遍存在,反映了当前版权保护机制的不完善以及法律执行力度的不足。具体来说,许多出版物在未经授权的情况下被非法复制、传播和销售,原创作者的经济利益和声誉受到了严重损害。此外,法律在打击侵权和抄袭行为时,往往存在取证难、诉讼成本高、执行力度不足等问题,使得侵权者难以受到应有的惩罚,这无形中助长了不正当竞争,形成了恶性循环。有些抄袭者不仅抄袭内容,还篡改作者信息,以次充好,扰乱了市场秩序,损害了消费者的权益和信任感。这种情况导致真正有价值的原创作品难以脱颖而出,作者的创作积极性受到打击,长此以往,必然影响原创内容的生产和创新能力的提升。版权侵权与抄袭不仅是对个体作者权益的侵犯,更是对整个文化创意产业健康发展的威胁。

　　网络文学是版权侵权和抄袭问题的重灾区。许多原创作品未经授权就被他人复制、改编,甚至在其他平台上发布牟利。作者维权困难,侵权行为得不到有效遏制,严重影响了创作者的积极性和行业的健康发展。网络作家猫腻的作品《择天记》被多次抄袭和侵权。猫腻在微博上公开表示,自己多次发现有人未经授权将其作品改编为其他形式发布,并且维权过程困难重重。这种情况不仅侵犯了猫腻的创作权益,还对网络文学市场的秩序造成了不良影响。

　　综上所述,我国出版业在内容质量和原创性方面存在显著问题,包括内容同质化、低质量内容泛滥以及版权侵权与抄袭。通过网络小说市场的同质化现象、自媒体平台的内容质量问题和网络文学版权纠纷的具体案例分析,可以看出这些问题不仅影响了读者的阅读体验,也制约了出版业的创新和可持续发展。

# 三、技术依赖和技能缺失问题

在现代出版业中,随着人工智能和自动化技术的广泛应用,技术依赖和技能缺失问题日益凸显。这些问题主要表现为对技术工具过度依赖,导致传统编辑、校对和排版技能逐渐丧失,以及出版业从业人员技术能力的两极分化。此类问题不仅影响了出版物的质量控制和内容创新,还在一定程度上削弱了行业的整体竞争力。

## (一)对技术工具的过度依赖

随着人工智能和自动化技术的快速发展,出版业的许多环节,如文本校对、内容编辑、版面设计等,都越来越依赖于技术工具。这些工具无疑为行业带来了显著的效率提升,大幅缩短了出版周期,并降低了人工成本。然而,这种对技术工具的广泛应用也带来了过度依赖的隐忧。一些出版从业者在日常工作中,逐渐习惯于依赖 AI 系统和自动化工具来完成复杂的内容处理任务,从而忽视了对传统编辑技能和专业素养的培养。例如,文本的精准校对、细腻的语感把握、内容的结构优化等,往往依靠机器难以做到尽善尽美。而过分依赖这些技术,可能导致从业者在长期使用中失去独立思考和判断的能力,削弱了行业的专业化水平。

技术工具的过度依赖还带来了创意和多样性的缺失。自动化系统往往基于预设的算法和模板进行工作,这些模板和算法虽然能够提高效率,但也限制了创意的发挥。在依赖智能工具的过程中,这些创造性工作逐渐被标准化和程序化,导致出版物千篇一律,缺乏个性和创新。过度依赖技术工具还可能带来伦理和版权问题。智能写作系统在生成内容时,往往会从大量的网络资源中获取信息,这些信息的来源复杂且难以追溯,容易引发版权纠纷和伦理问题。一些智能写作系统在生成新闻稿件时,未经授权引用了他人的作品,导致原作者提出版权侵权的诉讼,这不仅给媒体带来了法律风险,也损害了行业的公信力。

技术工具并非完美无缺,特别是在处理文学作品、学术论文等对语言和逻辑要求极高的内容时,机器容易出现误判或偏差。如果出版从业者过度依赖这些技术而忽略了人工的细致审查,最终可能导致作品质量下降,甚至引发更多错误。从长远来看,这种趋势可能削弱行业的核心竞争力。技术工具的应用固然重要,但如果不平衡地依赖它们,而忽视了对从业者综合素养的培养,出版行业的创新能力和内容深度都将受到负面影响。因此,如何在充分利用技术优势的同时,保持对传统技能的重视,是出版业必须正视的长期挑战。

### (二)传统技能的逐渐丧失

随着技术工具的普及,出版业从业人员对传统编辑、校对和排版技能的依赖逐渐减少,导致这些核心技能的逐步丧失。这种技能丧失不仅影响了出版物的质量,也在长远上对整个行业的健康发展构成了潜在威胁。

首先,传统技能丧失的一个主要原因是出版机构过度依赖排版软件和自动校对工具。在现代出版流程中,许多机构为了提高效率,广泛采用智能排版和校对工具。这些工具虽然能够显著减少人工操作时间,提高工作效率,但同时也使得从业人员逐渐忽视了传统技能的培养和锻炼。传统编辑技能,如细致的文本审查、语法检查、语义逻辑分析等,因不再经常使用而逐渐被遗忘。例如,某出版社在出版一部经典文学作品时,完全依赖自动校对工具进行文本检查。尽管这些工具在处理简单的拼写和基本语法错误方面表现出色,但在面对复杂句法结构、文体风格和语义层次时却往往力不从心。最终,这部经典作品的成品中仍然存在大量的拼写错误和语法问题,这不仅影响了阅读体验,也严重损害了出版社的声誉。

其次,传统技能的逐渐丧失使得编辑人员在面对复杂或特殊的文本处理时,往往束手无策。例如,在学术出版领域,涉及复杂公式、图表和多语言文本的出版物,对排版和校对的要求非常高。然而,一些编辑在过度依赖排版软件的情况下,缺乏手动调整和校对的能力,导致最终出版物在细节上出现排版错误或信息混乱的问题,大大降低了出版物的学术价值。此外,传统编辑技能的丧失也使得出版机构在应对技术故障时显得非常脆弱。在出版流程中,技术故障不可避免,而过度依赖技术工具的从业人员在遇到这些问题时往往缺乏应对措施。

最后,传统技能的丧失还可能对行业的整体竞争力造成不利影响。出版业是一个既需要技术又需要艺术和创造力的行业,传统技能的缺失使得行业在面对新挑战和新需求时显得力不从心。例如,随着数字出版和跨媒体出版的兴起,出版物的形式和内容变得更加多样化,这对编辑和排版人员提出了更高的要求。然而,缺乏传统技能的从业人员在面对这些新需求时,往往缺乏足够的灵活性和创新能力,无法有效应对市场的变化和竞争的压力。

综上所述,传统编辑、校对和排版技能的逐渐丧失,是出版业在技术进步过程中面临的一个重大问题。虽然技术工具的应用提高了工作效率,但过度依赖这些工具也带来了许多负面影响。

## (三)技术能力的两极分化

在当今数字化和技术化快速发展的背景下,出版业中技术能力的两极分化现象愈加显著。这种分化不仅影响了团队协作效率,也制约了整个行业的技术进步和创新能力。技术能力的两极分化意味着在出版业内部,一部分从业人员具备高水平的技术素养和应用能力,能够熟练使用先进的编辑、排版和数据管理工具;而另一部分从业人员则因技术能力不足而面临适应新技术和工作方式的困难。这种分化在学术出版领域尤为突出,影响了出版物的质量、工作效率以及行业整体的竞争力和创新能力。

在学术出版领域,技术能力的两极分化尤为明显。一些编辑和研究人员通过系统的培训和自主学习,掌握了数据分析工具、文献管理软件和智能排版系统等先进技术,从而大幅提升了编辑、校对和出版过程中的效率和质量。这些工具不仅能够帮助他们快速处理大量文献和数据,还能提供实时反馈和自动化支持,有效减少了错误和提升了精确度。如某高校出版社在处理一部复杂的学术论文集时,编辑利用数据分析工具快速整理和校对了大量文献引用和格式,极大地提高了出版物的准确性和完整性。他们能够迅速应对作者的修改请求,并在短时间内生成符合学术要求的最终版本。这种高效率的工作方式不仅节省了时间,也提升了出版社的服务质量和客户满意度。然而,与年轻编辑相对比,一些年长的编辑和研究人员对新技术的接受和应用有一定的障碍。他们可能依然习惯于传统的手工编辑和排版方式,对于数字化工具的使用感到陌生或者抗拒。这种情况在处理复杂文献和技术性强的学术文本时尤为显著。

此外,技术能力的不均衡还可能导致团队协作效率的下降。在一个团队中,如果部分成员能够快速高效地使用技术工具完成任务,而另一部分成员因技术能力不足而无法配合或者需要更多的支持和培训,那么整体的工作效率都会受到影响。在出版项目的协作过程中,技术能力强的成员可能需要花更多的时间来帮助和支持技术能力较弱的成员,从而降低了整体项目的进度和效率。技术能力的两极分化不仅在学术出版领域内部存在显著影响,也影响到了整个出版业的发展方向和竞争力。面对快速变化的技术环境,出版机构需要采取措施,通过系统的培训和技术支持,促进全员的技术能力提升,从而更好地适应和引领行业的发展潮流。

# 第六节　人工智能时代出版业的发展策略

## 一、完善相关法律法规,营造良好的出版环境

法律法规的健全与完善不仅为出版业提供了规范和指导,更为其健康有序的发展奠定了坚实的基础。在全球数字化浪潮中,出版业面临的挑战日益复杂,特别是在版权保护、内容质量控制和市场竞争等方面。因此,通过完善法律法规,能够有效应对这些挑战,促进出版业的可持续发展。

首先,完善版权保护法律法规是维护出版业健康发展的核心。随着数字化进程的加速,版权侵权现象日益严重,非法复制和传播行为对原创作者和出版企业造成了巨大的经济损失和声誉损害。健全的版权保护机制,可以通过严厉的法律制裁措施,有效遏制侵权行为,提高违法成本,增强法律威慑力。同时,版权保护法律法规的完善,也能鼓励更多创作者投入高质量内容的创作中,激发他们的创新潜力,从而提升出版物的整体质量。例如,近年来我国出台了一系列版权保护的法律法规,如《中华人民共和国著

作权法》和《信息网络传播权保护条例》,对打击网络盗版行为和保护原创作品起到了重要作用。

其次,健全的法律法规能够规范市场秩序,防止不正当竞争,保障出版市场的公平和透明。市场竞争的激烈往往会导致一些企业采取不正当手段进行恶性竞争,如抄袭他人作品、夸大宣传、低价倾销等,这些行为不仅扰乱了市场秩序,还严重损害了行业的整体形象。通过制定和完善《中华人民共和国反不正当竞争法》和《中华人民共和国广告法》等法律法规,可以规范企业行为,维护公平竞争的市场环境。例如,《中华人民共和国反不正当竞争法》对虚假宣传和商业诋毁等行为进行了明确规定和严厉处罚,极大地净化了市场环境,促进了出版业的良性发展。

最后,完善的法律法规体系还能够保障读者的权益,提升读者对出版物的信任度和满意度。在出版物的内容质量方面,法律法规的规范可以防止低俗、虚假和有害信息的传播,确保出版物内容的健康和高质量。通过制定和实施严格的出版审查制度和内容审核标准,可以有效控制出版物的质量,保护读者免受劣质内容的侵害。例如,《出版管理条例》对出版物内容的合法性、真实性和道德性进行了严格规定,要求出版物必须经过严格的审查和批准,确保其符合社会公德和法律法规。

综上所述,通过完善相关法律法规,能够为出版业营造良好的发展环境,保障版权、规范市场、提升内容质量,最终推动出版业的健康可持续发展。法律法规的健全不仅是对出版企业和创作者的保护,更是对整个社会文化环境的维护。

## 二、加强数据的挖掘与分析,发挥人的主导作用

在当今信息爆炸的时代,出版企业必须学会利用大数据和人工智能技术来挖掘读者的需求和市场趋势。通过精细化的数据分析,企业可以更精准地定位目标读者群体,优化内容生产和营销策略,提升读者的满意度和忠诚度。例如,通过分析读者的阅读习惯和偏好,出版企业可以预测未来的畅销书题材和类型,制定更符合市场需求的出版计划。

尽管技术在数据挖掘和分析中发挥着重要作用,人类的主导作用仍不

可替代。编辑和出版人员的专业知识和经验在内容的筛选、策划和创作中起着关键作用。技术可以辅助内容生成和校对,但最终的内容质量和创意仍需依赖于人类的智慧和审美判断。出版机构应鼓励员工积极参与数据分析过程,并通过培训提升他们的数据分析技能,使他们能够有效地利用数据为内容创作和市场营销提供支持。同时,应建立跨部门协作机制,让技术团队与编辑团队紧密合作,共同推动数据驱动的内容创作和营销策略的实施。此外,出版企业应重视数据隐私和伦理问题,确保数据挖掘和分析过程的合法性和透明性。在利用读者数据进行市场分析和内容推荐时,企业必须严格遵守相关法律法规,保护读者的隐私权和数据安全。建立健全的数据管理和保护机制,增强读者对企业的信任,从而提高数据收集和分析的有效性。

总之,通过加强数据的挖掘与分析,发挥人的主导作用,出版业可以在数字化转型中实现更高效、更精准和更创新的发展,为未来的市场竞争奠定坚实基础。

## 三、坚持"内容为王",寻求多元融合之路

坚持"内容为王"的理念,寻求多元融合之路,已成为应对数字化变革和市场竞争的关键策略。在出版业中,内容始终是核心,无论技术如何发展,优质内容始终是吸引读者和保持市场竞争力的关键。同时,多元融合不仅指内容形式的多样化,还包括跨媒体、跨平台以及跨行业的深度合作,从而进一步扩大出版物的影响力和商业价值。

首先,坚持"内容为王"是出版业可持续发展的基石。优质内容是吸引读者、提升品牌声誉和增加市场份额的核心要素。无论是纸质书籍、电子书还是音频书,内容的原创性、深度和价值是读者选择的重要标准。因此,出版企业应注重挖掘和培养优秀的作者资源,鼓励原创性和创新性写作,以确保出版物在内容上的独特性和高质量。例如,中信出版社通过与国内外知名作家合作,出版了一系列具有深度和广泛影响力的作品,如《未来简史》和《三体》,成功吸引了大量忠实读者,并在市场上取得了显著成绩。

其次,多元融合之路是提升出版物影响力和商业价值的重要途径。多

元融合不仅体现在内容形式的多样化上,还包括跨媒体、跨平台的合作与融合。通过与影视、游戏、教育等领域的深度合作,出版物可以延展内容的传播渠道和商业模式。例如,将畅销书改编成电影、电视剧或游戏,可以通过不同媒介形式将内容传播给更广泛的受众,增加出版物的曝光率和营利能力。近年来,一些网络文学作品如《择天记》和《全职高手》成功改编成影视剧和动画,极大地提升了原著的影响力和市场价值。此外,跨平台融合也是出版业发展的重要方向。随着数字化和网络化的发展,出版物的传播渠道已不再局限于传统的书店和图书馆,还包括各种数字平台和社交媒体。出版企业应积极探索与新媒体平台的合作,通过多渠道、多形式的内容发布,提升出版物的可见度和传播效果。例如,微信公众号、微博、抖音等社交媒体平台的广泛应用,为出版物的宣传和销售提供了新的渠道。许多出版社通过在这些平台上发布内容片段、作者访谈和读者互动,成功吸引了大量年轻读者群体,提升了出版物的市场影响力。

综上所述,坚持"内容为王"并寻求多元融合之路,是出版业应对数字化变革和市场竞争的重要策略。优质内容是出版物吸引读者和保持竞争力的核心,而多元融合则为出版物的传播和商业价值提升提供了广阔空间。通过挖掘和培养原创内容、跨媒体和跨平台合作,出版业可以实现内容与技术的有机结合,提升市场竞争力,满足读者的多样化需求,并推动出版业的持续健康发展。

## 四、加强技术研究,提高智能化水平

在现代出版业中,加强技术研究和提高智能化水平已成为应对数字化转型和市场竞争的必然选择。通过引入和发展先进技术,出版业不仅可以实现工作流程自动化和内容生产智能化,还能提供个性化的读者体验,从而提升整体效率和市场竞争力。技术的不断进步不仅改变了出版业的生产和运营模式,也为其提供了新的发展机遇。

首先,加强技术研究是提升出版业智能化水平的基础。通过投入研发,出版机构可以开发出更先进、更高效的技术工具和系统,从而在内容生成、编辑、校对、排版和发行等环节实现智能化。例如,人工智能技术在文本生成和处理方面已取得显著进展。自然语言处理(NLP)技术能够自动生成高质量的文本,进行智能校对和编辑,大幅提升工作效率和内容质量。近年来,我国一些领先的科技公司和出版机构合作开发了智能写作和校对系统,如"讯飞智检"和"方寸无忧智能核对",这些工具显著提高了内容生产和编辑的效率。

其次,提高智能化水平能够全面优化和自动化出版流程。传统的出版流程通常烦琐且耗时,而智能化技术可以通过自动化系统显著简化和加速这一过程。例如,基于AI的工作流程管理系统可以自动协调和分配任务,监控进度和质量,减少人为错误和延误。出版机构可以利用大数据分析和机器学习算法,对市场需求和读者偏好进行精准预测,从而优化出版计划和库存管理,减少浪费和成本。例如,中国出版集团通过引入智能管理系统,实现了从选题策划到市场推广的全流程智能化管理,显著提升了运营效率和市场响应速度。

最后,提高智能化水平还可以显著提升读者的个性化体验。通过数据挖掘和分析,出版机构可以深入了解读者的阅读习惯和偏好,提供个性化的内容推荐和服务。AI推荐算法能够根据读者的历史阅读记录和兴趣偏好,智能推荐符合其需求的书籍和文章,从而提升阅读体验和满意度。例如,阅文集团通过其平台上的智能推荐系统,为用户提供个性化的阅读建议,成功吸引了大量用户,显著提升了用户黏性和平台活跃度。此外,虚拟现实(VR)和增强现实(AR)技术的应用可以为读者提供沉浸式和互动式的阅读体验,进一步增强内容的吸引力和用户参与度。

综上所述,出版业应持续重视技术研发,积极探索和应用新技术。通过不断投入和发展先进技术,实现内容生产和运营的智能化,提高工作效率和内容质量,优化读者体验,从而增强市场竞争力。

## 五、建立 AI 人才体系,加速产业 AI 化

建立 AI 人才体系并加速产业 AI 化是出版业在面对数字化转型和市场竞争中保持领先地位的关键策略。随着人工智能技术在各行各业的应用日益广泛,出版业需要通过培养和引进 AI 专业人才,提升自身的技术能力和创

新水平,以充分发挥 AI 在内容生产、市场分析和读者服务中的潜力。构建 AI 人才体系不仅包括培养内部人才,还需要与高校、研究机构和科技企业紧密合作,形成良性的生态系统,从而推动产业的全面 AI 化。

首先,培养内部 AI 人才是出版业实现 AI 化的基础。出版机构应重视内部员工的技术培训和职业发展,通过设立专项培训计划和引进先进技术课程,提高员工的 AI 技术水平和应用能力。例如,可以定期举办 AI 技术培训班和工作坊,邀请业内专家进行授课,帮助员工掌握自然语言处理、机器学习和数据分析等前沿技术。同时,还应鼓励员工参与外部培训和认证项目,提升其专业素养和技能水平。这不仅有助于提高员工的工作效率和创新能力,还能增强企业的技术储备和竞争力。

其次,构建 AI 人才体系需要与高校和研究机构建立紧密的合作关系。出版机构可以通过合作办学、设立联合实验室和科研基金等方式,吸引和培养高水平的 AI 人才。例如,可以与知名高校联合开设 AI 技术相关的课程和专业,提供实习和就业机会,激发学生对出版业的兴趣和热情。通过设立联合实验室,企业可以与高校和研究机构共同开展技术研发,推动 AI 技术在出版业中的应用和创新。以清华大学为例,该校与多家出版机构合作,通过共建实验室和合作项目,为出版业输送了大量 AI 专业人才,推动了产业的技术进步。

最后,还应积极引进外部 AI 人才,形成多元化的人才队伍。通过引进拥有丰富经验和创新能力的 AI 专家和技术团队,出版机构可以快速提升自身的技术水平和研发能力。例如,一些领先的企业通过并购 AI 技术公司或与科技巨头合作,迅速引进高端技术人才和先进技术,增强自身的竞争力和创新能力。以阅文集团为例,该公司通过与腾讯合作,引入了大量 AI 技术和人才,成功开发了智能推荐系统和内容生成工具,显著提升了平台的用户体验和市场竞争力。构建 AI 人才体系还需要形成良性的生态系统,以推动产业的全面 AI 化。出版机构应积极参与行业协会和技术联盟,分享技术成果和经验,推动行业标准和规范的制定。例如,可以通过参与中国人工智能学会等专业组织,积极参与学术交流和技术研讨,了解最新的技术发展趋势和应用案例,提升自身的技术水平和行业影响力;还可以通过开放平台和合作项目,吸引和支持中小企业和初创公司的技术创新,推动整个产业链的技术进步和协同发展。

综上所述,出版业想要提升自身的技术能力和创新水平,可通过培养内部人才、与高校和研究机构合作、引进外部人才和形成良性的生态系统,推动 AI 技术在内容生产、市场分析和读者服务中的应用,实现全面的智能化转型。

## 六、加强知识创新服务,提高受众信息素养

在当今信息爆炸的时代,加强知识创新服务和提高受众信息素养是出版业的重要任务。这不仅有助于提升出版物的质量和读者的阅读体验,还能促进社会的知识传播和文化发展。通过创新内容形式、提供专业的知识服务和开展信息素养教育,出版业可以更好地满足读者的需求,增强自身的市场竞争力和社会影响力。

首先,加强知识创新服务是提升出版物质量的关键。出版业应积极探索和应用新技术、新方法,创新内容形式和传播手段,以满足不同读者群体的多样化需求。例如,通过引入人工智能和大数据技术,可以实现个性化内容推荐和智能编辑,提升内容的精准性和针对性。多媒体技术的应用,如虚拟现实(VR)和增强现实(AR),可以为读者提供更加丰富和生动的阅读体验,增强内容的吸引力和互动性。例如,"AR 全景看·国之重器"系列丛书以"国之重器"为主题,通过 AR 交互式阅读体验,将纸书与现代技术完美融合,生动展示了中国科技实力和自主创新能力。丛书精选了包括高铁、嫦娥探月工程、空间站、天眼望远镜、C919 大飞机等在内的 12 项"国之重器",每册都配备了精美的彩图和详细的文字说明。但更为独特的是,读者可以通过手机或平板电脑等智能设备扫描书中的特定图案或二维码,触发丰富的 AR 交互内容。这些 AR 内容涵盖了三维模型、动画演示、视频讲解等多种形式,能够全方位、多角度地展示"国之重器"的工作原理、历史发展、应用剖析和未来展望。例如,在介绍高铁这一"国之重器"时,丛书不仅详细阐述了高铁的技术参数、发展历程和国内外应用情况,还通过 AR 技术展示了高铁列车的三维模型,使读者能够直观地观察到列车的内部结构和外部形态。同

时,动画演示还模拟了高铁列车的运行过程,帮助读者更深入地理解高铁的工作原理和性能特点。这种结合 AR 技术的阅读方式,不仅极大地丰富了丛书的阅读体验,还显著提高了读者对科学知识的兴趣和理解程度,使读者能够身临其境地感受到科技的魅力,从而更加深入地了解我国的科技实力和自主创新能力。

其次,提供专业的知识服务是增强读者信息素养的重要手段。出版业应充分发挥自身在内容生产和传播方面的专业优势,为读者提供高质量、权威的知识服务。例如,通过建立知识数据库和在线学习平台,可以为读者提供系统化、结构化的知识内容,帮助其在短时间内获得所需信息和技能。此外,还可以组织专家讲座、研讨会和在线课程等活动,为读者提供深入的知识讲解和交流机会,提升其知识水平和应用能力。以中国知网(CNKI)为例,该平台通过汇聚大量学术资源和知识内容,为科研人员、学生和公众提供了丰富的知识服务和信息支持,显著提升了用户的信息素养和学术水平。

最后,开展信息素养教育是提高受众信息素养的根本途径。出版业应积极参与信息素养教育,通过各种渠道和方式,提高公众对信息的获取、评估、使用和管理能力。例如,通过出版信息素养教育书籍、制作教育视频和开展宣传活动,可以普及信息素养知识,提升公众的认知水平和技能。此外,还可以与学校和教育机构合作,开展信息素养教育课程和培训项目,为学生和教师提供系统的教育支持和资源。以中国出版集团为例,该集团通过与各地学校合作,开展了一系列信息素养教育项目,为中小学生提供了丰富的教育资源和培训活动,显著提升了学生的信息素养水平和学习能力。因此,可通过创新内容形式、提供专业知识服务和开展信息素养教育,提升出版物的质量和读者的阅读体验,增强自身的市场竞争力和社会影响力。

综上所述,人工智能技术在出版业中的应用正引发深刻变革,从内容创作、编辑校对到市场营销和读者体验,各个环节都得到了显著提升。智能算法和自然语言处理技术使得内容生成更加高效和个性化,自动化审校系统提高了文本质量和一致性,智能推荐系统则帮助精准定位目标读者,提升了用户的满意度和忠诚度。此外,数据挖掘和情感分析等技术为出版机构提供了宝贵的市场洞察,优化了选题策划和营销策略。然而,出版业在应用人工智能技术的过程中也面临着诸多挑战,如传统技能的流失、技术能力的两极分化以及隐私和版权保护问题。为了应对这些挑战,出版业需要制定优化策略,包括加强对从业人员的技术培训、完善相关法律法规、建立健全的AI人才体系以及推动技术创新和应用的规范化。总的来说,人工智能不仅提升了出版流程的效率和质量,还开辟了全新的创作和传播方式,推动出版业迈向智能化和数字化的新时代。

# 参考文献

［1］郭庆光.传播学教程［M］.2版.北京:中国人民大学出版社,2011.

［2］韩力群.机器智能与智能机器人［M］.北京:国防工业出版社,2022.

［3］孙力帆.人工智能前沿理论与应用［M］.北京:原子能出版社,2020.

［4］邵培仁.传播学［M］.北京:高等教育出版社,2000.

［5］杨澜.人工智能真的来了［M］.南京:江苏凤凰文艺出版社,2017.

［6］李彦宏.智能革命［M］.北京:中信出版社,2017.

［7］戚琪.新技术环境下新闻生产模式的变革［D］.哈尔滨:黑龙江大学,
2018.

［8］王太隆.人工智能环境下新闻生产流程重构研究［D］.保定:河北大
学,2019.

［9］魏沛玲.人工智能对传统主流媒体新闻生产的影响研究［D］.哈尔滨:黑
龙江大学,2022.

［10］邢晓男.人工智能技术的风险问题及对策研究［D］.锦州:渤海大学,
2019.

［11］黄子乔.基于人工智能应用的场景广告研究［D］.南昌:南昌大学,
2020.

［12］曹越.人工智能技术对广告创作的影响研究［D］.徐州:江苏师范大
学,2021.

［13］钟夏泉.大数据与用户画像在计算广告发展中的应用［D］.广州:华南
理工大学,2017.

［14］姜智彬,戚君秋.学习、生成与反馈:基于动觉智能图式理论的广告智能
创作［J］.新闻大学,2020(2):1-16,119.

［15］徐铭昊.智能化时代 AI 虚拟主播发展的挑战与出路［J］.传媒,2023
(21):53-55.

[16]王曜程.出版的演变与数字化新生[J].出版广角,2021(22):53-55.

[17]张彤,尹欢,苏磊,等.人工智能辅助学术同行评议的应用及分类[J].中国科技期刊研究,2021(1):65-74.

[18]陈进才.人工智能时代出版流程再造的机遇与挑战[J].现代出版,2020(2):89-91.

[19]刘华东,马维娜,张新新."出版+人工智能":智能出版流程再造[J].出版广角,2018(1):14-16.

[20]贾磊磊.世纪的阴影:关于科技与电影的伦理阐述[J].电影艺术,2019(2):78-83.

[21]陆新蕾.算法新闻:技术变革下的问题与挑战[J].当代传播,2018(6):87-89.

[22]常静宜,洪文杰.用户关切视角下的"生成式 AI"伦理框架建构[J].新闻与写作,2023(12):44-55.

[23]赵凯.版权、伦理与价值观审核:人工智能生成内容(AIGC)对编辑职业能力的新挑战[J].科技与出版,2023(8):62-68.

[24]胡正荣,李涵舒.颠覆与重构:AIGC 的效用危机与媒介生态格局转化[J].新闻与写作,2023(8):48-55.

[25]岳宝彩.人工智能技术在新闻传播中的融合应用、影响及应对策略:以 ChatGPT 为例[J].北京印刷学院学报,2023(4):13-17.

[26]魏士国.智能变革视域下 AIGC 和电影业面临的挑战与超越[J].电影文学,2023(7):91-98.

# 后 记

  历经一年多的研究与写作,本书终于落下帷幕。回首这段旅程,我们仿佛和人工智能一起经历了一次传媒世界的冒险。从人工智能虚拟主播到智能广告,从影视制作到数字出版,AI 的触角几乎遍及了传媒业的每一个角落,而我们也乐在其中,见证了科技如何重新定义这些熟悉的行业。

  在撰写过程中,我们像时间旅行者一样,一边回顾新闻生产、影视制作和广告投放的"旧时代",一边畅想由人工智能虚拟主播和智能算法主宰的未来。人工智能不仅是科技,更像是传媒的"魔法助手"。从新闻生产的智能化,到人工智能虚拟主播的崛起,再到影视特效的革新,以及广告精准投放的神奇效果,AI 的力量无处不在。AI 改变了很多东西,但它也提醒我们,技术的背后仍需人类智慧的引领。这是一场和机器的"共舞",我们跳得好,它也会与我们一同翩翩起舞。

  本书由我和李园地老师共同编撰完成。李园地老师负责第一章、第二章、第三章和第四章第一节至第三节,包括人工智能技术概述、人工智能与新闻业、人工智能与虚拟主播、人工智能与影视业,为本书奠定了坚实的基础。我则负责了第四章第四节、第五节及第五章、第六章的内容,涵盖了人工智能与影视业、广告业和出版业的研究。由于作者经验尚浅,本书难免存在不足之处,敬请读者们不吝指正,以便后期的修订和改进。

  本书为"2022 年度河南省教育厅教改项目(2021SJGLX973)基于教学切片的高校思政课教师专业成长研究""河南省本科高校 2023 年产教融合研究项目(128)产教融和背景下地方高校新闻传播类专业实践教学探索与研究""南阳市 2024 年度哲学社会科学规划项目(34)数字技术驱动下南阳市一流营商环境建设的实现路径研究""南阳师范学院重点教研项目(2022 - JXYJ2D-4)新闻传播类课程思政体系的思政育人效果提升研究"阶段性研

究成果。

感谢一路上给予帮助与支持的朋友、同事和专家们,你们的智慧让这本书有了更多的深度和趣味。更要感谢读者们,希望这本书不仅能为你们提供理论启发,还能带来愉快的阅读体验。

未来的传媒世界还在不断变化,而我们与 AI 的旅程也才刚刚开始。愿这本书是一个起点,期待大家一起继续探索这条充满未知与机遇的路。

书中所有图片均来自网络。

陈　果

2024 年 8 月